Tevbe İle Arınmak

M. Yılmaz Özbek

TEVBE İLE ARINMAK

M. YILMAZ ÖZBEK

KİTAB-I HAYAT– 22

TEVBE İLE ARINMAK
M. YILMAZ ÖZBEK

ISBN 978-9944-928-21-2
Yayıncı Sertifika No: 47474

Editör: Mehmet Sait Güven
Kapak Tasarımı: Ayşe Sibel
Grafik Tasarım: Taylan Yağmurlu

Basım Tarihi:
İkinci -Yedinci Baskı, Nisan 2022 – Ekim 2023
Sekizinci Baskı, Aralık 2023
Dokuzuncu Baskı, Ocak 2024
Onuncu Baskı, Şubat 2024
On birinci Baskı, Nisan 2024

Baskı-Cilt: Repar Tasarım Matbaa
Yenibosna Merkez Mh. Cemal Ulusoy Cd. No: 43
Bahçelievler/İstanbul (Sertifika no: 40675)

KİTAB-I HAYAT*
LOTUS YAYIN GRUBU
Gelemiş Mahallesi Tömler Sokak No 27 Kaş-Antalya
kitabihayat.com

*** KİTAB-I HAYAT,** *LOTUS Yayıncılık Limited Şirketi markasıdır.*

Yazarla iletişim için aşağıdaki adresleri kullanabilirsiniz.
Web: www.tevbeterapisi.com
Facebook/Twitter/Instagram: @tevbeterapisi

İÇİNDEKİLER

أَعُوذُ بِاللهِ مِنَ الشَّيْطَانِ الرَّجِيمِ ، بِسْمِ اللهِ الرَّحْمٰنِ الرَّحِيمِ

Eûzubillahimineşşeytânirracîm.
Bismillahirrahmanirrahîm.

Niyet ettim Allah'ım Senin rızan için, bu kitabı okuyacak bana ve tüm kardeşlerime şeytanın mani olmasının önünün kesilmesi, bize ve ümmet-i Muhammed'e kuracağı her türlü tuzaklarının bozulması; tevbeleri okuyup istiğfar edebilmenin ve sadakaları verebilmenin bizlere nasip olması niyetiyle sadaka vermeye.

Kitabı okuyup, tevbeleri yapabilmenin kolaylaşması niyetiyle önce sadaka kutusuna para atmanızı tavsiye ederim.

ÖN SÖZ

Kovulmuş şeytanın şerrinden Allah'a sığınır, Rahman ve Rahim Allah'ın adıyla başlarım.

Bize bahşettiği sayısız nimetlerinden dolayı Allahü Teala'ya hamdü senâlar olsun. O'nun katında tek din olan İslam'ı bize getiren Hz. Muhammed sallalahü aleyhi ve selleme, âline ve ashabına salât ve selâm olsun.

Muhakkak ki her âdemoğlu hata yapar, hata yapanların en hayırlısı ise tevbe edenlerdir.[1] Eğer insanoğlu hiç günah işlemese, Allahü Teala onu helak eder ve yerine, günah işleyip de bağışlayacağı kullar yaratırdı.[2] Can hulkuma gelinceye kadar her insan için tevbe kapısı açıktır. Kula düşen çokça tevbe etmek ve bir daha o günaha dönmemeye gayret etmektir. Çünkü Allah tevbe edenleri ve temizlenenleri sever.[3]

Bu çalışma işleyip de bilmediğimiz, unuttuğumuz, önemsemediğimiz, ihmal ettiğimiz günahlarımızla ilgili farkındalık oluşturması; bu günahların dünyadaki neticelerinden, ahiretteki hesap ve azabından kurtulmamıza vesile olması gayesiyle kaleme alındı.

---

[1] Tirmizî, Kıyâmet 49

[2] Müslim, Tevbe 9 (uyarlama)

[3] Bakara, 222

Ölüm gelmeden evvel tevbe etmekte acele edelim![4] Zira Peygamber Efendimiz, insanların nasıl yaşarlarsa o hâl üzere öleceklerini ve nasıl ölürlerse öyle haşredileceklerini haber vermiştir.[5] Amel defterinde çokça istiğfar bulunanlara müjdeler olsun.[6]

Yılmaz Özbek

Düsseldorf, 14 Şubat 2022

---

[4] Münâvî, V, 65

[5] Müslim, Cennet, 83

[6] İbn-i Mâce, Edep, 57

BÖLÜM 1

PROGRAM

- Programa başlarken
- Gusülde dikkat edilecekler
- Küfür ve şirkten tevbe
- İman tazeleme
- Günahlara tevbe etme
- Tevbe namazı nasıl kılınır?
- Niyet
- Helalleşme
- Adaklar
- Zekât
- Faiz
- Kürtaj - gurre kefareti
- Yemin kefareti
- Hayız halinde eşiyle ilişki yaşama kefareti
- İnsanlara zulüm
- Hayvanlara zulüm
- Soy bedduası
- Kaza namazları
- Kaza oruçları
- Tevbeler okunurken ne yaşanabilir?
- Sadakalar verilirken neler yaşanabilir?
- Soyağacı niyeti

PROGRAMA BAŞLARKEN

Programa öncelikle usulüne uygun bir şekilde gusül alarak başlıyoruz. Bunun ilk gün yapılması yeterlidir, her gün yeniden gusül almaya gerek yok.

İkinci adımda soyağacı niyeti okuyup tevbe başlıklarımızın her biri için ayrı ayrı niyet ediyoruz. Niyet esnasında hedeflenen sayıyı söylemeye gerek yok.

Her gün tevbe namazı kılıp kitaptan gücünüzün yettiği kadar okuyabilirsiniz. Her tevbe metnini bir defa okumanız yeterli. Dileyen daha fazla okuyabileceği gibi başka günlerde de okuyabilir.

Tevbelerinizi sadakalarla destekleyin. Sadaka günahı giderir ve günahın affına vesile oluşturur. Bu konuda yardımcı olmak üzere tevbe metinlerinin sonuna kısa sadaka niyetleri konmuştur.

Küs olduğunuz akraba ve arkadaşlarınızla helalleşip beddualarına tevbe ettiriniz.

Başlangıçta niyetlendiğiniz amelleri yerine getirirken ilk niyeti de dile getiriniz. "Allah'ım niyet ettim niyetim üzerine (... (sadaka vermeye)...)" gibi...

Ve elbette beş vakit namazı ihmal etmemek hususunda hassasiyet gösteriniz.

GUSÜLDE DİKKAT EDİLECEKLER

Ağza su verirken baş yukarı dikilerek gargara yapılır. Böylece su genize kadar indirilmiş olur. Sadece çalkalamak bunu sağlamaz.

Buruna su verirken çekilen suyun genizden gelmesine dikkat edilmelidir. Eğer deliklerden birisi tıkalı ise diğerini parmakla kapatıp öyle su çekilmeli ve bu tıkanıklık açılmalıdır. İlk zamanlar hafif bir sızı sizi rahatsız etse de zamanla normalleşecektir. Burnu açmak için lavanta, nane ve okaliptüs gibi yağları çekmek de çok faydalıdır. Bu yağ- lar sinüsleri de açar.

Günümüzde bir metrekarelik dar kabinlerde ayakta duş alınıyor. Haliyle dikkat edilmediğinde makat bölgesi kuru kalabiliyor. Bu yüzden gusül esnasında oturur vaziyette yıkanarak makat bölgesinin temizlenmesine dikkat edilmelidir.

Küpe, piercing, hızma gibi takılar çıkarılıp takılarak altlarının kuru kalmamasına dikkat edilmeli, göbek deliği de dikkatlice yıkanmalıdır.

Göbek içi, apış arası, katlanan bölgeler, saç kökleri, el ve ayak parmak araları, sırt bölgesi gibi ince noktalar ovalanmak suretiyle bütün beden toplu iğne başı kadar kuru yer bırakmayacak şekilde yıkanmalıdır.

KÜFÜR VE ŞİRKTEN TEVBE

Hayatın içinde hiç farkına varmadan küfür ve şirk içeren cümleler kurabiliyoruz. Farkında olmadan ağızdan çıkan bazı cümleler, nikâhın düşmesine hatta dinden çıkmaya bile yol açabilir. Bu açıdan İman ve Şirk Tevbeleri'nin herkes tarafından okunması tavsiye edilir.

Kişiyi, evi, iş yerini koruması ve bereketlendirmesi, hastalıklara şifa vermesi gibi niyetlerle takılan, taşınan ya da mekânlara asılan muska, cevşen, dua, vefk, nazarlık vs. ne varsa nehre atılabilir ya da yakılıp ayak basmayacak bir yere gömülebilir. Bunlara bir güç atfetmemelidir. Sirkeli suda şu kadar gün bekletme gibi ritüellere girmeye de lüzum yoktur.

İki rekât tevbe namazı kılındıktan sonra şirk tevbesi okunabilir.

İMAN TAZELEME

Âmentü billâhi ve melâiketihi ve kütübihî ve rusülihî vel yevmi'l-âhiri ve bil kaderi hayrihî ve şerrihî minallâhi teâlâ ve'l-ba'sü bade'l-mevt Hakkun. Eşhedü en lâ ilâhe illallah ve eşhedü enne Muhammeden abdühû ve resulühû.

Allah'a, meleklerine, kitaplarına, peygamberlerine, ahiret gününe, iyi ve kötü her şeyin Allah'tan geldiğine iman ettim. Ölümden sonra dirilmek de haktır. Ben şahitlik ederim ki Allah'tan başka ilah yoktur ve yine şehadet ederim ki Hz. Muhammed (sallallahü aleyhi ve sellem) O'nun kulu ve peygamberidir.

Allah'ım, ben Senin varlığına, varlığının başı ve sonu olmadığına, doğurulmadığına ve doğurmadığına, hiçbir şeye muhtaç olmadığına ama her şeyin Sana muhtaç olduğuna, eşinin ve benzerinin olmayıp tek olduğuna, ol demenle her şeyi yaratabilecek güce sahip olduğuna; her şeyi gördüğüne, duyduğuna ve bildiğine; büyüklük zatına mahsus olup gücünün sınırının olmadığına, geçmiş, gelecek her şeyi bildiğine iman ettim.

Allah'ım, ben Senin nurdan yarattığın, cinsiyeti olmayan ve evlenmeyen; yemek, içmek, uyumak, yorulmak, usanmak, büyümek ve yaşlanmak gibi fiillerden beri kıldığın, ancak Sana itaat edip isyan etmeyen ve günah işlemeyen, çeşitli vazifeler verdiğin meleklerin varlığına iman ettim ve kabul ettim.

Allah'ım, ben Senin peygamberlerine gönderdiğin kitapların olan Kur'an, İncil, Tevrat ve Zebur'a ve yine Hz Adem'e (as), Hz Lut'a (as), Hz Şit'e (as), Hz İbrahim'e (as) gönderdiğin sayfalara, Kur'an'ın gelmesi ile evvelkilerin hükmünün kalmadığına iman ettim.

Allah'ım, ben Senin biz insanlara rehberlik yapması için yeryüzüne 124 bin peygamber gönderdiğine; bu peygamberlerinin doğru sözlü (sıdk), güvenilir (emanet), günah işlemeyen (ismet), akıllı ve zeki (fetanet) olduklarına ve Senin kendilerine gönderdiğin emir ve yasakları ümmetlerine ilettiklerine (tebliğ) iman ettim.

Allah'ım, ben ölümün hak olduğuna, kabir hayatının var olduğuna, kıyametin kopacağına, tekrar diriltileceğimize, mahşer meydanında toplanacağımıza, mizanın kurulacağına, amellerimizin tartılacağına, sorgunun olacağına, sırattan geçeceğimize, cennet ve cehennemdeki ebedi hayatın varlığına iman ettim.

Allah'ım ben dünyada olmuş ve olacak her şeyi önceden bildiğine (ilim), varlık hakkında külli irade sahibi olduğuna, dilediğin şeyi kudretinle her an yaratmaya devam ettiğine, hayrın ve şerrin Senden olduğuna, biz kullarına cüzi bir irade verdiğine iman ettim.

NİKÂH TAZELEME

Aile hayatında zaman zaman söylenen lanet ve beddualar, "boş ol" benzeri sözler evlilikteki sevgi bağını zedelemektedir. Eşlerden birisinin küfre düşecek bir söz kullanması durumunda ise nikâh düşmektedir. Bu durumda nikâh mutlaka yenilenmelidir. Nikah ve talak konusunun datayları fazladır. Bu sebeple bu tür hatalardan sonra ilim ehline sorularak evlilik hayatına devam edilmesi uygun olur. Allah korusun, nikah düşmüş olarak evlilik hayatını devam ettirme durumu söz konusu olabilir.

GÜNAHLARA TEVBE ETME

İslam fıkhında, bir kısım günahlar için belirlenmiş kefaretler vardır. Her günahın arınması tek bir tevbe ile olmaz. Mesela; eksik namazların kazasını kılmakla ve eksik oruçların kazasını tutmakla doğru tevbeler yapılmış olur. Aşağıda paylaşılan kefaretlerin bir kısmı şer'i temelli, bir kısmı ise tecrübeye dayalı uygulamalardır. Tavsiyeye dayananlar dinin kesin emriymiş gibi değerlendirilmemelidir.

İşlenen günahlar şeytanın kişiye birçok yönden tesir etmesine ve kişinin temiz fıtrattan uzaklaşarak problemler yaşamasına sebep olmaktadır. Her bir günah, hem bedenimizde hem psikolojimizde rahatsızlıklar oluşturur, karakterimize tesir eder, ekonomik problemler çıkarır ve aile hayatımız üzerinde olumsuz tesirlere yol açar. Tevbe ve sadakalarla şeytanın bu etkisi kalkmakta ve kişinin yaşadığı birçok problem son bulmaktadır. Bu konuda şunlar yapılabilir:

Tevbe Namazı Kılmak ve Tevbeleri Okumak

İki rekâtlık tevbe namazından sonra kitaptaki tevbelerden okuyun. Kitapta günahların sıralanmasından sonra yapılan (33, 100 defa veya daha fazla) "Estağfirullah Yâ Ğaffâr" istiğfar sayıları bizim takdir ettiğimiz rakamlardır. Çokça istiğfar ederek istiğfar sayısının günah sayısını geçmesi hedeflenmiştir. İlla bu sayıda istiğfar edilmeli şeklinde düşünülmemelidir. Siz bu sayıları artırabilir veya azaltabilirsiniz. Tevbe metinlerine eklenmeyen ama sizin bildiğiniz günahlarınızı dâhil edebilirsiniz. Hazırlanan bu metinler hatırlatma ve bir farkındalık oluşturma amaçlıdır.

Paragrafların sonunda yer alan "Estağfirullah Yâ....." kısımlarının yanında yazılan (33-100....) gibi sayı tavsiyeleri sadece o satırdaki istiğfarla ilgilidir. Üsteki istiğfarlar veya paragrafın o sayı kadar tekrarla okunmasına gerek yoktur.

Tevbe Namazı Nasıl Kılınır?

Tercihen gece teheccüt için kalkınca veya günün namaz kılınabilen herhangi bir saatinde kılınabilir.

"Niyet ettim Allah'ım tevbe namazı kılmaya." şeklinde niyet edilir.

2 rekât olarak kılınır. İstenirse daha fazla kılınabilir.

İstenilen her sure okunabilir. Özel okunması gereken bir sure yoktur.

Önemli olan günahtan dolayı mahzun olup, kırık bir kalp ve yaşlı bir gözle Allah'a sığınmak ve affedileceğinden ümit beslemektir.

Akabinde kitaptaki tevbeler okunabilir.

Sadaka Vermek

Niyetlerde tavsiye edilen sadaka miktar ve cinsleri tecrübelere dayalı olarak belirlenmiş olup bir zorunluluk değildir. Dinimizde yalnızca yemin bozulması, ramazanda orucunu bilerek bozma, eşe karşı zıhar yapma, yanlışlıkla cinayete sebep olma, hac esnasında yanlış tıraş sebebiyle ödenecek kefaret sadakaları farz, kürtaj sebebiyle verilecek gurre kefareti vacip, eşiyle adetli iken beraber olma sadakası ise sünnettir. Bunların haricinde günahların affını umarak sadaka vermek ise Peygamber Efendimiz'in (sallalahu aleyhi ve sellem) beyanları ile teşvik edilmiştir.

Sadaka miktarları konusunda özellikle miktar belirtmemeye dikkat edilmiştir. "Falan günah işlenince şu cinsten bu kadar sadaka verilmesi lazımmış!" şeklinde algıların oluşmasından uzak durmak gerekir. Zira bu yaklaşım, dinde bidatların oluşmasına kapı açmaktadır. Ama sadakanın işlenen günahla alakalı olacak cinsten ve çokça verilmesinin çok etkili olduğu defaatle tecrübe edilmiştir.

Mesela; zina yapan kişi, "Şehvetini Harama Sevk Edenler"in tevbesini okuduktan sonra, evlenecek çiftlere yardım edebilir, çocuk sünnet ettirebilir. Kürtaj günahını işlemiş kişi bebeklere süt ve mama dağıtabilir.

" Niyet ettim Yâ Rabbi Senin rızan için, yaptığım niyetim üzerine sadaka vermeye." diyerek sadaka verebilir veya diğer cinslerden hayır hasenatını yerine getirebilir.

Sadaka niyeti ile ağaç dikecek olanlar, bu ağaçları kendi bahçe ve arazilerine dikerek soylarının bu sadakadan doğrudan faydalanmasına kapı açmamalıdır. Okul, cami, sağlık ocağı, ormanlık araziler gibi kamunun istifadesine sunulabilecek yerlerin tercih edilmesi daha güzel olur.

Oruç Tutmak

Sevabı, hikmeti ve fazileti sadece Allah (cc) tarafından bilinen oruç, insanın maddi ve manevi arınmasında önemli bir yere sahiptir. Program esnasında peş peşe oruç tutulması tavsiye edilir.

NİYET

Ameller niyetlere göre değer kazanır. Günahlardan arınmak için yapılacak sadaka faaliyetlerinde niyetler oldukça önemlidir. Programa başlarken Soyağacı Niyeti'ni okuduktan sonra tevbe namazı kılmak ve sadaka vermek başta olmak üzere listede bulunanların yanı sıra eklenmek istenen diğer sadakalara da niyet edilebilir. Somut niyetle yapılan sadakaların çok farklı ve beklenmedik olumlu sonuçlar ile karşılaşıyoruz. Niyetlendiğiniz sadakaları yerine getirirken niyetinize atıf yaparak "Niyet ettim Allah'ım niyetim üzerine .... (mesela fakir doyurmaya)" şeklinde niyet edebilirsiniz. Niyetinizi sesli olarak yapmak zorunda olmadığınız gibi sadakayı sizin adınıza bir başkası yerine getirecekse ona vekâlet vermek de zorunlu değildir. Vekâlet verme mecburiyeti sadece kurban kesimlerinde söz konusudur.

Ayrıca bazı tevbelerin sonunda da kısa niyetler bulunmaktadır. Bu niyetlerde bahsedilen sadaka cinsleri farklı uygulamalarda çokça faydasını bizzat gördüğümüz cinslerdir. Bunlardan başka sadaka cinsleri de verilebilir elbette. Niyet esnasında bir miktar belirtmektense sadakanın cinsine niyet etmek daha iyidir. Mesela seksen fakiri doyurmayı düşünüyorsanız "80 fakir doyurmaya" demek yerine sadece "fakir doyurmaya" denilebilir. İmkân varsa yine 80 fakir doyurulur. Sadakanın verileceği zaman geldiğinde imkânların müsait olmaması durumunda niyette sayı belirtilmediği için tek bir fakir bile doyurulmuş olsa bir nevi Allah'a verilen söz makamında olan niyet yerine gelmiş olur.

Sadaka niyetlerini yakın zamanda yapacaksanız niyete alın. Yaptığınız niyetinizi işaretleyin, yazın ve unutmayın.

HELALLEŞME

Aralarında husumet olan akraba ile helalleşmeli ve bu konuda da karşılıklı tevbe edilmelidir. Özellikle anne, baba, kardeş, amca, hala, teyze, dayı, nine ve dedeler ile helalleşmek önemlidir. Taraflar birbirlerine lanet, bela, intizar gibi kötü sözler sarf etmişlerse bunlar için de tevbe gerekir. Hak helalliği ise tamamen farklıdır ve tevbe kadar elzemdir. Her ikisi de ayrı ayrı mutlaka yapılmalıdır.

Beddualardan Tevbe Nasıl Yapılacak?

Ben sana yaptığım tüm lanet, bela, intizar, sitem, kahır, kötü söz ve davranışlarımdan;

Tevbe ettim. Estağfirullah Yâ Ğaffâr.

Tevbe ettim. Estağfirullah Yâ Ğaffâr.

Tevbe ettim. Estağfirullah Yâ Ğaffâr.

Hak Helalliği Nasıl Alınacak?

Ben sana dünya ve ahiret, geçmiş ve gelecek tüm haklarımı helal ettim, helal ettim, helal ettim. Şahit ol Yâ Rabbi!

Hakkımı Helal Ettim

"Kötülüğün cezası, onun gibi bir kötülüktür. Kim kendine yapılan kötülüğü affedip barışırsa, onun mükâfatı Allah'a aittir. Şüphesiz ki Allah, zalimleri sevmez." (Şûrâ, 42/40)

Allah'ım! Eşimin (eski eşimin), evlatlarımın, soyumdan ve zürriyetimden olan ve olmayanların, akrabalarımın, komşularımın, tanıdığım veya tanımadığım, bildiğim veya bilmediğim hayatın bir döneminde mesai birlikteliği yaptığım tüm insanların cümlesinin; dinimden ötürü zulmedenleri Senin takdirine bırakmak üzere dünyalık işlerimiz sebebiyle gizli açık, bana, (eşime, öz/üvey çocuklarıma), anne ve babalarımıza, (eşimin anne, baba ve soyuna), soy ve zürriyetlerimizin haklarına girerek; dilleriyle söyledikleri yalan, iftira, suizan, gıybet, kötü dua, lânet, belâ ve beddualar sebebiyle bize acı ve ızdırap çektirenlere; bize küfreden, kâfirlikle itham edenlere; paramızı, malımızı, mülkümüzü çalarak, gasp ederek, dolandırarak, kandırarak, yiyerek hakkımıza giren ve mallarımıza zarar verenlere; miras hakkımızı elimizden alan ve yiyenlere; borcunu, gurre kefaretini, mehrini, cinayet diyetini ödemeyen veya ödeyemeyenlere; kötü yola sevk edenlere; kıskanan, haset edip kin ve kötü niyet besleyen, büyü yaptıranlara; bedenimize her çeşit zulüm ve haksızlık yapanlara ve dahi onların soy ve zürriyetlerinin tamamına, üzerlerinde her türlü hakkımız olan bütün ehl-i imanın cümlesine Senin rızanı kazanmak ve mükâfatını ahirette daha büyük almak niyetiyle dünya, ahiret, geçmiş, gelmiş, gelecek bütün haklarımı;

Helal ettim... Helal ettim... Helal ettim... Sen şahit ol Yâ Rabbi!

ADAKLAR

Adayıp da yerine getirmediğiniz adaklarınızı yerine getiriniz. Adakların kesilmesi esnasında vekâleti dikkatlice veriniz. Kesilen adaktan hiçbir şekilde kendiniz yemeyiniz ve kan bağınız bulunan kişilere yedirmeyiniz. Sadakasını vererek dahi olsa yemelerine müsaade etmeyiniz. Adağı fakir fukaraya dağıtınız. Arkadaşlarla, akrabalarla piknikte vs. yemeyiniz.

Kendi unuttuğunuz ya da soyunuzdan olanların unuttuğu adakların yerine geçmesi niyeti ile bulunduğunuz yörede âdet olan cinslere göre görevler yapılabilir. Sözgelimi yörenizde keçi kesiliyorsa keçi kestirilebilirsiniz; oruç adakları yapan annenizin unuttuğu oruç adaklarının yerine geçmesi niyetiyle oruç tutabilirsiniz. Fakir doyurma adağında bulunmak gibi bir âdetiniz varsa unuttuğunuz adaklar olabileceği düşüncesiyle ihtiyaç sahiplerini doyurabilirsiniz.

Adak Niyetleri

Kurban kesimlerinde vekâlet konusu önemlidir. "Önemli olan kalbinden yaptığın niyettir." gibi yorumlara itibar edilmemelidir. Zincirleme olarak vekâletin alınması ve devredilmesine dikkat edilmelidir.

Alttaki boşluklara adanan ve kesilecek hayvan cinsini söylersiniz. Koyun, koç, kuzu, keçi, teke, oğlak, erkek dana, dişi dana, inek, boğa, tosun, düve, öküz, deve, tavuk, horoz, dişi hindi, erkek hindi, dişi ördek, erkek ördek, kaz gibi...

Kendi Adağınız

Kurbanınızı kesecek kasaba vekâlet verirken şöyle diyebilirsiniz:

"Ben falanca, seni adağım olan (...........) kurban olarak kesmeğe ve kestirmeye vekil kıldım."

Vekâletini Aldığınız Adak Kesme Niyeti

Mesela eşinizi sizin kurbanınızı kesme konusunda vekil kılacaksanız;

"Benim (............) adağımı kesmeye ve kestirmeye seni vekil kıldım, vekil kıldım, vekil kıldım." Siz de 3 defa "Aldım kabul ettim." diyerek vekâleti alırsınız.

Kesmeyi takip edecek kişiye de vekâleti devrederken;

"Ben, seni eşim falanın (eşinizin ismi) adağı olan bir (...........) kurban olarak kesmeye ve kestirmeye vekil kıldım."

Varlığını Bildiğiniz Ama Size Vekâleti Verilmemiş Ölmüşler Adına Adak Kesme Niyeti

Mesela ölmüş annenizin size vekâletini vermediği ama sizin varlığından haberdar olduğunuz adak için şöyle vekâlet verilebilir.

"Ben falanca, seni annem falanın (annenizin ismi) adağı olan bir (..........) kurban olarak kesmeye ve kestirmeye vekil kıldım."

Varlığını Bilmediğiniz, İhtimale Binaen Kestireceğiniz Adak Niyeti

Kendinizin veya soyunuzun bilmediğiniz ama yapılıp da ihmal edilmiş veya şartlarına hakkıyla dikkat edilmemiş adakların yerine kurban kestirecekseniz önce Soyağacı Niyeti'ni okuyup keseceğiniz kurban cinsine niyet etmenizi tavsiye ederim. Eğer kendinizin, eşinizin, soy ve zürriyetinizin unuttuğu böyle bir adak yoksa kesilen kurban niyette sayılan diğer günahların affına vesile olabilir.

"Allah'ım, yapmış olduğum soyağacı niyetindeki tüm niyetlerle beraber; benim ve soyumun, (eşimin ve soyunun) adayıp da yerine getirmediği ve yerine getirip de etinden yediği, suyundan içtiği tüm adakların yerine geçmesi niyetiyle,

Niyet ettim Senin rızan için bir (...............) kesmeye ve kestirmeye.

Adak, Akika, Şükür Kurbanı Kesmek İçin Vekâlet Vermek Nasıl Yapılacak?

"Ben falanca; yaptığım niyet üzere, seni o hayvanı kesmeye ve kestirmeye vekil kıldım." dedikten sonra kesecek olan da üç defa "Vekâletini aldım, kabul ettim." diyecek.

Vekâleti alan kişi kasaba vekâlet verirken şöyle diyecek: "Falancanın yaptığı niyet üzere, bana verdiği (....................) kesme vekâletiyle seni o hayvanı kesmeye vekil kıldım." dedikten sonra kesecek olan da üç defa "Vekâletini aldım, kabul ettim." diyecek.

Üç tekbirden sonra "Bismillahi Allahu Ekber" denilerek hayvan kesilecek. Hayvanın etinden kestiren ve soyundan kimsenin yememesi tavsiye edilir.

Kurban Harici Diğer Adaklar

Kurban haricinde yapılan veya yapılması muhtemel adaklar için vekâlet vermek gerekmez. Bu konuda kişinin kalbinden niyet getirmesi yeterlidir. Mesela yerine getirmediği çocuk sevindirme adağı ile ilgili; "Niyet ettim Allah'ım Senin rızan için çocuk sevindirme adağımın yerine geçmesi niyetiyle çocuklara oyuncak dağıtmaya." gibi bir niyet söyleyebilir.

Başkasının Adağını Nasıl Yerine Getiririm?

Eğer anne, baba, eş ve evlat gibi aile fertlerinin adayıp da yerine getirmediği bilinen veya size görev olarak verilen bir adak söz konusu ise kurban adaklarında olduğu gibi onlardan vekâlet almak gerekmez. Mesela anneniz namına yerine getireceğimiz çocuk sevindirme adağı için şöyle bir niyet yapılabilir:

"Niyet ettim Allah'ım Senin rızan için annemin namına çocuk sevindirme adağının yerine geçmesi niyetiyle çocuklara oyuncak dağıtmaya."

Soyunda Unutulmuş Adak İçin Ne Yapılabilir?

Kurban haricinde çok farklı konularda adaklar yapılmaktadır. Şeker, helva, lokma dağıtma; yetim-öksüz-fakir giydirme, yedirme, doyurma; hatim okuma-okutma, Yasin okuma-okutma gibi adaklar söylenip unutulmakta veya ihmal edilmektedir.

Anne, baba, eş ve evlat gibi bir başkasının adadığını düşündüğünüz veya zaman zaman adayıp da yerine getirdikleri ama belki de atladıkları adakları olabilir. Bunlar hakkında kesin bilginiz yoksa belki şöyle yapabilir:

"Allah'ım (yapmış olduğum soyağacı niyetindeki tüm niyetlerle beraber); benim ve soyumun, (eşimin ve soyunun), evlatlarımın adayıp da yerine getirmediği (mesela) çocuk sevindirme adaklarının yerine geçmesi niyeti ile çocuklara çikolata dağıtmaya." denebilir.

Adaklarınızı Yerine Getirince Bu Tevbeyi Okuyun

Allah'ım! Kaderi değiştireceğini düşünerek Sana adaklarla şart koşmaktan, yalan yeminlerde ve sözlerde bulunmaktan; yerine getirdiğim adaklardan fakirin faydalanması gerekirken kendim yemekten, aileme yedirmekten ve faydalanmaktan; umduğuma ulaştığım zaman ise hırs göstererek "Tam istediğim gibi olmadı." diyerek adağımı geciktirmekten, adak söz ve yeminlerimi unutarak ve önemsemeyerek yerine getirmemekten, soy ve zürriyetimizin adaklarını araştırmamaktan, öğrenince de onlar namına yerine getirmemekten, yerine getirdiğimiz adaklarımızda ise "Acaba kabul olmuş mudur?" diyerek şüpheye düşmekten;

Tevbe ettim. Tevbe ettim. Tevbe ettim.

Estağfirullah Yâ Ğaffar. (3 defa)

Allah'ım benim ve soyumun unutup yerine getirmediği veya ihmal ettiği tüm adakları hatırlat ve hakkıyla yerine getirmeyi nasip et. Adaklarını yerine getirmemekten dolayı bizlere musallat olan şeytandan bizi arındır.

Birahmetike Yâ Erhamerrahimin.

Allahümme salli alâ seyyidinâ Muhammedin ve alâ âl-i seyyidinâ Muhammed.

ZEKÂT

Kendi Zekâtımız

Namaz ve oruç ibadetlerimizin geriye doğru kazalarını yaptığımız gibi zekâtlarımızın da geçmiş yıllara göre hesabını yapmalı, vermediğimiz veya eksik verdiğimiz miktarları mutlaka vermeliyiz. Bu konuda işin ehlinden yardım alınabilir. Çünkü her malın zekât miktarı aynı değildir.

Soy Adına Zekât Vermek

Soyumuzun vermediği zekâtların affı niyeti ile sadakalar verilebilir, fakir doyurulabilir, erzak, un, mama dağıtılabilir, kurbanlar kesilebilir. Bu konuda dinimizde şu cinsten ve şu kadar dağıtılmalı şeklinde bir emir söz konusu değildir. Burada sayı vermek belki dinde bidat oluşturmak olur. Ama soyumuzdan ölmüş veya sağların vermedikleri zekâtların affına vesile olması niyetiyle çokça verilmesi güzel olur. Şöyle bir niyet yapılabilir:

"(Allah'ım yapmış olduğum soyağacı niyetindeki tüm niyetlerle beraber); Benim ve soyumun, (eşimin ve soyunun) vermediğimiz, eksik verdiğimiz veya yanlış verdiğimiz tüm zekâtların yerine geçmesi niyeti ile Senin rızan için (...............) vermeye-dağıtmaya..."

FAİZ

Şimdiye kadar aldığınız ve verdiğiniz faizleri hesap ederek aradaki farkı sadaka olarak veriniz. Bankalardan ev, iş, araba gibi sebeplerle 100 bin TL kredi çekip faiziyle 130 bin TL ödediğimizi farz edelim. Aradaki 30 bini aylar, yıllar içinde gücümüze göre sadaka olarak dağıtmak hedef olmalı. Aynı şekilde kredi kartlarıyla yapılan alışverişlerle bankalara verilen destekler de sadakalarla temizlenmeli ve hayattan kredi kartını çıkarmaya gayret edilmelidir.

Kredi miktarları çok yüksek olanlar ise ellerinden geldiği kadarıyla her ay bir miktar sadaka verme gayretinde olmalı. Günlük olarak evdeki sadaka kutusuna bu niyetle bir şeyler atmalı, biriktikçe de uygun yerlere ulaştırılmalı.

Dinimizde faiz kullanan bu şekilde yapsın diye bir emir yoktur. Belki geçmişte gaflet ile bu günaha düşmüşler umulur ki sadakaları vesilesi ile bu günahın dünya ve ahiret neticesinden kurtulabilirler. Bir yandan bu niyetle sadaka verip bir yandan da yeni krediler çekmek ise ciddiyetsizliktir.

Bu amaçla verilecek sadakalarda şöyle niyet edilebilir:

Allah'ım (yapmış olduğum tüm soyağacındaki niyetlerle beraber); Benim ve soyumun, (eşimin ve soyunun) aldığı ve verdiği veya destek olduğu faiz günahlarının affı niyeti ile sadaka vermeye...

KÜRTAJ - GURRE KEFARETİ

Annenin sağlığının tehlikeye girmesi haricinde, rahimdeki bebeği kürtaj yoluyla aldırmak veya kasıtlı olarak düşürmek için çaba sarf etmek doğru değildir. Cenin ister bir günlük ister kırk günlük isterse dört aylık olsun böyle bir müdahaleden kaçınmak gerekir. En baştan meşru doğum kontrol yöntemlerini kullanmak daha uygundur.

Geçmişte yapılan kürtaj işlemleri hakkında her bir cenin için ayrı ayrı olmak üzere gurre kefareti vermek gerekir. Gurre beş deve miktarı olup bu 200 ile 212,5 gram altın miktarına karşılık gelmektedir. Karı ve koca bu cürme beraberce karar vermişlerse bu diyet diğer çocuklara mirastaki payları miktarınca pay edilir. Eğer kadın bu cürmü eşinden habersiz yapmış ise eşe de pay ödenmesi gerekir. Çocukların bu haklarından feragat ederek anne ve babalarına haklarını helal etmeleri durumunda bu yükümlülük düşer. Her halükârda anne ve baba, bu konuda çocukları ile konuşup helalleşme yoluna gitmelidir.

Ayrıca; kürtaj yaptıran kadın ve eşinin çokça tevbe namazı kılıp, oruç tutmaları ve sadakalar dağıtmaları güzel olur. Özellikle bebekler ve çocuklar için mama ve süt dağıtmak veya süt veren bir keçi veya koyunu ihtiyaç sahibi bir aileye vermek gibi uygulamaların fayda verdiği tecrübe edilmiştir.

Soyunda kürtaj bulunanlar veya kürtaja aracılık yapanların da aynı sadaka uygulamalarını yapmalarını tavsiye ederim.

Şöyle niye edilebilir:

Allah'ım annemin (babaannemin, anneannemin) yaptırdığı kürtaj günahının affı niyeti ile; mama veya süt dağıtmaya veya süt veren bir keçiyi/koyunu ihtiyaç sahibi bir aileye bağışlamaya...

YEMİN KEFARETİ

Lağv (ağız alışkanlığı ile gerekli gereksiz her şeye yemin kastı olmaksızın yemin etme) için kefaret gerekmez. Fakat dili böyle alışkanlıklardan korumakta fayda vardır.

Yemin kefareti için, zekât alması caiz olan 10 fakire, bütün bedenini örtecek kadar bir takım elbise verilebilir. On fakire iki öğün yemek veya yemek parası verilebilir. Burada ölçü fitre miktarınca olmasıdır. Bunlara gücü yetmeyen ise 3 gün oruç tutar.

HAYIZ HALİNDE EŞİYLE İLİŞKİ YAŞAMA KEFARETİ

Bir kişinin hanımıyla hayız halinde ilişki kurması durumunda; eğer âdetin ilk günlerinde ilişkide bulunursa bir dinar (4,5 gram altın), son günlerinde bulunursa yarım dinar (2,25 gram altın) sadaka vermesi gerekir. (Nesai, Taharet 182)

İNSANLARA ZULÜM

Kişinin kendisinde veya soyunda insanlara fiziksel anlamda zulmetme veya cinayet varsa "Zulmedenler ve Zulme Taraf Olanların Tevbesi" okunarak sonundaki niyet üzere sadaka verilebilir.

HAYVANLARA ZULÜM

Hayvanları döverek, yaralayarak, öldürerek veya tecavüzde bulunarak zulmedenler bu günahın affı niyeti ile sadaka verip hayvanları besleyebilirler. Keçi, koyun gibi hayvanlara yapılan zulümler için kurbanlık bir hayvan kestirip fakirlere dağıtılabilir.

Kedi köpek gibi kurban olmayan hayvanlara yapılan zulümler için, o cinsten bir hayvanı uzun süre besleyip süt veya yem verilebilir. Bu uygulamanın niyeti şöyle yapılabilir:

Allah'ım benim ve soyumun, eşimin ve soyunun kedilere, köpeklere, böceklere, arılara, kuşlara ve tüm hayvanlara; elimizle ve sair azalarımızla yaptığımız kasten canına kıyma, dövme, vurma, yaralama ve yaralamaya sebebiyet verme, zulümle kan akıtma, taşla-sopayla-silahla vurma, öldürme, suda boğma, asarak-boğarak öldürme, sakat veya felç kalmasına sebep olma, ateşte yakma, soğukta dondurma, aç bırakma, vücut azalarını, kulak ve ayaklarını kesip gözlerini oyma ve sair uzuvlarına zarar verme, yerlerde sürükleme, zehirleme, üzerlerine hayvan salma, diri diri toprağa gömme, öldürme gibi yaptığımız tüm zulüm günahlarımızın affına vesile olması niyeti ile;

(Hangisini yapacaksanız ona niyet edin.)

1- Kurban kestirip fakirlere dağıtmaya.

2- Süt, mama veya yiyecek vererek beslemeye.

3- Sadaka vermeye.

SOY BEDDUASI

Soyundan ölmüşlerinin kendisi üzerinde bedduası bulunanlar, hem ölmüşlerin bu günahlarının affı niyeti ile sadaka verebilir hem de kabir ziyareti yapıp kabir başında beddua eden atasının veya kişinin Allah'tan affını dileyip bedduaları için istiğfar edebilir.

Soy Bedduası İçin Sadaka Verme

"Lanet ve Beddua Tevbesi" okunarak sonundaki niyet üzere ölmüş ataların beddualarının affı niyeti ile sadaka verilebilir.

Kabir Ziyareti

Yasin suresinin ölmüşlere hediye edilmesi ve cuma günü kabir ziyareti yapılmasına dair rivayet edilen hadisler vardır. Sevabını ölmüşlerimize -özellikle beddua günahını işleyenlere- bağışlamak üzere çokça Yasin okunur. Bu aile içerisinde paylaştırılarak da okunabilir. Yasin okumayı bilmeyenler gitmeden önce çokça (mesela 100 adet) Fatiha ve İhlas okuyabilirler. Yasinler tamamlandıktan sonra bir cuma günü mezar ziyareti yapılır. Mezarlığa hemen gitme imkânı olmayanlar tevbeyi evinden yapıp en kısa zamanda mezar başında da tekrarlayabilir.

Mezar başında ölümden sonraki her yıl için 3 İhlas 1 Fatiha okunur. Eğer çok uzun yıllar söz konusu ise gücü yettiği kadar Fatiha ve İhlas okunduktan sonra şu istiğfar duası yapılır:

"Allah'ım okumuş olduğum Kur'an'dan hasıl olan sevabı Peygamber Efendimiz'in, tüm ölmüş Müslümanların ve akrabalarımın, hassaten şurada yatan (.............) ruhuna hediye ediyorum. Kabul eyle Yâ Rabbi. Sen onların ruhunu huzura kavuştur, bütün günah ve hatalarını bağışla. Amin!

Kabirde azap çekilmesine sebep olan tüm günahlar ve tüm lanet, bela, beddua ve kötü sözlerinden affını diliyor ve istiğfar ediyorum.

Estağfirullah Yâ Ğaffar, Yâ Ğafur, Yâ Tevvâb, Yâ Afüvv.

Birahmetike Yâ Erhamerrahimin.

Estağfirullah Yâ Ğaffâr. (100 veya daha fazla)

Son olarak da hak helalliği verilip bitirilir. "Babacığım (veya kim ziyaret edilmişse o)! Ben dünya ve ahiret tüm haklarımı sana helal ettim, sen de haklarını helal et. Ben senden razıyım. Rabbimde senden razı olsun, sen de haklarını helal et."

Soyu Üzerinde Kimden Geldiğini Bilmediği Beddua Bulunanlar

Soyu üzerinde kimden geldiğini bilmediği beddua bulunanlar, sevabını beddua edene bağışlamak üzere çokça Fatiha okuyup sadaka verebilirler.

"Niyet ettim Allah'ım Senin rızan için benim ve soyumun, eşimin ve soyunun işlediğimiz zulümler sebebiyle bizlere lanet, bela, beddua edip haklarını haram edenlere sevabını bağışlamak üzere Fatiha okumaya ve sadaka vermeye." diyerek rahatlayıncaya kadar (en az 100 Fatiha veya daha fazlasını) okuyabilirler.

KAZA NAMAZLARI

Namaz borcu olanlar, kazaya kalmış namazların listesini çıkararak günün kendine uyan vakitlerinde kaza namazlarını kılarlar. Eğer yıllara yayılan çokça borç söz konusu ise her namazın arkasından bir vakit de kaza namazı kılmayı alışkanlık edinerek kazalara başlanabilir.

KAZA ORUÇLARI

Geçmiş yıllar hesap edilerek kazaya kalmış oruçlar kaza edilmeye başlanır. Eğer ramazan ayında fıkhen makul görülen sebepler olmaksızın bozulan oruçlar varsa 60 gün kefaret orucunu müteakip her bozduğu oruç için 1 gün de kaza orucu tutulur. Kefaret orucu her bir gün için ayrı ayrı değildir. Mesela ramazanda sağlık gibi zorunlu bir sebep olmadan keyfi olarak bozulan 5 günlük oruç varsa önce 60 gün tutulup daha sonra ara vermeden 5 gün de peşine eklenmelidir.

Kadın Müslümanların hamilelik, emzirme ve hayız halleri sebebiyle daha fazla kaza borçları olmaktadır. En güzeli bu borçları ramazandan hemen sonra ilk fırsatta ödemektir. Aksi takdirde yılların kaza borçları üst üste birikince büsbütün ödenemez hale gelmektedir. Sadece pazartesi ve perşembe günleri oruç tutarak bile yılda 100 güne yakın bir sayıya ulaşılabileceği unutulmamalıdır.

TEVBELER OKUNURKEN NELER YAŞANABİLİR?

Şeytana soruldu;

- *Senin cismini ne eritir?*
- *Günahtan dönen kimsenin tevbesi.*
- *Ciğerini yakıp pişiren nedir?*
- *Gece gündüz Allah'tan çokça bağışlanma dilemek.*[7]

Şeytan; kulun hak yolda olmasından, Rabbine kulluk yapmasından hoşnut olmaz. Nefis ise boş ve faydasız şeylerle meşgul olmak ister, hayırlı işlerden sıkılır. Şeytan tevbelerin okunmasını engellemek amacıyla bir kısım entrikalar çevirecektir. Muhtemelen bu kitaptaki tevbeleri okuduğunuz ve sadakaları vermeye niyet ettiğiniz andan itibaren şunları yaşayabilirsiniz:

Asabiyet ve Aile Kavgaları: Peygamber Efendimiz (sav) "Öfke şeytandandır." buyurmaktadır. Program esnasında sadece tevbe eden kişiye öfke vermekle kalmaz, aile fertlerini, akraba ve dostlarını da ona karşı kışkırtarak hayırlı meşguliyetini engellemek ister. Özellikle aile kavgalarını tetikler. Ta ki kişi tevbeleri okumaktan ve sadakaları vermekten vazgeçsin. Bu sebeple kitabı okumaya başlarken "Allah'ım bana tevbeleri okuyabilmeyi nasip et." diyerek sadaka verilmesi daha kolay okuyabilmenin önünü açar.

İç Darlığı, Rehavet ve Bezginlik: Şeytan bazen tevbe edene iç darlığı verir ki okuma hevesi kırılsın. Bazen de tam

---

[7] Şeceret'ul Kevn, Muhyiddin-i İbn-i Arabi

tersini yaparak birkaç tevbe okuyunca sahte bir dinginlik havası verir ki kişi "Tevbe amacına ulaştı." deyip diğer tevbelere devam etmesin.

Okuduğunuzu anlamamanız için uykunuzu getirir, bol bol esneme ve yorgunluk hali verebilir. Bu yüzden tevbe programı sırasında rehavet verecek ağır yiyeceklerden kaçınıp daha hafif beslenerek önlem alınabilir.

Şeytan bazen de anlamanızı engelleyip bezginlik duygusu verebilir. Okurken zihninizi meşgul edecek hatıraları, hayalleri akla getirir. Eski problemleri depreştirip kin duygusunu tetikler. Böylece okuduğunuzu anlamaktan uzaklaştırmaya çalışır.

Metinleri size çok uzun gösterir ve "Önemli olan niyet değil mi, ne gerek var bu kadar tevbeye?" diyerek vesvese verir.

Başka Tevbeye Gerek Yok, Tevben Kabul Edilmez Vesvesesi: "Sen zaten günahına, kusuruna tevbe ettin, kurtuldun. Sürekli tevbe etmene ne gerek var?" diyerek sahte bir özgüven verir. Kişiye günahlarından arındığı hissini telkin eder. Böyle durumlarda tevbe ve istiğfarın bizim için bir yükümlülük olduğunu hatra getirmeliyiz. Tevbenin kabul edilip edilmemesi bizimle ilgili bir mesele değildir.

Şeytanın bir diğer büyük hilesi insana günahını büyük göstererek tevbe konusunda ümidini kırmaktır. "Allah bu günahı affetmez, tevbeni kabul etmez." diyerek şüpheye sevk edip ümitsizliğe düşürür. Böyle durumlarda hiçbir günahın -haşa- Allah'ın rahmetinden büyük olamayacağını ve "Rahmetim gazabımı geçmiştir." müjdesini akla getirip tevbede sebat etmelidir.

Erteleme ve Meşguliyet: "Yarın başlarsın." diyerek tevbeyi devamlı erteletir. Oysa ölüm saati belirsiz ve bir "yarın" olacağı meçhuldür. Peygamber Efendimiz'in (sav) "Yarıncılar (yarın yaparım diye iyi amelleri veya tevbeyi erteleyenler) helak oldu." sözünü rehber edinip tevbeye hemen başlamalıdır. Kitabı gözden ırak yerlere, dolap üstlerine veya içlerine koydurup aklınızdan uzak tutması gibi hilelere de aldanmamak lazımdır.

Bu süreçte şeytan meşguliyetinizi de artırır. Aklınıza devamlı işler getirip "Hele şunu halledeyim okurum." düşüncesi verir. Ama siz bir türlü o zamanı bulmazsınız.

Program esnasında bayanların regl dönemi erken başlayabilir. Kur'an-ı Kerim okumalarına regl sonrasında devam edilmesi gerekse de tevbeler dua mahiyetinde olduğundan okunmasında sakınca yoktur. Regli bahane edip ara vermek sürekliliği bozar, sonradan başlamak zorlaşabilir.

Aksilikler ve Rahatsızlıklar: Soyda beddua eden ve ölmüş ataların affına vesile olması niyetiyle okunan ve cuma günü ruhlarına hediye edilen Yasin ameliyesinde bazı aksiliklere ve rahatsızlıklara rastlandığı tecrübe edilmiştir. Okumalara başlandığı günden itibaren ciddi ruhsal sıkıntı, omuz ve baldır ağrıları, mezarları ziyaret için giderken yolda arabanın arıza yapması, mezarın bulunamaması, mezar başında şiddetli ağrı, böğürme ve kusmalar yaşanabilir.

SADAKALAR VERİLİRKEN NELER YAŞANABİLİR?

Şeytana soruldu:

-Peki, sadaka verdikleri zaman halin nice olur?

-Sadaka veren kişi eline testere almış da beni ikiye biçiyormuş gibi olurum.[8]

Sadakalara niyet edildiği andan itibaren kişide fiziksel, ruhsal bazı problemler görülebilir.

Adak: İhmal edilmiş ve unutulmuş adakların kesilmesine niyet edildiği andan itibaren aşırı öfke hali, sırt ve bel ağrıları sıkça yaşanmaktadır.

Ağaç Dikimi: Ağaç dikimine niyet edildiği andan itibaren nefes darlığı, öksürük ve hapşırma, boğazda yanma, kuruluk ve balgam atma; burun tıkanıklığı, burun kanaması ve sinüslerde boşalma gibi solunum yolu problemleri yaşanabilmektedir.

Mama: Mama hayratına niyetlenildiği andan itibaren öfke, halsizlik, yorgunluk ve uyku hali, üşüme, titreme, kemik ve romatizma ağrıları, baş ve ensede basınç, baş dönmesi, mide ağrısı ve bulantı, geğirme, gaz sıkışması, ishal, kokulu idrar ve dışkı atılımı, kasık, karın ve göbek bölgesinde ağrı, kum dökme, özellikle sindirim sistemi ve böbreklere ait sorunlar yaşanabilmektedir.

---

[8] Şeceret'ul Kevn, Muhyiddin-i İbn-i Arabi

Nakdi Yardım: Niyetlenilen sadakaları yerine göndermek amacıyla bankalara gidildiği veya online bankacılık işlemlerine başlandığı zaman da birçok aksilikler ile karşılaşılabilmektedir. Havalenin bir türlü yapılamaması, bankamatiklerin bozuk olması, yolda arabanın arızalanması vs. gibi durumlar yaşanabilir.

Hasılı; şeytan sadakaların verilmesiyle bölünüp parçalanacağı, tevbe ve istiğfarların okunmasıyla eriyip yok olacağı için elinden gelen tüm imkânları kullanarak kişinin bu yoldan dönmesi için gayret gösterecektir.

SOYAĞACI NİYETİ

Eûzubillâhimineşşeytânirracîm.

Bismillâhirrahmânirrahîm.

Allahümme salli alâ seyyidinâ Muhammedin ve alâ âl-i seyyidinâ Muhammed.

Yâ Rahmân, Yâ Rahîm, Yâ Ferd, Yâ Hayy, Yâ Kayyum, Yâ Hakem, Yâ Adl, Yâ Kuddûs, Yâ Tevvâb, Yâ Ğaffâr, Yâ Ğafûr, Yâ Raûf, Yâ Vehhâb, Yâ Şâfi, Yâ Semi, Yâ Basîr, Yâ Mucîb, Yâ Settâr.

Birahmetike Yâ Erhamerrahimin.

Allah'ım; benim, annemin, babamın, eşimin, öz ve üvey çocuklarımın (evlendiğim, boşandığım veya evleneceğim tüm eşlerimin, soy ve zürriyetlerinin), kardeşlerimin, akrabalarımın, soyumuzdan ve zürriyetimizden tüm ölmüş ve sağların, Âdem'den (as) bugüne kadar gelmiş ve bugünden kıyamete kadar gelecek tüm inananların ve ümmet-i Muhammed'in;

Cehalet ve gafletle, inkâr ve inatla, kızgınlık ve öfkeyle yaptığımız; bizi iman dairesinden çıkaracak her türlü küfür sözleri söyleme, Müslüman'a kâfir deme, dine kitaba ve dinin nişanelerine küfretme, alay etme, bir yaratılmışı Senden daha çok sevme veya Senden daha çok bir yaratılmıştan korkma, her hayrın sahibinin Sen olduğunu unutma, hayrı kendinden bilip kibirlenme, kendini övme ve beğenme, ibadetlerine güvenme; şifa vermesi, koruması, rızkı ve nasibi açması gibi gayeler ile Senin ayetlerine, isimlerine karşı gizli ve açık şirk sayılabilecek amellerde bulunma; hayata ve hayat içerisindeki nimetlere, eşe, işe, geçime, hastalığa ve diğer imtihanlara, bela ve musibetlere haddi aşarak isyan etme ve kahırlanma günahlarımızın affına vesile olması niyetiyle;

Adayıp da yerine getirmediğimiz veya yerine getirip de hakkımız olmadığı halde istifade ederek etinden yediğimiz, suyundan içtiğimiz tüm kurban adaklarımızın, akikalarımızın; yetimi, fakiri, öksüzü, çocuğu, garibanı, arkadaşları, akrabaları ve diğer kullarını yedirme, giydirme, yıkama, okutma, sevindirme, barındırma, doyurma; sofra açma, sadaka verme, mescit yaptırma, mezar yaptırma; çeşme, kuyu veya sebil yaptırma, su akıtma, dağıtma, hayır ve hayrat yapma; malını, parasını, maaşını Allah yolunda harcama; Kur'an-ı Kerim'i, surelerini, cüzlerini veya Yâsin'i okuma, okutma veya dağıtma; mevlit okutma, namazı ve ibadetleri terk etmeme, namazı kılma veya hakkıyla kılma; tesbih namazı veya nafile namazı kılma, zikir yapma, oruç tutma, hac ve umre gibi tüm ibadet adaklarımızın yerine geçmesi niyetiyle;

Bir daha günaha girmeme, kullukta sadakat gösterme, kötü alışkanlıkları bırakma üzerine yaptığımız, söylediğimiz, yerine getirmediğimiz veya bozduğumuz tüm adakların, yeminlerin, sözlerin, nezirlerin, temennilerin yerine geçmesi veya yalan yere söylediğimiz yeminlerimizin affına vesile olması; şeytanın bana, eşime, anne ve babalarımıza, soyumuzdan sağ olanlara ve zürriyetlerimize ve tüm ümmet-i Muhammed'e adak adattırmasının, yemin ve sözler söyletmesinin önünün kesilmesi niyetiyle;

Eş hukuku çiğneme, mehirsiz evlenme ya da mehri ödememe, evlilik üzerine adaklar adayıp yerine getirmeme, evlenmeden önce eşimize veya herhangi birine aşk ve sevgimizi ifade için şirk sözler söyleme, faiz ve kredi ile düğün yapma, içkili düğünler ile evlenme, nikâhlarımızı bozma, nikâhsız ilişkilerle evlat sahibi olma, kürtaj ile evladının ölümüne sebep olma, evlenilmesini haram kıldığın kişiler ile sapkın ilişkiler yaşama, şehvet nimetini her türlü haram kıldığın yollara sevk etme, haram olan bu hallere sessiz kalmak suretiyle tüm bu günahlara ortak olarak harama meyilli nesiller yetişmesine sebep olma; şeytanın evlenme ve evlilik üzerine kurduğu ve kuracağı aile huzurunu bozma, boşanmalara sebep olma tuzaklarının bozulmasına; şehvet, cinsel sapkınlık ve zinaya teşvik etme, şehveti artırma çabasının ve harama kapı açacak her türlü teşviklerinin önünün kesilmesine vesile olması niyetiyle;

Hayvanlara, insanlara, yaşlılara veya çocuklara her neviden el ve dil ile zulmetme, tecavüz ve işkence etme, dövme, zulümle kan akıtma, yaralama, öldürme ve bu zulümlerle hakkımızda ah, lanet ve beddua edilmesine sebep olma; zulme, zalime, bidata taraf olma günahlarımıza kefaret olması niyetiyle;

Benim, eşimin, anne ve babalarımızın, Hz. Âdem'e (as) kadar soylarımızın, soylarımızdan ölmüş ve sağ olanların, zürriyetimizin; kendimize, soyumuza, zürriyetimize, başka soylara okuduğumuz, başka soyların da bizim soyumuza okudukları lanet, bela, beddua, kahır, intizar, sitem, kötü söz ve temennilerin; kullarının günahını, ahlakını, karakterini, bedenini, hastalığını, alışkanlığını, evliliğini, mürüvvetsizliğini, başarısını, kazancını, mesleğini, kabiliyetlerini, eksiklerini, fakirliğini, düşkünlüğünü, sakatlığını, yaşadıkları hadiseleri kınama günahlarımızın; insanları kusur ve günahlarından ötürü aşağılama, hor görme, alay etme, iftira atma, haset etme, gıybet, suizan ve koğuculuk yapma, kibirlenme ve kibirle zulmetme günahlarını yapanlarımızın affına vesile olması niyetiyle;

Bizlere haklarını haram etmelerine sebep olduğumuz; miras paylaştığımız, ticaret ve iş ortaklığı, komşuluk, yolculuk, arkadaşlık, akrabalık, evlilik yaptığımız, meslekte ve hayatın herhangi bir safhasında bir şekilde beraber olduğumuz tüm insanların; dilimiz, elimiz ve bütün azalarımız ile malına, canına, ailesine, namusuna, itibarına, geçimine, hürriyetine, azalarına zulmederek her türlü hakkını aldıklarımız ve çiğnediklerimizin; üzerimize mal, mülk, miras, mehir, para gibi her türlü kul hakkı geçerek hesap meydanında bizlerden alacaklı olan bildiğimiz ve bilmediğimiz, unuttuğumuz tüm insanların; her türlü günah, isyan ve şirke girmelerine sebep olarak günahlarını yüklendiklerimizin, küfürle itham ettiklerimiz ve iftira attıklarımızın, her biri ile mahşere çıkmadan helalleşmenin ve onların da bizlere haklarını helal etmelerinin nasip olması; burada saydığım ve sayamadığım günahlar ve zulümlerle haklarına girerek üzerimize haklarının geçmesine sebebiyet verdiğimiz kullarının ölmüş olanların ruhlarına, sağların ise ruhaniyetlerine hediye etmek niyetiyle;

Allah'ım Senin helal kıldıklarını haram, haram kıldıklarını ise kendimize helal ederek haksız miras yeme, zekâtı terk etme, eksik veya yanlış verme, faiz alıp verme veya faize aracı olma, rüşvet alıp verme, kamu malını gayrimeşru şekilde kullanma, zimmetine geçirme veya buna sessiz kalma, hırsızlık ve gasp yapma, mala çökme, mal ve miras üzerine lanet, bela, beddua okuyarak hak haram etme, başkalarının haklarına girme suretiyle bilerek ya da bilmeden işlemekle yediklerimize, içtiklerimize, mal ve mülklerimize, kullandığımız eşyalara, işlerimize, ticaret ve alışverişlerimize, hanelerimize, evlilik ve yuvalarımıza, evlat ve zürriyetlerimize, miraslarımıza bulaşan ve bulaşacak olan tüm haramlar vasıtasıyla şeytanın mallarımızdan ve nesillerimizden hisse alıp bedenlerimize yerleşerek haramzade olarak içkiye, kumara, bağımlılıklara, sapkın ilişkilere müptela olmamıza sebep olan her türlü haram kazançtan ruhlarımızın ve bedenlerimizin arınmasının, hayırlı ve bol rızka erişmenin, tüm borçlardan kurtulmanın, cömertliğin, şükredenlerden olmanın, devamlı artan hayırlı bir zenginliğin ve tüm kefaret ve sadakalarımızı acilen verebilmenin bizlere nasip olması niyetiyle;

Cümlemizin ve cümle ümmet-i Muhammed'in (sav); küfre, şirke, gaflete, dalalete, tuğyana, sapkınlığa, nifaka, bidata, azgınlığa, taşkınlığa düşerek bu dünya hayatında darlık, zorluk, hastalık, bela ve musibet, mürüvvetsizlik, fakirlik ve yokluk, zillet, elem ve keder, bereketsizlik ve kısmetsizlik çekerek Senin rızanı kaybetmemize, azabını ve gazabını celbedecek bir hayat yaşamamıza sebep olan; öfkeden, nankörlükten, hasetten, kinden, nefretten, kıskançlıktan, yalandan, iftiradan, gıybet ve dedikodudan, suizandan, vesveseden, övünmekten, riyadan, ucbdan, gururdan, faldan, nazardan, büyüden, zulümden, fitneden, fesattan, tembellikten, cimrilikten, miskinlikten, fakirlikten, acelecilikten, mükemmeliyetçilikten, küsmekten, acizlikten, çaresizlikten, cehaletten, kararsızlıktan, korkaklıktan; ilmiyle amel etmemekten, rahmet ve mağfiretinden ümit kesmekten, gazabından emin olmaktan, şefkat ve merhamette haddi aşmaktan, heva ve hevese uymaktan, nefsin arzu ve isteklerine tabi olmaktan, kötüleri kendine arkadaş tutmaktan; ana, baba, evlat, eş, kardeş, komşu, akraba, miras, ticaret hukukuna riayet etmemekten, sılâ-i rahimi (akrabayı gözetmeyi) terk etmekten; nefse, şöhrete, şehvete, surete, mala, makama, paraya, dünyaya düşkünlükten; şirke, küfre, isyana düşüren kin, öfke, nefret, sevgi, aşk ve muhabbetten; kötü huy, töre ve âdetlerden temizlenip arınmanın, korunup kurtulmanın bizlere nasip olması niyeti ile;

Lümme-i şeytaniyenin (şeytanın kalbimizde vesvese verdiği nokta) rahmetten ümit kestirme, aşırı güven verme ve haddi aştırıp şirke ve günaha düşürme; evham, endişe, korku, şüphe, takıntı ve tüm vesvese vermelerinin ve bedene yayılmasının önünün kesilmesine; şeytanın bizlere kurduğu ve kuracağı soy ve zürriyetlerimizin lanetlenerek zürriyetimizin kesilmesine, çocuklarımızın engelli gelmesine sebep olabilecek tüm tuzak ve hilelerinin kıyamete kadar boşa çıkmasına; doğan ve doğacak çocuklar üzerinden şeytanın hisseler alamamasına ve üstünlük davasını kaybetmesine, üzerimizdeki tüm bildiğimiz ve bilmediğimiz, saydığımız ve sayamadığımız belaların kalkmasına, şerlerin ve musibetlerin def'ine, bütün üzüntü ve kederlerimizin gitmesine ve hayırların önünün açılmasına, hayatın ve geçimimizin kolaylaşmasına, paramızın bereketlenmesine, hastalarımızın deva bulmasına, hanelerimizin huzur dolmasına, evlatlarımızın hayırlı ve salih olmasına vesile olması ümidi ve niyeti ile;

Senin rızana ulaşacak şekilde Kur'an ve sünneti okuyup, anlayıp peygamberinin ahlakıyla ahlaklanabilmenin; ibadetleri kolaylıkla ve içtenlikle yapabilmenin; takva, ihlas, edep ve haya üzere emir ve yasaklarına itaat ederek dinimizi yaşayabilmenin, son nefeste iman ile can verebilmenin, tevbeleri okuyup istiğfarları yapabilmenin, sadaka ve kefaretleri verip ihtiyaç sahiplerini sevindirme ve dualarını alabilmenin, oruçları tutabilmenin bize nasip olması;

Bizim, soyumuzun, zürriyetimizin ve tüm ümmet-i Muhammed'in (sav) aynı hata ve günahları işlememesi ve nefsimizin kötü isteklerinin önünün kesilmesi, her türlü kötü alışkanlıktan kurtulması ve nefs-i mutmainneye dönüp takva ehlinden olmasının, dua tevbe ve ibadetlerimizin kabul edilmesinin bize ve tüm ümmete nasip olması niyetiyle;

Bu ilme karşı ins ve cin şeytanlarının saldırılarının önünün kesilmesi ve önceden kurdukları tuzakların bozulması, danışmanlık yapan kardeşlerimizin doğru tespit yapmalarının nasip olması, yanlış tespit yaptılarsa affına vesile olması ve hatalarını düzeltmelerinin nasip olması; sadece Senin rızan için bu niyetle yapacağımız hayrattan, vereceğimiz sadakalardan hâsıl olan sevabın Peygamber Efendimiz'e (sav) ve tüm peygamberlere (as), ehl-i beyte (ra), tüm sahabe efendilerimize (ra), ümmet- Muhammed'den (sav) burada saydığım ve sayamadığım günahlar ve zulümlerle haklarına girerek üzerimize haklarının geçmesine sebebiyet verdiğimiz kullarının ölmüş olanların ruhlarına, sağların ise ruhaniyetlerine hediye olması niyetiyle;

Allah'ım peygamberlerinden;

Hz. Âdem (as), Hz. İdris, (as), Hz. Nuh (as), Hz. Hud (as), Hz. Salih (as), Hz. İbrahim (as), Hz. Lût (as), Hz. İsmail (as), Hz. İshak (as), Hz. Yakup (as), Hz. Yusuf (as), Hz. Eyyub (as), Hz Şuayb (as), Hz. Musa (as), Hz. Harun (as), Hz. Davud (as), Hz. Süleyman (as), Hz. Zülkifl (as), Hz. Yunus (as), Hz. İlyas (as), Hz Elyesa (as), Hz. Zekeriyya (as), Hz. Yahya (a), Hz. İsa (as), Hz. Muhammed'in (sav) yaptığı dualarla Sana dua ediyor ve onların tevbesiyle Sana tevbe ediyoruz. Allah'ım! Ancak sen dilersen olur, peygamberlerin ahlakıyla, ihlasıyla bizi donat, Efendimizin ahlakı ile yaşat, tevbe ve dualarımızı ne olur kabul eyle Yâ Rabbi, ne olur kabul eyle Yâ Rabbi. Bu duamızın kabul olması, Kur'an ve sünnet üzere razı olduğun itikat, iman, nasuh tevbesiyle yaşamanın ve iman ile kabre girmenin bize, eşlerimize, anne ve babalarımıza, akrabalarımıza, zürriyetlerimize ve tüm ümmet-i Muhammed'e (sav) nasip olması niyetleri ile, Ey âlemlerin Rabbi olan Allah'ım tüm yaptığım niyetlerle;

Niyet ettim Allah'ım sadece Senin rızan için;

(Aşağıdaki niyetlerden kendinize uygun olanını seçiniz.)

1. Tevbe namazı kılmaya.
2. Sadaka vermeye.
3. Kurban (koç, koyun, keçi, inek, dana vs.) kesmeye / kestirmeye.
4. Adağımı yerine getirmeye.
5. Oruç tutmaya.
6. Kur'an hediye etmeye.
7. Yasin okumaya.
8. Benim ve soyumun, (eşimin ve soyunun) eksik zekâtlarımızın yine geçmesi niyetiyle fakir doyurmaya veya sadaka vermeye veya kurban kestirmeye.
9. Aldığım ve verdiğim faizleri sadaka olarak vermeye - faiz aldığım-verdiğim her gün için sadaka vermeye.

10.Su kuyusu açmaya veya çeşme yaptırmaya veya su hayratı yapmaya.

11.Ağaç dikmeye.

12.Mama dağıtmaya.

13.Benim ve soyumun yaptığı zulümlerin affı için fakir doyurmaya.

14.Benim ve soyumun yaptığı kınama günahlarının affı için fakir doyurmaya.

15.Benim ve soyumun yaptığı beddua günahlarının affı için fakir doyurmaya.

16.Hayvanlara yapılan zulmün affı için hayvan doyurmaya veya kurban kestirmeye.

17.Kürtaj için gurre kefareti ödemeye - fakir doyurmaya - oruç tutmaya.

18.Soyumun kürtaj günahları için süt veya mama dağıtmaya veya keçi vermeye.

19.Yemin kefareti için oruç tutmaya.

20.Hatim yapmaya - Kur'an-ı Kerim okumaya veya okutmaya - Yasin okumaya veya okutmaya.

21.Fakir giydirmeye veya doyurmaya veya sevindirmeye.

22.Yetim veya dul veya fakir veya öksüz veya yaşlı doyurmaya veya giydirmeye veya sevindirmeye.

23.Soyumuzun adam öldürme kefaretini ödemeye ve fakir doyurmaya.

24.Çocuk okutmaya veya sevindirmeye.

25.Battaniye veya eldiven veya çorap veya patik veya elbise dağıtmaya.

26. Mevlit okutmaya veya yemekli mevlit yaptırmaya.

27. Camiye halı almaya veya yardım etmeye.

28. Oruç fidyesi ödemeye.

29. Zekeriyya sofrası (Halil İbrahim sofrası) kurmaya.

30. Bir fakirin ihtiyaçlarını karşılamaya.

31. Benim ve soyumun aldığımız ve verdiğimiz faiz paralarının affı niyetiyle fakir doyurmaya.

32. Soyumdan ölmüş ve sağların yerine ve hayrına iftar yemeği vermeye.

33. Helva dağıtmaya.

34. Namaz kılmaya

35.

(BİR ÖMÜRLÜK TÜM NAFİLE İBADETLERİ SOYAĞACI NİYETİ İLE YAPMAK İÇİN)

Allah'ım, bana verdiğin ömür boyunca yapmak istedikçe sadakalarımı, yapacağım hayratı, yardımlarımı, nafilelerimi yukarıda yaptığım soyağacı niyetiyle yapmaya niyet ettim. Sen bu niyetlerle kabul eyle. Âmin.

BÖLÜM 2

TEVBELER

Kullarının tevbesini kabul eden, günahları bağışlayan ve yaptıklarınızı bilen O'dur.
Şura 25

Günahından tam olarak dönüp tevbe eden, onu hiç işlememiş gibidir.
İbn-i Mace, Zühd 30

YAKARIŞ

Eûzubillahimineşşeytânirracîm.

Bismillahirrahmanirrahîm.

Allahümme salli ala seyyidina Muhammedin ve ala ali seyyidina Muhammed.

Rabbim, yakarışıma Senin adınla, Senin bir ve tek olduğunu ikrar ederek başlıyorum. Şehadet ederim ki Senden başka hiçbir ilah yoktur ve Sen, öyle kemâl sahibi, münezzeh bir zatsın ki akıllar katiyen ululuğunu ihata edemez.

Allah'ım! Yüce huzuruna içimi dökmeye geldim; müsaadeni istirham ediyorum, Senin en son ve en büyük elçin Hazreti Muhammed'e (sav) ve aile efradına salât ü selâm ederek başlıyorum. O Ahmed ki (aleyhisselam) her şeyin hayırlısını bize öğreten, gönüllerimizde ilim ve hilm aşkını köpürten itaat edilecek ve uyulacak bir rehberdir.

Allah'ım! Rabbim Sensin, ben ise Senin aciz kulunum. Yaratan Sensin, yaratılan benim. Rızık veren Sensin, rızka muhtaç olan benim. Mülkün sahibi Sensin, kul ve köle benim. İzzet sahibi Sensin, zelîl olan benim. Hazineleri sonsuz zengin Sensin, Sana muhtaç fakir benim. Hayatı veren Sensin, ölümü tadan benim. Varlığı ebedi olan Sensin, fâni olan benim.

Ey hayatını heder etmiş müsrif kullarının tek sığınağı! Hatalarımın ve kusurlarımın farkında olarak kapına geldim.

Ey mücrim kullarının tek ümidi! Kendi nefsine ve Senin başka kullarına zulmetmiş bir talihsiz olarak kapına geldim.

Gamlıyım, kederliyim, yaslıyım ama kapındayım. Senin kapından başkasına gitmemeye de kararlıyım, ey günahkâr kullarını tekrar tekrar affeden Ğaffâr!

Allah'ım! Ben günaha düştüm Sen görmezden geldin. Bana mühlet üstüne mühlet verdin. Hamd ve şükür olsun Sana, nice zamandır isyanlara girdim fakat bana dönmeye fırsat verdin. Kötü amellerimle kapına geldim, bana mağfiret ümidini verdin. Hâl böyle iken benim hangi şükrüm, Senin üzerimdeki nimetlerinden sadece birisine karşılık olabilir ki?

Allah'ım! Sen hiç ihtiyacın olmadığı hâlde biz kullarını yarattın; sonra bir kısmımız salih ameller işleyip cennetlik olurken diğer kısmı ısrarla işleyip durdukları günahlar yüzünden cehennemi boyladılar. Rabbim, Senin keremine sığınıyorum. Ne olur, bu aciz kulunu cehennem azabından muhafaza buyur ve cennete layık kullarından eyle!

Allah'ım! Biz kullarının dünyadayken ne tür fiiller yapacağını, daha bizleri yaratmadan evvel Sen ezelî ilminle biliyor ve görüyordun. Bizim Senin ilmin dışına çıkmamız ise katiyen söz konusu değildir. Rabbim, rahmetini esirgeme ve biz günahkâr ve aciz kullarını kapından ayırma!

Allah'ım! Ümit kaynağım Sen iken nasıl helake maruz kalırım ben? Bir ömürlük günahlarımın gölgesinde ellerimi Sana doğru açtım. Yüreğimde Sana karşı hakkıyla kulluk yapamamanın ve hayatımı günahlarla heder etmenin hüznü ve utancı var. Ancak biliyorum ki Senin bana lütfedeceğin af ve mağfiretinin hududu yoktur. Ben Sana inandım, Sana güvendim ve Sana sığındım.

Ey büyük Allah'ım, Rabbim! Ruhum elemli, gözlerim nemli Sana geldim. Kapına geldim. Benim günahlarla kirlenmiş bedenimi, isyanlarla örselenmiş ruhumu rahmet sularınla yıka. Merhamet et bu mahzun kuluna, merhameti bol olan Rabbim!

Ey âlemlerin Rabbi olan Allah'ım! Vade bitti, ömür tükendi, sermayem heder oldu gitti. Ümit ve korku arasında ben Senin kapındayım. Her şey Sana ayandır. Bütün ümidim Senin göklerinden gelecek rahmet damlalarında. Senden ümit kesmedim ve kesmem. Tevbe kurnalarında yıkanan gönlüm Senden af dileniyor. Merhamet et bu mahzun kuluna, mağfireti bol Allah'ım.

Ey yüreği kırıkların yegâne sığınağı! Ebedi hayat yurdunda cennetinde konaklamak ister şu yüreciğim. Affa layık olmasam da nedamet ateşiyle yanmayı nasip et şu kulcağızına. Rahmetine sığındım şu zor zamanımda. Unutmaya çalıştığım günahlarımı gecenin gündüzü örtmesi gibi örtüver. Senin şefkat ve mağfiretinin tartısı yoktur. Kullarını rahmetinin genişliği ile affedensin. Şu kulunu da affediver Allah'ım!

Ey dar zamanlarımda dayanağım, muzdarip hallerimde sığınağım! Ömür sermayem eriyip giderken günahlarımın yükü her geçen gün ziyadeleşiyor ve ruhumda günah izleri devam ediyor. Nice zamandır üzerime sinmiş günah kirlerimin isini, sisini ve derin tasasını düşünmekteyim. Gizliden ve göz göre göre işlediğim günahlarımın sırtımdaki yükü ve gönlümdeki burukluğu ile kapındayım. Bana rahmetinle muamele eyle ey sultanlar sultanı olan Allah'ım!

Ey günahkâr kullarına karşı çok sabırlı olan Allah'ım! Lütfunla kerem eylersin bizlere, cezanda acele etmezsin. Sabredersin ki kulların tevbeye gelsin. İşte huzuruna geldim ey yüce Mevlam! Tevbe etmeye geldim; pişmanlıklarımla, acziyetimle, utançlarımla. Bana da sabrından nasip et; kötü huylarımdan arınayım, haramlardan sakınayım. Bana da sabrından nasip et; ibadetlerimi yapmada sadık kalayım, kulluğum ile rıza merdivenine tırmanayım.

Ey zamanın ve mekânın sahibi Allah'ım! Hayatımı Senden ve Senin yolundan uzak geçirmişim. En büyük sermayem olan ömrümü gaflet ve malayaniyat ile zayi etmişim. Dünyanın hilesini, nefsimin hevesini, şeytanın desisesini çok geç görmüş olsam da Senin kulun olarak rububiyetine baş eğmeye azmettim. Beni Senin yolundan alıkoyan ve meşgul eden bütün malayani işlerimden alıkoy.

Ey hiçbir sorumluluk kalmayacak şekilde, günahları çokça affeden Allah'ım! Ömür sayfalarım günbegün kirlendi. Hesap gününe anbean yaklaşıyorum. Hatalarım ve günahlarımla kirlettiğim amel defterimi Kuddüs isminle temizle, üstümdeki kul haklarından arınmayı nasip eyle. İhlasla işlediğim amellerim kefaret olsun günahlarıma. Esirge beni günahların kirinden, eksiltme benim nedamet duygusunu yüreğimden.

Ey mülkün gerçek sahibi olan Allah'ım! Biraz şöhret, biraz servet, biraz da makam mansıp için ben ne günahlara girdim, ne taşkınlıklar, ne azgınlıklar yaptım. Dağlar gibi günahları önüme yığdım. Senin huzuruna ancak bu günah kirlerimle gelecek şekilde hayat emanetini kirlettim. Beni ömrümün her gününde çokça tevbe ile temizle. Tevbeyi son güne bırakıp hüsrana uğrayanlardan olmaktan koru; ey şefkati, merhameti ve rahmeti bol olan Allah'ım.

Allah'ım! Ömür ipine öyle çok günah dizmişim ki unutmuşum, mahcubum. Bu günahı da ben işlemiştim diyemeyecek kadar aklım unutmuş, kalbim kurumuş. Huzuruna gelmeye, suçlarımla ve kusurlarımla yüzleşmeye, af dilemeye yüzüm yok. Bana, en ziyade fazilet yakışırdı ama günah elbisesini giydim. Beni kusurlarımdan azat kıl. Beni de sev, beni de sevdiklerine kat Allah'ım! Âmin.

Ve'l-hamdülillahi Rabb'il-alemîn.

SIĞINIYORUM

Eûzubillahimineşşeytânirracîm.

Bismillahirrahmanirrahîm.

Allahümme salli ala seyyidina Muhammedin ve ala ali seyyidina Muhammed.

Ey yedi kat semanın ve Arş-ı Azîm'in Rabbi Allah'ım! Senden başka bir ilah yoktur. Sen, eşi ve benzeri olmaktan münezzehsin. Vücut Seninle, Senin tutmanla ayakta durur ve alınlar sadece Sana karşı secdeye durur. Gerçek Ma'bûd yalnız ve ancak Sensin. Kendimden, nefsimden Sana sığınıyorum.

İşte huzurundayım ve kendimi Senin rahmet ve şefkat esintilerine bırakıyorum. Cömertliğinin ve lütuflarının enginliğine iltica ediyorum.

Bedenimi, dinimi, dünyamı, ailemi, malımı, evlâdımı, neslimi, bana nasip ettiğin bütün nimet ve ihsanlarını, kadını erkeğiyle bütün mümin kardeşlerimi ancak Sana emanet ediyorum. Ancak Senden yardım istiyor ve Senden yardım umuyorum.

Korkup çekindiklerimden, bütün insanların fitnesinden, cinlerin, şeytanların ve şeytan ordularının şerrinden, inenlerin ve göğe yükselenlerin şerrinden, gecenin ve gündüzün barındırdıklarının şerrinden ve Senin "perçemini tuttuğun her şeyin" şerrinden ancak Sana sığınıyorum.

Allah'ım! Tembellikten, miskinlikten, acelecilikten, mükemmeliyetçilikten, acizlikten, çaresizlikten, cimrilikten, cehaletten, nankörlükten, hasetten, nefretten, başkalarını tahkir etmekten, küsmekten, kinden, öfkeden, vesveseden, fahirden, endişeden, kıskançlıktan, kararsızlıktan, korkaklıktan, bağnazlıktan, uyuşuk-

luktan, yalandan, iftiradan, riyadan, ucbdan, gururdan, kaygıdan, gıybet ve dedikodudan, suizandan Sana sığınırım.

Allah'ım! Hırsın azgınlığından, gazap ve öfkenin haddini aşmasından, hasedin galebe çalmasından, sabrın zaafa uğramasından, kanaatin azlığından, ahlâkın bozulmasından, şehvetin azdırmasından; huy, amel, arzu ve hastalıkların kötü olanlarından Sana sığınırım.

Ey kulları için hayatı ve eceli yaratan Rabbim! Hazırlıksız bir vaziyette ölüme yakalanmaktan, kötü akıbetten, ölüm esnasında şeytanın çarpmasından, kabirde azaba maruz kalmaktan, sevaptan mahrum kalıp gazabının ansızın gelip çatmasından, cehennem azabına duçar olmaktan hoşnutluğuna ve merhametine sığınırım.

Allah'ım! Fakirlik ve yokluktan, darlık ve zorluktan, hayat şartlarının ağırlaşmasından, kıtlığa düşüp aza mahkûm yaşamaktan, mal-mülk sahiplerine muhtaç olmaktan, borç altında ezilmekten, bereketsizlik ve kısmetsizlikten, zenginliğim ile böbürlenmekten, fakirleri hor ve hakir görmekten, hakkımız olmayanı yemekten, kâfi olanla iktifa etmemekten, israfa girmekten Sana sığınıyorum.

Ey bizim Rabbimiz! Hep kötü düşünce ve amelleri emredip duran nefsimden; beni Senden uzaklaştıran, sapıklık ve dalâlete atan, doğruluk ve hidayetten uzaklaştıran, bolluk ve bereketi alıp götüren, insan olma asalet ve itibarını yerle bir eden, hakir, önemsiz ve noksan hâle getiren bütün günahlardan; cehennem ehlinin hâli olan isyan, küfür ve dalâletten; imanın tadına erdikten sonra yeniden küfre saplanmaktan, Senin inayetinle hidayeti bulduktan sonra dalâlet çukurlarına yuvarlanmaktan, İslâm'a intisapla şeref kazandıktan sonra onun dışında başka yollara düşüp alçalmaktan, izzetten sonra zillete duçar olmaktan, şeytanın vesveselerine aldanmaktan, Hak kapısından uzaklığın hicranını yaşamaktan, nefsimi yoldan çıkaran kirli arzulardan, çirkin ve kötü mülahazalardan, zamanın başkalaştırmasından ve neticede Senin beni sevmemenden, yüzüme bakmamandan, reddetmenden Sana sığınırım.

Allah'ım! Bedenimin zevklerine takılıp Senden uzak düşmekten, bağışlanmayacak bir günaha girmekten, bilmediğim bir konuda kelâm etmekten, altından kalkamayacağım iptilalarla imtihan edilmekten, kulluğu az fakat ma'siyeti (itaatsizliği) çok olmaktan izzetine ve Arşının nuruna sığınıyorum.

Yüce Mevlâm! Senin sevip hoşnut olmadığın beni Senden alıkoyan günahlardan, ayıplardan, noksanlardan, vesveselerden, gafletten, ürpermeyen kalpten, doyma bilmeyen nefisten, ilmiyle amel etmemekten, bâtılı hakka tercih etmekten, rahmet ve mağfiretinden ümit kesmekten, gazabından emin olmaktan, şefkat ve merhamette haddi aşmaktan, nefsin arzu ve isteklerine tabi olmaktan, irademi yanlış ve kötü davranışlarda kullanmaktan, kötüleri kendine arkadaş tutmaktan Sana sığınırım.

Allah'ım! Nefse, şöhrete, şehvete, surete, mala, makama, paraya, dünyaya düşkünlükten; şirke, küfre, isyana düşüren kin, öfke, nefret, sevgi, aşk ve muhabbetten; kötü huy, töre ve âdetlerden Sana sığınırım.

Ey Kerîm Rabbim! Senden hayırlı işlerde sebat, doğru yol üzerinde yürümede azim ve nimetlerine karşı şükür hissi diliyorum

Ey kullarına merhametle muamele eden Rabbim! Kullarını benden tiksindirecek, bana eziyet verecek, beni insanlara muhtaç edecek, Sana kulluktan alıkoyup şirk ve isyana sevk edecek; tahammül edemeyeceğim ağrıdan, sızıdan, hastalıktan, cüzzamdan, alacadan, düşkünlük derecesine varan ihtiyarlıktan, bunaklıktan, unutkanlıktan Sana sığınırım.

Ey Rahman ü Rahîm, celâl ve ikram sahibi, Hayy u Kayyûm olan Allah'ım! Fayda vermeyen ilimden, nimetinin zevalinden, afiyetinin değişmesinden Sana sığınırım.

Allah'ım! Ana, baba, evlat, eş, kardeş, komşu, akraba, miras, ticaret hukukuna riayet etmemekten, sılâ-i rahimi terk etmekten; yuvası yıkılmaktan, çocuksuz kalmaktan, bekârlıktan, mürüvvetsizlikten ve zürriyetimin kesilmesinden Sana sığınırım.

Ey azamet tahtının yegâne sultanı olan Allah'ım! Önümden, arkamdan, sağımdan, solumdan, üstümden ve altımdan gelecek tehlikelerden, yılan ve akrep gibi hayvanlar tarafından sokulmuş olarak ölmekten, enkaz altında kalmaktan, düşmekten ve yuvarlanmaktan, boğulmaktan ve yanmaktan Sana sığınırım.

Allah'ım! Dayanılmaz hasret ve hicranla yaşamaktan, hakkımızda takdir buyuracağın acı kazadan, şekâvete düşmekten, cefa çekmekten, külfet altında ezilmekten, gurbetin tasa ve kederinden, her türlü elem ve hüzünden Sana sığınırım.

Ey yüceler Yücesi Allah'ım! Bu zamana kadar olanların ve bugün vuku bulmakta olanların ya da kıyamete kadar gelecek herhangi bir günde olacakların şerrinden Senin izzet, kudret ve tastamam kelimelerine sığınıyorum.

Rabbime ve ona inandığım için bana düşmanlık besleyenlerin ve bütün yaratıkların şerrinden, milyonlar "Lâ havle velâ kuvvete illa billah" ile Allah'ın arşına, arşının nuruna ve bütün isimlerine sığınıyorum.

Ey Yüce Allah'ım! Perçemini kudret elinde tuttuğun bütün canlıların şerrinden, düşmanın galebesinden, insanların başıma gelen musibetlere sevinmesinden, zalim idarecilerin ve avanesinin kötülüklerinden, tuzak kuranların hilelerinden, gadredenlerin zulmünden, bâğîlerin taşkınlığından, gücü elinde bulunduranların zorbalıklarından, çekememezlik ve kıskançlık girdabına kapılmış hasetçilerin komplolarından, fesat peşinde koşan şakîlerin entrikalarından, ısrarla şer peşinde dolaşan kötü insanların şamatasından, hasetçinin nazarından, fesatçının büyüsünden Sana sığınıyorum.

Allah'ım! Ancak Senin inayetinle düşmanlık besleyenlerin şerlerini defedebilirim; bunun için de yüce dergâhından yardım dileniyor, izzet ve kudretine sığınıyorum. Kudretinin sıyanetiyle, beni düşmanların tuzaklarından, onların herhangi birisine haksızlık yapmaktan koru. Âmin.

Allah'ım! Öyle günahlar ki onları işlemekle ben helake sürüklenecekken hilm ü rahmetinle muamelede bulunup beni kurtardın. Nimetinle tecelli ettin de onlar yüzünden helak yurdu olan cehenneme yuvarlanmaktan beni korudun. Yine onlar sebebiyle dosdoğru yoldan ayrılıp dalâlete sapacakken irşad ve hidayetinle beni tekrar doğru yola koydun. İşte o günahların hepsinden Senin affına sığınıyorum; beni affeyle.

Allah'ım! Benim Rabbim Sensin. Senden başka ibadete layık hiçbir ilah yoktur. Beni Sen yarattın; şüphesiz ben Senin kulunum ve gücüm yettiğince Sana verdiğim sözlerimde durmaya ahdettim. Bilerek ya da bilmeyerek içine düştüğüm kötülüklerden dolayı Senin affına sığınıyorum.

İsm-i a'zam ve rıdvan-ı ekberin hakkı için bilebildiğim ve bilemediğim bütün hayır ve güzellikleri, cenneti ve ona yaklaştıran söz ve amelleri Senden diliyorum. Bildiğim yahut bilmediğim bütün şerlerden, cehennemden ve ona yaklaştıracak söz ve fiillerden Senin tastamam kelimelerine sığınıyorum.

Nebîn ve Resûlün Efendimiz Hazreti Muhammed'in (sav) Senden istediği bütün hayırları diliyor, O Muhbir-i Sâdık Efendimiz'in sığındığı bütün şerlerden de Sana sığınıyorum. Sen Merhametliler Merhametlisisin. Merhametine sığınıyorum, lütfen ve keremen, ihtiyacımı lütfet. Âmin.

Ve'l-hamdülillahi Rabb'il-alemîn.

İMAN

- Küfür Sözler Tevbesi
- Şirk Tevbesi
- O'nun Güzel İsimleriyle O'na Yakarış ve O'na İstiğfar

Allah'ın Resulü (sav) şöyle buyurdular:
"Kişi bazen kendisinin sakınca görmediği fakat Allah'ın öfkesini gerektiren öyle bir kelime söyler ki bu onu, yetmiş yıl derinlikteki cehennemin dibine indirir."[9]

"Öyle bir zaman gelir ki, kişinin imanı gider de haberi olmaz. Hâlbuki ondan gömleğin çıktığı gibi iman çıkmış olur."[10]

"Kişi yanında oturanları güldürmek için bazen bir kelime söyler ve bu kelime onu cehennemde Süreyya yıldızından daha uzak bir yere fırlatıp atar."[11]

---

[9] Ramuzul-Ehadis 1364
[10] Hadis-i Deylemî
[11] Ramuzul-Ehadis 1365

KÜFÜR SÖZLER TEVBESİ

Eûzubillahimineşşeytânirracîm.

Bismillahirrahmanirrahîm.

Allahümme salli ala seyyidina Muhammedin ve ala ali seyyidina Muhammed.

Kâinatta hikmeti gereğince dilediğini yapan Rahman, Rahim ve Hakîm Allah'ın adıyla başlıyorum. Kendisinden başka bir ilah bulunmadığına ve Muhammed'in (sav) O'nun kulu ve Resul'ü olduğuna, yine Yüceler Yücesi Allah'ı, meleklerini, nebîlerini, elçilerini, Arş'ını taşıyan meleklerini, yarattıklarını ve yaratmakta olduklarını şahit tutarım. Cennet hak, cehennem hak, Münker ve Nekîr hak, mükâfatlar vermesi ve cezalandırması haktır. Kıyamet saatinin gelmesi ve Allah'ın kabirlerde olanları diriltmesi haktır. İşte ben, bu itikat ve inançla yaşar, ölürken bu inançla ölür, ötede dirildiğimde de yine aynı inançla dirilmeyi Rabbimden dilerim.

Allah'ım! Sen benim Rabbimsin. Senden başka bir ilah yoktur. Beni Sen yarattın. Ben Senin kulunum ve gücüm yettiği ölçüde Sana verdiğim söze sadık olacağım. Şerli her şeyin şerrinden Sana sığınıyorum Allah'ım!

Allah-ü zü'l-Celal'e Karşı Küfür Tevbesi

Ey en güzel isim ve sıfatların sahibi, mutlak ve gerçek mabud olan Allah'ım!

Cehalet ve gafletle, inkâr ve inatla, kızgınlık ve öfkeyle; Senin isim ve sıfatlarından herhangi biri hakkında şüphe duymaktan veya inkâr etmekten, Seni yarattıklarına benzetmekten, buyruklarından birini beğenmemekten ve reddetmekten, yaptığın işlerde hikmet olmayabileceğine inanmaktan; zatında, sıfatlarında ve işlerinde eşinin, benzerin, ortağının, evladının bulunduğunu; doğduğunu veya doğurduğunu; ezeli ve ebedi olmadığını, yaratılmış olduğunu, diri olmadığını, şeklinin ve mekânının bulunduğunu, Senden başkasına ibadet edilebileceğini söylemekten;

Kâinatın ezeli ve ebedi olduğunu, varlığın kendi kendine yaratıldığını, varlıkların yaratılmasında doğanın (tabiatın) da etkisinin var olduğunu, doğanın mucizelerinin bulunduğunu, yarattıktan sonra kâinata müdahale etmediğini iddia etmekten;

Senin her şeye gücün yeter iken biz kullarının sahip olduğu güçsüzlük, cahillik, unutkanlık, acziyet gibi arazları Sana isnat ederek söylediğim; "Allah gelse bana bunu yaptıramaz, Allah'ın oğlu gelse olmaz, Allah beni unuttu, burası Allah'ın unuttuğu yer, Allah'ın gücü buna yetmez, Allah bunu yapamaz, Allah bu kimseyle baş edemez, onun hakkından Allah bile gelemez, Allah gelse seni elimden alamaz, bu gemiyi Allah bile batıramaz, bundan iyisini Allah bile yapamaz, bu iş inşallah maşallah ile olmaz..." sözlerimden; yarattıklarını "imalat hatası" diye nitelendirmekten;

Senin; çocuk edinmek, yemek, içmek, uyku, dalgınlık, yorgunluk, oturmak, gitmek, gelmek, durgunluk gibi insani sıfatlara sahip olduğuna; yer kapladığına, eşyaların içine sızdığına, evrenin içinde veya dışında olduğuna itikat etmekten; "Allah baba istemez, Allah oturdu, Allah yerinden kalktı, sen Allah'ın unuttuğu kimselerdensin, burada Allah'ın yeri yok, Allah akıllıdır, şuurludur, iyi düşünür, Allah'ın eli uzundur" diyerek insani sıfatlar ile nitelemekten; bildirdiğin hükümlere ilahi düşünce, ilahi görüş, ilahi nazariye, ilahi şuur demekten; "Allah gökte oturuyor, gökten bize bakıyor, göklerden bir ses geldi, yukarıda Allah görüyor..." diyerek Sana mekân izafe etmekten;

Senin aciz kullarına yalnızca Sana ait olan vasıfları isnat ederek "Allah ile oturup konuşulur, O'nun yanına çıkılır, Allah bazı veli ve mürşidlere hulul eder (içine girer), dolayısı ile mürşide itaat eden Allah'a itaat etmiş olur."; kendime bir makam vererek "Ben gaybı bilirim. Ben Allah'ı uyanık iken gördüm. Allah'tan şifahen emir aldım, alıyorum." demekten ve bunlara inanmaktan; her şeyi yaratan ve devam ettiren Sen iken kullarının yaptığı icraat ve işler için "yarattı, yaratıcı, yarattım, yaratıcıyım" ifadesini kullanmaktan; Senin her icraatın mükemmel ve kusursuz olup özenmek biz aciz kullarının vasfıyken "Allah şu kızı özene bezene yaratmış. Allah seni özenmiş de yaratmış." demekten; cimriye "cimrilerin Allah'ı", çok yalan söyleyene "yalancıların Allah'ı", çok hırsızlık yapana "hırsızların Allah'ı" demekten; Senden başkasına güvenerek söylediğim "Falanca hayatta olduğu sürece bana gam keder yok." sözümden;

Haddimi aşarak ve sınırımı bilmeyerek Senin zatın, sıfatların, fiillerin, isimlerin, emirlerin, yasakların hakkında; "Falan adam o kadar acayip ki Allah'ın cebinden peygamberi çalar, Allah beni mi görüp duracak? Beni burada Allah bile göremez, Allah'ın hiç işi kalmamış da bunu mu yapıyor veya yaratıyor. Yaradan'ın boş vaktine gelmiş. Bunca kulun içinde Allah seni mi buldu?" gibi şaka yollu da olsa alay ederek konuşarak, küçümseyici sözler söyleyerek ve zatına söverek kullandığım sözlerimden;

"Allah'tan korkmuyorum. Yalvarmak için Allah'ın senin olsun. Ben kulun değilim. Gücenme Allah'ım. Allah'ına kitabına... Buranın Allah'ı benim. Ben, Allah'ın takdiri olmadan yaparım. Allah dilemese de yine yaparım. Eğer Allah bana şunu emretseydi yine yapmazdım. Allah'ım kötü kullarını sen affetsen ben affetmem. Beni affetme Allah'ım. Ey Allah! Benim malımı, çocuğumu aldın. Beni böyle yaptın; şimdi biz ne yapacağız? Bize ne kaldı? Niye böyle yaptın? Allah, bilmem ki falanı ne diye yarattı? Allah'ım bizi de gör artık. Rabbim adaletin bu kadar mı? Vazgeçer isyan ederim Allah'a. Zalim, senin Allah'ın yok." diyerek inkâr ve kibirle söylediğim başkaldırı ve isyanlarımdan, küfür ve sövmelerimden,

Sen kullarına karşı adil ve merhametli ve asla zulmetmez iken "Allah bana merhamet etme hususunda cimrilik etti. Allah bize zulmediyor. Aldı sevdiğimi, verdi zulmü.. Eğer ahirette Allah hak ve adaletle hüküm verirse senden hakkımı alırım. Allah seni insanlara zulmetmen için yarattı. Sen bana zulmettin Allah da sana zulmetsin. Allah falan kuluna şu kadar zenginlik veriyor, bana ise az veriyor. Böyle adalet olur mu?" diyerek adalet ve rahmetine iftira atmaktan; Senin kullarına şerri yazdığını ima ederek "Allah yazdı ise bozsun." demekten, "Yaradan bir can vermiş boşu boşuna." diyerek Senin hikmetsiz iş yaptığını ima etmekten;

Tevbe ettim. Tevbe ettim. Tevbe ettim.

Estağfirullah Yâ Ğaffar. (33 defa)

Meleklere Karşı Küfür Tevbesi

Ey melekleri rahmet, risalet, ilham ve müjde elçisi yapan, Allah'ım!

Meleklere sövmekten, alay etmekten, onları küçük görmekten, haklarında küçültücü ifadeler söylemekten; "Senin bakışın bana Azrail gibi geliyor. Azrail, falan kişinin ruhunu almada yanlışlık yaptı." diyerek Senin emrini veya Azrail'in (as) vazifesini zulüm gibi göstermekten; Cebrail'in (as) vahyi getirirken hata ettiğini, Hz. Ali yerine yanlışlıkla Hz. Muhammed`e (sav) vahyi verdiğini iddia etmekten, "Cebrail bile söylese inanmam." diyerek kibir ve inat göstermekten, "Çocuklarınızı iyi yetiştirmezseniz, zebani olur." diyerek Senin azapla görevlendirdiğin melekleri zalim göstermekten, "Bana vahiy geliyor." diyerek meleklerle görüştüğünü iddia etmekten;

Tevbe ettim. Tevbe ettim. Tevbe ettim.

Estağfirullah Yâ Ğaffar. (33 defa)

Peygamberlere Karşı Küfür Tevbesi

Ey hakkı arayanlara peygamberlerini rehber kılan Allah'ım!

Senin peygamberlerini; "Eğer Âdem cennetteki ağaçtan yemeseydi başımıza bunlar gelmezdi. Peygamberin dediği doğru ise biz kurtulduk. Falan kimse peygamber olsaydı razı olmazdım. Peygamber bile olsa, falanın sözünün doğru olduğunu kabul etmem. Peygamber gelse, yapma dese veya gökten yapma diye ses gelse de yine yapacağım. Peygamberler günah işleyebilir. Peygamber postacıdır, vazifesi bitmiştir. Peygamberi referans almayalım. Bana Allah ve Kur'an yeter, peygambere ne ihtiyaç var?" gibi sözlerimle yalancılıkla ve şarlatanlıkla, şehvet düşkünlüğü ve delilikle, sihirbazlık ve büyücülükle itham ederek söylediğim nefret, iftira, inkâr, küfür, küçümseme ve alay sözlerimden; Senin elçin olmadıklarını ve tebliğ görevlerini yapmadıklarını iddia etmekten; Peygamber Efendimiz'den sonra başka bir peygamberin geleceğine inanmaktan; Peygamberimizin (asm) sünnetlerinden veya hadislerinden birisini alaya alır bir tarzda "Çok dinledik bunları." demekten;

Tevbe ettim. Tevbe ettim. Tevbe ettim.

Estağfirullah Yâ Ğaffar. (33 defa)

Kitaplara Karşı Küfür Tevbesi

Ey peygamberlerine indirdiği kitaplar vasıtasıyla kullarına vazifelerini hatırlatan Allah'ım!

Mukaddes kitabın Kur`an-ı Kerim`e sövmekten, aslını inkâr edici sözler söylemekten, Senin kelâmın olmadığını öne sürerek alaya almaktan, tahkir için yere atarak ayağımın altına almaktan, müzik eşliğinde okumaktan, kendimden ilaveler yapmaktan, bazı ayetlerini değiştirmekten ve eksiltmekten, şaka olarak ayetlerini söylemekten, bozulduğuna inanarak "Bunlar çağımıza uygun değil. Çöl kanunu." diyerek tamamını veya bir kısmını inkâr etmekten; Kur'an'ın isabet ettiği bir şeyi reddetmekten, hükümlere "Kur'anî görüş" diyerek Sana ait olmadığı imasında bulunmaktan; iman, ibadet, hukuk, ahlâk konularına ilişkin bilgilerin yanlışlık ve eksiklik taşıdığını öne sürmekten; kitabında haram kıldıklarını helâl ve helâl kıldıklarını haram saymaktan;

Tevbe ettim. Tevbe ettim. Tevbe ettim.

Estağfirullah Yâ Ğaffar. (33 defa)

Allah'ım gönderdiğin bütün peygamberlere, indirdiğin bütün kitaplara tam bir teslimiyetle inandım. Salât ü selâm şanı yüce nebî Efendimiz Hazreti Muhammed'e (sav) ve âline olsun. O Nebîler Serveri, benim sözümün başı ve sonu, anahtarı ve mührüdür. Bütün nebî ve resullere de salât ve selâm eyle Allah'ım. O salavât hürmetine dualarımıza da icabet buyur, buyur ki Sen âlemlerin yegâne Rabbisin.

Kadere Karşı Küfür Tevbesi

Ey kulları için hayrı ve şerri yaratan Allah'ım!

Şu dünya imtihanında hadiseler karşısında üzüntü ve kederle, kızgınlık ve öfkeyle, inkâr ve şüpheyle; tercih etme konusunda Senin bize vermiş olduğun cüzi iradeyi inkâr edip kendimizi rüzgâr önündeki yaprak gibi hayal ederek; "Kulun (irade) kudreti, kazanması ve etkisi yoktur. O cansız bir varlık (robot) gibidir." diyerek bütün sorumluluğu kadere vermekten veya tam tersine cüzi iradeyi inkâr etmekten; kaderi inkâr ederek hayrın ve şerrin Senin tarafından yaratıldığına inanmamaktan, "Fala inanma, falsız da kalma." diyerek burçların kaderi tayin ettiğine inanmaktan; "Şer Allah'ın yaratması değildir, kul yaptığının yaratıcısıdır." diyerek kudreti kendime vermekten; "Allah ancak dileyip takdir ettiği, yani yarattığı zaman bilir. Ondan önce bir şey bilmez." diyerek Sana eksiklik isnat etmekten; her şey Senin irade ve tasarrufunda iken "İnşallah, maşallah demek ile olmaz." diyerek iradeni hafife almaktan;

Senin bana takdir ettiğin kadere rıza göstermeyip, sorgulayarak, inkâr ederek, kullarına zulmettiğini düşünerek; hastalıkta, ölümde, kazada ve belada, fakirleşmede ve zenginleşmede, kazançta ve kayıpta isyan ve inkâra giderek "Ya Rabbi, her şeyimi aldın, daha ne yapacaksın, benden başkasını bulamadın mı, namaz kılmayanlara, oruç tutmayanlara nimet veriyorsun, bana da bela yağdırıyorsun, Senin adaletin bu mu? Ben bu kısmete razı değilim, başka elinden ne gelirse onu yap. Yeter ki beni öldür. İster Müslüman olarak ister kâfir olarak. Allahü Teala falan kimseyi vaktinden evvel öldürdü." gibi sözlerimle yaptığım isyanlarımdan;

Gafletle dinlediğim ve söylemiş olduğum şarkı ve türkülerin, izlemiş olduğum filmlerin ritmi içinde fark etmediğim, dilime pelesenk edindiğim, beni Senin kaderine imanda şüphe ve isyana götüren; "Allah'a lazımmış ki öldü. Kader utansın. Kahpe kader. Böyle kadere lânet olsun. Kaderi kötüymüş. Kaderin oyunu. Kadersizim. Kaderin kader değilmiş. Böyle kaderin içine tüküreyim. Alnına kara yazı yazılmış. Alıştım kaderin zulmüne artık. Dertlerin kalkınca şaha, bir sitem yolla Allah'a. Kaderin böylesine yazıklar olsun. Ben insan değil miyim? Ben kulun değil miyim? Tanrım, dünyaya beni sen attın, çile çektirdin, derman arattın, madem unutacaktın, beni neden yarattın? Kızdım getirene beni dünyaya, anama babama günahkâr oldum. Rest çektim kadere. Batsın bu dünya. İsyanım var benim kadere, ne güldürdü ne öldürdü bir kere. İtirazım var bu zalim kadere. Kader ne söylüyorsa hepsi yalan. Kaderimin bir oyunu mu bu? Kahpe kader ağlarını ördün mü? Her şeye isyan ettiğimiz gece. Yıkılsın minareler açılsın meyhaneler." gibi sözlerle yapmış olduğum tüm inkâr, isyan, şirk, hata ve günahlarımdan;

Tevbe ettim. Tevbe ettim. Tevbe ettim.
Estağfirullah Yâ Mukaddir.
Estağfirullah Yâ Ğaffar. (33 defa)

Ahirete Karşı Küfür Tevbesi

Ey dünya hayatını yarattığı gibi ahireti de yaratmaya kâdir olan Allah'ım!

Ölümden sonra kabir hayatı, tekrar diriltilme, mahşer meydanında kurulacak olan mizanda amellerimizin tartılması ve sırattan geçip cennete ulaşma veya cehenneme düşme hususunda inkâr, tereddüt, isyan, alay ve lanet içeren düşünce ve sözlerimden; amellerime güvenerek Senin azabından ve cezandan kendimi emin görmekten, günahlarımın çokluğu ve büyüklüğü sebebiyle rahmetinden ümit keserek kendimi cehenneme layık görmekten, ölen kimselerin ruhlarının başka cesetlere geçerek tekrar tekrar dünyaya geleceğine dair tenasüh (reenkarnasyon) inancımdan;

"Seninle-onunla cennete bile girmem. Ahiretten kim haber veriyor? Oraya gidip gelen mi var? Ben veresiye için peşin olanı bırakmam, dünyayı ahiretim için terk etmem. Eğer Allah cenneti bana verse sensiz istemem. Allah bana bu işten dolayı cennet verse istemiyorum. Ölümden sonra diriliş yoktur. Cennet ve cehennem yoktur, hepsi bu dünyada. Aldanma öbür dünyaya, hayatı yaşa. Cennetten kovuldum isyan ede ede." gibi sözlerle cenneti ve cehennemi hafife almaktan yahut inkâr ve isyan etmekten;

Tevbe ettim. Tevbe ettim. Tevbe ettim.
Estağfirullah Yâ Bais.
Estağfirullah Yâ Ğaffar. (33 defa)

Harama Karşı Küfür Tevbesi

Ey ibadete haramdan çekinmekle nefislerini dizginleyenleri seven Allah'ım!

Nefsime ve şeytana uyarak, dünyam için ahireti terk ederek haram olan şeylere helal, helal olan şeylere haram demekten; Müslüman kardeşimin dinine, imanına, kitabına sövmekten; ayet, dua, melek, peygamber ismi bulunan yazıyı kasten ve garazla helaya, necasete (pisliğe) atmaktan ve yakmaktan; şaka olarak dahi olsa bir kimseye, onu küfre götürecek bir söz telkin etmekten; haramı helal, helali haram kabul ederek yorumlar yapmaktan; ibadetleri önemsemeyip alay etmekten; içki, zina, zulüm, haksız yere adam öldürme gibi şeylerin helal olmasını temenni etmekten; bir insanın zatı ve rızası için kurban kesmekten; haram kıldığın fiillere besmele çekerek başlamaktan; Senin kelamını kendi kelamımmış gibi söylemekten; zina, homoseksüellik, eşiyle Senin haram kıldığın günler ve şekiller dışında beraber olmayı helal saymaktan; "Sövmenin adını günah koymuşlar." diyerek sövmeyi mubah saymaktan, şeytana teşekkür etmekten; bana kâfir diye hitap edilince kabul ederek "Evet.", namahremim olan kadınlara bakarak "Güzele bakmak sevaptır.", ahmak insanları kötülemek maksadıyla "Allah'lık.", gaybdan haber verdiğimi iddia ederek "Bana cin haber veriyor. Ben çalınanları ve kaybolanları, büyü yapıldığını, nazarın olduğunu, gaybı bilirim.", günahımdan tevbe etmemi isteyenlere, günahımı küçük görerek "Ne işledim ki tevbe edeyim?", zalim bir devlet başkanına "Adil kişi.", ramazana kızarak veya onu değersiz göstererek "Ağır bir ay geldi veya musibet bir ay geldi.", "Müslüman değil misin sen?" denildiğinde cevaben "Değilim.", Müslümanlara "Ey kâfir! Öküz aleyhisselam.", kızdığım kullarına beddua niyetiyle "Allah senin imanını alsın.", haksız yere adam öldüren kimseye "İyi yaptın.", şahitsiz nikâh yapıp ardından "Allah ve Peygamber şahittir.", günahlarıma tevbe etmem istenince "Tevbe edecek bir şey yapmadım ki..", karısını üç talakla boşayan birine "Kâfir ol ki karın başka biriyle evlenmeden tekrar sana nikâhı helal olsun.", haram olduğu kesin belirlenmiş şeyler için "Keşke bunlar helal olsaydı." demekten; bir işi yaptığım halde, zaruretsiz "Allah biliyor ki yapmadım.", yapmadığı bir şey için zaruretsiz "Allah biliyor ki yaptım." diye yalan yere yemin ederek Seni şahit göstermekten;

Haddimi aşarak ve sözün nereye gittiğini düşünmeyerek bir işi yapma veya yapmama hususunda cehaletim ve gafletimle söylediğim "Eğer bu işi ben yapmış isem kâfirim. Allah'ım, bana rahmetini vermek hususunda cimrilik etme. Allah'ım canımı al da istersen kâfir olarak al. Yalansız iş mi var? Öyle yaparsam Allah ve Resul'ünden berî olayım." diyerek yaptığım yanlış sözlerimden, temennilerimden, değerlendirme ve dualarımdan;

"Haram yemek ne tatlı şeymiş. İçki ehline helal, ehli olmayana haramdır. Bir yudum alsan ne olur, aslan sütü bu. Kur'an'da başörtüsü emredilmedi. İyilik yapanın anasını avradını şöyle böyle yapayım. O iyiliğin anasını şöyle böyle yapayım." demekten;

Tevbe ettim. Tevbe ettim. Tevbe ettim.
Estağfirullah Yâ Ğaffar. (33 defa)

İbadetlere Karşı Küfür Tevbesi

Ey ibadetlerde iştiyak gösteren kullarını mükâfatlandıran Allah'ım!

Kulluğumun nişanesi olarak emrettiğin namaz, oruç, ezan, gusül, hac, zekât gibi ibadetleri yapmam konusunda tavsiyelerde bulunanlara; kendime yük ve ceza görerek, alay ederek hafife alarak, espri konusu yaparak söylemiş olduğum "Sen namaz kıldın da ne oldu? Sonuna kadar bu emri kim yapabilir? Asla yapmam. Namaz insana ne kazandırır? Namaz ve helal olan şeyler, bana iyilik getirmiyor. Ne için namaz kılacağım, malım yok mülküm yok, çoluğum yok çocuğum yok. Sen namazınla cennete girersen ben de senin kuyruğuna tutunur seninle birlikte cennete girerim. Bu namaz daha ne kadar kılınacak, önü yok sonu yok, kıl kıl bitmiyor. Namaz kılmam ama sen kalbe bak, benim kalbim temiz. Namazı rafa bıraktım. Kılmayacağım, namazla memur değilim. Namaz ne imiş? Namaz kılacağım ama Allah benim malımı eksiltti, ben de onun hakkını eksilteceğim. Ramazan gelsin kılarız. Emekli olunca, yaşlanınca kılarız. Namaz beş vakit değil de iki veya üç vakit olsaydı..." demekten;

Abdestsiz olduğunu bilerek namaz kılmaktan, ezan ile alay etmekten ve hakaret etmekten, bilerek ve alay konusu olsun diye Kâbe'den gayri bir yöne namaza durmaktan, ramazan ayı yaklaşırken ramazana kızarak veya onu değersiz göstererek "Ağır bir ay geldi. Keşke oruç bu kadar uzun süre olmasaydı." demekten; "Hadi neyse namaz farz olmuş ama şu abdest farz olmasaydı. Keşke gusül abdesti olmasaydı. Hacca gidip de Araplara para mı yedireceğim? Zekât verip de milleti tembelliğe mi alıştıracağım, gitsin çalışsınlar." demekten; ibadetleri Peygamberimiz'in öğrettiği şekilleriyle kabul etmeyip değiştirilmesini, reforme edilmesini istemekten, zikrullah ile alay etmekten,

Tevbe ettim. Tevbe ettim. Tevbe ettim.

Estağfirullah Yâ Ğaffar. (33 defa)

İslami İlimlere Karşı Küfür Tevbesi

Ey her şeyi bilen, hiçbir şey kendisinden gizlenmeyen mutlak ilim sahibi Allah'ım!

İslami ilimler, dini temsil eden âlimler, hocalar, şeyhler, tarikat cemaat liderleri, Kur'an talebeleri hakkında alaycı ve küçümseyici ifadeler sarf etmekten; Allah yolundan insanları alıkoymaya yönelik sözler sarf edip çaba göstermekten, kesin bir delil olmaksızın Müslüman'ı tekfir etmekten; din âlimi kıyafetine girerek alay olsun diye bir şeyler anlatmaktan, rol yapmaktan ve bu rolleri yapanların hallerine gülmekten; din âlimlerinin kıyafeti ile alay etmekten;

"İslâm'a evet, şeriata hayır. Kahrolsun şeriat. Bu nasıl şeriatmış? Ben talak malak bilmem. Kıyamet, hacıdan hocadan koparmış. Benim hacıyla hocayla işim yok. Ben şeriat tanımıyorum. Benim şeriatla işim yok. Şeriat ve benzeri şeyler beni tatmin etmez ve nazarımda hükmü yoktur. İlim meclisinin benim için ne faydası olacakmış. Ben hocaların bulunduğu cennete değil, artistlerin, dansözlerin şarkı çalıp oynadığı cehenneme gitmeyi isterim. Öğrenilen dinî ve şeri ilimler birer masaldan ibarettir, veya din âlimlerinin söyledikleri boştur, havaîdir." Haydi bir âlime veya şeriata başvuralım denildiğinde "Ben âlim ve şeriat tanımam." demekten;

Tevbe ettim. Tevbe ettim. Tevbe ettim.

Estağfirullah Yâ Âlim.

Estağfirullah Yâ Ğaffar. (33 defa)

Sevgide Had Aşma Küfür Tevbesi

Ey sevenlerin en yücesi, sevgi gösterenlerin en hayırlısı, sevilmeye en lâyık Allah'ım!

Senin yaratmış olduğun fâni kullarına duyduğum muhabbette haddi aşarak söylemiş olduğum:

"Sensiz cennet bile sürgündür bana. Seni Allah kadar sevdim. Sensiz ölürüm cennette. Seninle cehennem ödüldür bana. Sensiz cennet bile sürgün sayılır. Seni sevmek ibadetim. Sana taptım be yahu. Bir Allah'a taptım, bir sana taptım. Benim sana yaptığım canım aşk tadında ibadet. Kara gözlüm sen de yalancı çıktın, seni kendime ilah yapmıştım. Cenneti değişmem saçının teline. Sen gördüğüm en son ilahsın. Sevdim seni Rabbim kadar. Ben sana öylesi taptım. Beni Tanrı gibi hissettir. Evvelim sen oldun, ahirim sensin. Güler yüzüne taptığım bir sen. Kuluna kul oldum, severek taptım. Sana kul olurum. Sanki sen yarattın, ben kulun oldum. Secde ettim aşka, taparcasına. Sen her şeysin. Sen Tanrı'dan sonra tapılacak kadınsın. Sen yeter ki sev, kulun olayım. Seni Allah gibi bilip sana gönül verdiğim. Taptığım ilk aşksın. Taptım sana, çok sevdim. Ben canımı hazır ettim yoluna. Böylesi aşka yasak tanımam. Cennete girsen bile bensiz yaşayamazsın. Sen gönlümde Kâbe. Seni Allah'tan daha çok seviyorum. Sen bana Allah'tan da Peygamber'den de sevgilisin. Secde ettim taparcasına. Aşkın ibadet. Bitecek mi sandın aşk ibadeti? İbadetim oldun, inancım oldun." sözlerimden;

Tevbe ettim. Tevbe ettim. Tevbe ettim.

Estağfirullah Yâ Vedûd.

Estağfirullah Yâ Ğaffar. (33 defa)

Siyasette Küfür Tevbesi

Ey hâkimiyetinde idare ve tedbirinde dengi ve yardımcısı bulunmayan Allah'ım!

Siyaset ve cemaat tarafgirliğim sebebiyle; "Falan adamın/falanların kanı helaldir." Zalim veya haktan sapmış yöneticiye "Âdil insan. O bizim için ilah konumunda. Bana ne emretse yaparım, 'Gâvur ol! 'dese bile olurum. O olmasa aç kalmıştık, varlığımız tehdit içinde olurdu, kurtuluşumuz onun sayesinde, olmasa biz olmazdık. Bir kimsenin kâfir olması, hain olmasından daha hayırlıdır." diyerek batıla taraf olup hakka sırtımı dönmekten; Ashâb-ı Kirâm`ı tekfir ederek onların mümin olmadığını söylemekten; "Allah'tan kork, bunu yapma." denilince cevap olarak "Sözünü dinlemiyorum, ceza olarak yapacağım." demekten;

Tevbe ettim. Tevbe ettim. Tevbe ettim.

Estağfirullah Yâ Ğaffar. (33 defa)

Başka Dinlere Benzerken Küfre Düşenlerin Tevbesi

Ey katında biz kulları için din olarak İslam'ı seçen Allah'ım!

Kâfirlerin, İslam'a uymayan dinî görüş ve hareketlerini beğenmekten, kutsal tanıdıkları törenlere iştirak ederek onlara benzemeye çalışarak dinî kıyafetlerini giymekten; İslam ile alay edenlere kızmayarak onların yaptıkları küfre rıza göstermekten; inanmayan birisi için "Allah rahmet eylesin." demekten; başka bir dine mensup kız veya erkek için "Keşke onun dininden olsaydım da onunla evlenseydim." diye temennide bulunmaktan; "Allah falan Müslüman'ın canını kâfir olarak alsın. Filan Müslüman benim gözümde Yahudi gibi.", başka bir din mensubu için "Şu adam Müslüman adamdan daha hayırlıdır.", 'Müslüman değil misin sen?'denildiğinde cevaben "Değilim." demekten;

Tevbe ettim. Tevbe ettim. Tevbe ettim.

Estağfirullah Yâ Ğaffar. (33 defa)

Ey kalpleri evirip çeviren Rabbimiz! Son nefesimizde tam bir iman ve teslimiyetle; Rab olarak Senden, din olarak İslam'dan ve nebi olarak Muhammed Aleyhisselam'dan razı olarak hayatımızı neticeye erdir. Âmin.

ŞİRK TEVBESİ

Eûzubillâhimineşşeytânirracîm.

Bismillâhirrahmânirrahîm.

Allahümme salli alâ seyyidinâ Muhammedin ve alâ âl-i seyyidinâ Muhammed.

Allah'ım! Selam Sana, bütün kusurlardan münezzehsin ve herkes için selâmet kaynağısın. Bütün hamdü senalar Sanadır. Gerçek güç ve kuvvet, ululuk ve azamet tahtının yegâne sultanı Sensin. Sen öyle bir ilahsın ki Senden başka ilah yoktur. Hayatı veren ve tüm şartlarıyla devam ettiren Sensin. Seni ne bir uyuklama ne de uyku tutar. Göklerde ve yerde ne varsa Senindir. İznin olmadan huzurunda şefaat etmek kimin haddine? Yarattığın mahlûklarının önünde ardında ne var, hepsini bilirsin. Mahlûklar ise Senin dilediğinden başka, ilminden hiçbir şey kavrayamazlar. Senin kürsün gökleri ve yeri kaplamıştır. Gökleri ve yeri koruyup gözetmek Sana ağır gelmez; Sen öyle ulu, öyle büyüksün Allah'ım! Bilerek Sana bir şeyi ortak koşmaktan rahmetine sığınıyor, bilemediğim hususlarda da mağfiretini diliyorum. Azamet tahtının yegâne sultanı ve en güzel şekilde tesbihe layık olan ancak Sensin.

Ey bol rahmet eden, fark gözetmeden herkesi rızıklandıran Rahman Allah'ım!

Senin ilahlığına, Rabliğine, samediyetine (tüm ihtiyaçları gideren ve kendisi ihtiyaçtan münezzeh olan), hıfzın ile korumana, rezzâkiyetine (rızıklandıran), ehadiyetine (birliğine ve tekliğine), Şâfi (şifa veren) ismine, tüm esma, sıfat ve fiillerine bilerek ya da bilmeyerek, gizli açık, maddî manevî ortaklar tahsis etmek sureti ile yaptığım bütün iftiralardan, zulümlerden, isyanlarımdan, haddi aşan bütün söz ve davranışlarımdan; Senden başkasını şekli ve mertebesi ne olursa olsun, doğruya ister isabet etsin ister isabet etmesin, ister hak ister batıl üzere olsun, zatı için veya Seninle beraber severek, dostluk veya düşmanlık göstererek, Senden başka rab ve ilah edinerek, elde edilen netice ve sonuçları Senden bilmeyip hakkında iştirak (ortaklık) düşüncesine girerek, eşyanın yaratılmasında birer sebep olarak vazife gören mahlûkata olduğundan fazla önem vererek, onları tesir gücüne sahip zannederek kâinat üstündeki mutlak tasarruf ve idareni inkâr edip mülkünü Senden başka sebeplere vermekten; mutlak yaratma ve güç yetirme prensibini sınırlandırıp kayıt altına alarak tesir ve yaratma konusunda sebepler sadece birer araç, birer vesile iken onlara hisse verip yarattıklarını değersiz ve manasız olarak itham etmekten; eşyanın, sebeplerin, tabiatın, kişilerin hakikî müessir olduğuna, şifa verdiğine, koruduğuna, yarattığına, rızık verdiğine inanarak ve onlara minnet ederek ilâhlık vasfı yüklemekten; Senin kâinattaki sevk ve idareni fark etmeyip, cereyan eden hadiseleri tesadüfe verip takdirinle rast getirmene karşı tevafuk dememekten; Sana biz aciz ve nakıs kullarına ait unutma, görmeme, duymama, adalet etmeme, güç yetirememe, oturma, yürüme gibi haller ve sıfatlar isnat etmekten ve Senin hakkında haddi aşan sözler kullanmaktan;

Tevbe ettim. Tevbe ettim. Tevbe ettim.

Estağfirullah Yâ Samed, Yâ Hâfız, Yâ Rezzâk, Yâ Musavvir, Yâ Müzeyyin, Yâ Sâni, Yâ Hakîm, Yâ Mübdi.

Estağfirullah Yâ Ferd, Yâ Hâlik, Yâ Kayyum, Yâ Müsebbib, Yâ Kâdir, Yâ Bâri, Yâ Vehhâb, Yâ Kaviyy.

Estağfirullah Yâ Ğaffâr. (33 defa)

Ey Kur'ân-ı Kerîm'i mümin kullarına şifa ve rahmet olarak indiren Allah'ım!

Sadece Senin takdirinde bulunan hayatım ve kaderime dair meselelerde külli iradenin hükmünü görmezden gelerek; başımıza gelen olay ve hadiselerin cüzi iradem ve seçimlerim dâhilinde şekilleneceğinden gaflet edip unutarak, kaderimi ve hayatımı değiştirebileceğime inanarak, Sana sığınmayıp güvenmeyerek, tevbe ve dua etmeyerek yüceliğinden ve koruyuculuğundan şüphe etmekten; insanların ve cinlerin Senin bizler için yazdığın kaderi değiştirebileceğine, başımıza gelen bela, musibet ve hastalıkları kaldırabileceğine inanarak kullarından medet umup tasarruflarına itikat ve itimat etmekten; hayatıma rehber olarak göndermiş olduğun yüce kelamın olan Kur'an'ı, mahlûkatın üzerinde tecelli eden esmanı, peygamberlerinin dualarını ve duaları, kullarının ve mahlûkatının isimlerini elimde olana kanaat etmeyip şükretmeyerek, umduklarıma nail olmak ve binbir türlü evham, vesvese ve endişeden kurtulmak gayesi ile; kısmetimin açılması, evliliğin devamı, muhabbet sağlamak, fakirlikten kurtulmak, berekete vesile olması, yağmur yağması, rızık elde etmek, çocuk sahibi olmak, hastalık ve musibetlerden şifa bulmak, başarı elde etmek, cin ve şeytanlardan korunmak, bize yapıldığını düşündüğümüz büyüleri bozmak ve tesirlerinden kurtulmak için muska olarak yazmaktan, yazdırmaktan, taşımaktan, mekânlara asmaktan, eşyalar arasına koymaktan, sulara okuyarak içmekten, banyo yapmaktan, evlere mekânlara serpmekten ve bu suretle Kur'an-ı Kerim'e karşı su-i edepte bulunarak saygısızlık yapmaktan; şifa gayesi ile Senin hak yolunu bırakıp dalalete ve batıl yollara saparak, kendimde şifaya dair bir hususiyet olduğunu vehmederek ve bana özel güçler verdiğini, benimle konuştuğunu, bana ait şifa mucizelerinin bulunduğunu, meleklerden şifa vesilelerinin bana öğretildiğini söyleyerek ritüel ve uygulamalar yapmaktan;

Tevbe ettim. Tevbe ettim. Tevbe ettim.

Estağfirullah Yâ Hakem, Yâ Vedud, Yâ Şâfi, Yâ Vekil, Yâ Hâfiz, Yâ Mü'min.

Estağfirullah Yâ Muhsin, Yâ Latif, Yâ Mukit, Yâ Kerim, Yâ Muid, Yâ Muhyi, Yâ Mümit.

Estağfirullah Yâ Ğaffâr. (33 defa)

Allah'ım imanın bir nuru olarak bana verdiğin muhabbet duygusunu fani sevgililere yönelttim ve yerinde kullanmayarak haddi aştım; sadece Senin rızan için sevmeyerek, Senden başkaları için Seninle beraber sevmekten; hayatımı kullarının, aşklarımın, eşimin, evlatlarımın, anne babamın, dünya malının, makamların, ideolojimin yoluna kurban etme, onların yolunda ölümü dileme hatalarımdan; fâni sevgilileri Senden çok sevip "Allah seni özenmiş de yaratmış, ben sensiz yaşayamam, sana canım feda, olmazsa olmazımsın, tek aşkımsın, her şeyimsin, sen bana hayat veriyorsun, beni sen yaşatıyorsun." gibi haddi aşan sözler söyleyerek El Vedüd ve El Hayy isimlerine karşı işlediğim tüm şirk söz ve davranışlarımdan;

Tevbe ettim. Tevbe ettim. Tevbe ettim.

Estağfirullah Yâ Vedud, Yâ Hayy, Yâ Veliyy.

Estağfirullah Yâ Ğaffâr. (33 defa)

Ey adalet ve hak ile hüküm veren Allah'ım!

Seni hakkıyla takdir edememekten; ibadette, hüküm vermede, hüküm koymada, velayette ve sevgide Senin isim ve sıfatlarını kullarına yakıştırarak, Sana olmadık sıfatlar yakıştırıp acziyet atfetmekten; hüküm koyma, helal veya haram, iyilik veya kötülük ölçülerini tayin etme Senin "Uluhiyetinin" gerekliliği iken bu saydıklarımı kendimde veya Senin kullarında olduğunu iddia ederek, Senin helal dediklerine haram, haram dediklerine ise helal demekten ve diyenlere uymaktan; Senin itaat etmeyi yasakladığın hususlarda kullara itaat ederek, emir ve yasaklarına bigâne kalarak, sevdiklerini sevmeyip buğz ettiklerini severek, Sana düşman olanları kendime dost edinip Sana dost olanlara düşman olarak, Senin razı olduklarından razı olmamaktan;

Tevbe ettim. Tevbe ettim. Tevbe ettim.

Estağfirullah Yâ Hakem, Yâ Melik, Yâ Mütekebbir, Yâ Metin, Yâ Kahhâr.

Estağfirullah Yâ Adl, Yâ Halim, Yâ Hasib, Yâ Vasi, Yâ Şehid.

Estağfirullah Yâ Ğaffâr. (33 defa)

Ey kendi hükmüne hiç kimseyi ortak etmeyen Allah'ım!

Senin kullarını kendime Rab olarak kabul etmekten, onlara körü körüne inanarak Senin emir ve nehiylerin yerine onların emrettiklerini yapmaktan, yasak kıldıklarını da yapmamaktan; mensubu bulunduğum grubun, cemaatin, topluluğun mesaisine terettüp eden güzellikleri netice veren semeratı bir şahsa mal ederek, Senin aciz kullarına ancak Sana mahsus kuvvet ve kudreti atfederek, vermediğin makamları ona vererek, "Benim şeyhim peygamber makamındadır. Benim şeyhim kâinatı idare ediyor. Yerlerin ve göklerin tasarrufu benim şeyhimin elindedir. İstediğini hidayete erdirir. Benim şeyhimi inkar eden kâfirdir. Evliyalar şu işimi (gayb aleminde) hallettiler." diyerek Senin saltanatına şerik göstermekten; ancak Senden yardım istemem gerekirken, Senden başkasına dua ederek, Senin aciz kullarına verdiğin makamlar ile onlardan ve kabirlerinden himmet ve medet umarak, "Yetiş ya falan kişi." diyerek, velayet ve selahati temsil eden kullarına haddi aşar derecede bağlanmaktan; son nefesimizde bizi onların kurtaracağına, mahşerde elimizden tutacağına ve kurtuluşumuza vesile olacaklarına inanmaktan, bu aciz kullarını cennetle müjdelenmiş görüp ellerinden alınacak dua ve tevbelerin kabul olacağına inanarak onları peygamberlere denk görmekten;

Tevbe ettim. Tevbe ettim. Tevbe ettim.

Estağfirullah Yâ Kâdir, Yâ Aziz, Yâ Fettâh, Yâ Muizz, Yâ Müzill, Yâ Azim, Yâ Şekûr.

Estağfirullah Yâ Aliyy, Yâ Kebir, Yâ Celil, Yâ Mucib, Yâ Mecid, Yâ Kayyum.

Estağfirullah Yâ Ğaffâr. (33 defa)

Ey göklerin ve yerin gaybını bilmek kendisine mahsus olan ve hükmetmesi için bütün işler sonunda sadece kendisine döndürülen Allah'ım!

Geçmiş, şimdi ve geleceğe dair gaybı ancak Sen bilecekken "Falan hoca gaybı biliyor." demekten ve onu tasdik etmekten, "Bende büyü var mı, nazar var mı, yıldızım düşük mü?" diye gayb bilgisini kullarına sormaktan, gaybı bilmek için fal bakıp iddiada bulunmaktan, "Evliyalara gayb malumdur." demekten ve öyle inanmaktan; burçların insanların kaderini etkilediğine inanıp, hayatımın seyrini onların belirlediğini düşünmekten ve inanmaktan, yarattığını Senden daha çok sevmekten; ancak rızan için Seni zikredip, oruç tutmam ve namaz kılarak ibadet yapmam gerekirken gaybı bilmeye talip olarak Senin kitabında ve Resul'ünün sünnetinde bulunmayan yollar ve ilimler ile kullarını "Sende büyü var, nazar var." diyerek zanna ve iftiraya sevk ederek fitneye sebebiyet vermekten, bu batıl ilimlerle meşgul olup kullar arasında yayılmasına sebep olmaktan, muskalar yazıp ritüeller yapmak ve yaptırmaktan, "Ben büyüyü bozarım." diyerek acziyetimi unutup kendime güç atfetmekten;

Tevbe ettim. Tevbe ettim. Tevbe ettim.

Estağfirullah Yâ Âlim, Yâ Habir, Yâ Hakk, Yâ Muhsi.

Estağfirullah Yâ Ğaffâr. (33 defa)

Allah'ım! Senin bana emanet olarak verdiğin maddi ve manevi emanetleri, latife ve hisleri; nefsime ve hevâma uyup şeytana tabi olarak cüzi irademle kötüyü tercih etmek suretiyle; işlediğim tüm kötü söz ve davranışlarımdan, isyanlarımdan, asiliklerimden, kötü dualarımdan; Senin gazabını ve azabını netice verecek tüm günah ve hatalarımdan; kendi heves ve süflî arzularıma perestiş edip körü körüne uymaktan, hevâmı kendime ilâh edinmekten, nefsimin arzuladığını yaparken Sana itaat için yaptığımı söylemekten; Senin bana bahşettiğin varlığı, kuvveti, ilmi Senin kullarını ezmekte kullanarak cebbar ve mütekebbir olmaya özenmekten, hakiki iltifat olan Senin iltifatını kaybettirecek, bana ancak kötülüğü emreden nefsime değer ve makam vermeme sebep olacak tüm düşünce, söz ve davranışlarımdan; azamet ve kudret Sana ait iken sahip olduğum ilim, para, mal, mülk, güzellik, makam ve yeteneklerim sebebiyle kibir ve gurura kapılarak kullarını küçümseme ve kınamalarımdan;

Tevbe ettim. Tevbe ettim. Tevbe ettim.

Estağfirullah Yâ Cebbâr, Yâ Mütekebbir, Yâ Müheymin, Yâ Rakib.

Estağfirullah Yâ Ğaffâr. (33 defa)

Ey bütün makamların fevkinde olan; dereceleri yükselten Allah'ım!

Sana karşı tam bir tevekkül ve teslimiyet göstermeyerek ve güvenmeyerek, sadece Senin yaratabileceğin ve verebileceğin hususlarda yaratılanlara, ölü ve cansızlara tevekkül etmekten ve güvenmekten; Senden başkası adına yemin etmekten, "Allah ve sen dilersen, bu senden ve Allah'tandır, sadece Allah ve sen benim için varsın, ben Allah'a ve sana tevekkül ettim." demekten; kullarına benim rızkımı o veriyormuşçasına zillet göstererek dünyaya ait işlerimizi sevk ve idare eden yöneticilerimiz için "O olmasa aç kalmıştık, varlığımız tehdit içinde olurdu, kurtuluşumuz onun sayesinde, olmasa biz olmazdık." düşüncesine girmekten ve bunu söylemekten; sadece Senin elinde olan şeyler hakkında başkasından korkarak haddi aşarak neslimi kesebileceği, hastalık, fakirlik veya sakatlık verebileceği endişesiyle, ölüden veya cansız bir varlıktan zarar geleceğini sanarak bir mahlûkundan korktuğumdan dolayı ona ibadet etmekten, Senin hıfz ve himayene sığınmayarak insan veya cinlerden korkarak bize zarar vermesinler diye onların şerrinden korunmak amacıyla kurban kesmekten, batıl yollara sapıp ritüeller yapmaktan;

Tevbe ettim. Tevbe ettim. Tevbe ettim.

Estağfirullah Yâ Müsebbib, Yâ Vekil, Yâ Hâfız, Yâ Mü'min, Yâ Kâbıd.

Estağfirullah Yâ Bâsıt, Yâ Semi, Yâ Basir, Yâ Şekûr.

Estağfirullah Yâ Ğaffâr. (33 defa)

Allah'ım! Amellerimde Senin rızan esas olması gerekirken, huzurunda olduğumu unutarak, hakiki iltifatın yerine fani kullarının iltifatlarını umarak, ameller işleyerek, hayırlar yaparak, dünyalık gaye ile namaz kılma, kurban kesme, zikir çekme, ibadet etme hallerimden; amellerimi ancak Senin rızan için yapmam esas iken ihlastan uzak şekilde, kullarının rızasını, sevgi ve takdirini kazanmak, dünyalık menfaatler elde etmek için gösteriş ve riya yaparak başkaları görsünler, işitsinler, bilsinler, beğensinler diye beklenti içine girmekten ve ibadetleri bu gaye ile yapmaktan; gurur ve kibir ile kendimi beğenerek, her şeyi bildiğimi ve her şeye gücümün yetebileceğini zannederek, kendi nefsime fazlaca güvenerek bütün lâtifelerimi Senin emrine vermemekten;

Tevbe ettim. Tevbe ettim. Tevbe ettim.

Estağfirullah Yâ Hâfıd, Yâ Râfi, Yâ Hamid.

Estağfirullah Yâ Ğaffâr. (33 defa)

Allah'ım! Sapıklık ve dalâlete atan, doğruluk ve hidayetten uzaklaştıran, bolluk ve bereketi alıp götüren, insan olma asalet ve itibarını yerle bir eden, insanı hakir, önemsiz ve noksan hâle getiren, bizi küfre götürecek, ahiretimizi mahvedecek, bizleri şirk ve küfre götürecek tüm söz, fiil ve hallerimizden; beni, eşimi ve çocuklarımı, soy ve zürriyetlerimizi, Âdem'den (as) bugüne kadar gelmiş ve bugünden kıyamete kadar gelecek tüm inananları ve ümmet-i Muhammed'i (asm) arındır. Bizi affet, lütfen bizi mağfiret buyur. Ben tüm bu günahlarım için;

Tevbe ettim. Tevbe ettim. Tevbe ettim.

Estağfirullah Yâ Ğaffâr. (100 defa veya daha fazla)

Allah'ım! Bilerek, Sana bir şeyi şirk koşmaktan yine Sana sığınırım. Bilmediklerimden dolayı da Sana tevbe ederim. Şüphesiz ki sen, bütün gaybları bilensin.

Sadaka Niyeti

(Yakın zamanda yapacaksanız niyet edin. Not edin, unutmayın.)

Niyet ettim Allah'ım Senin rızan için; benim ve soyumun, eşimin ve soyunun ve ümmet-i Muhammed'in (sav) saydığım ve sayamadığım tüm şirk günahlarının affına, zürriyetimizin dahi bu günahlardan uzak olmasına ve şeytanın bizlere bu günahları işletmesinin dahi önünün kesilmesine vesile olması niyeti ile;

Kur'an-ı Kerim hediye etmeye.

O'NUN GÜZEL İSİMLERİ İLE O'NA YAKARIŞ VE O'NA İSTİĞFAR

Eûzubillahimineşşeytanirracim.

Bismillahirrahmanirrahim.

"En güzel isimler Allah'ındır. Öyleyse O'na, en güzel isimlerle dua edin. O, kendisinden başka ilah olmayan Allah'tır." (Araf:180)

Ey her sesi işiten, kemiklere et giydiren, öldükten sonra onları yeni bir yaratılışa mazhar eden, suç işleyen kullarını hemen cezalandırmayıp onlara düşünme mühleti veren, sayılamayacak kadar çok olan ihsanları kesintiye uğramaksızın akıp akıp gelen Rabbim! Bütün güzel isimlerin ve özellikle kullarından hiçbir kimsenin bilemediği gizli ism-i a'zamın hatırına Sana yalvarıyorum. Ne olur, beni kulluğuma mâni olan bütün kayıtlardan âzâde eyle!

Ey bizi yediren, içiren, bize kâfi gelen ve bizi barındıran Allah'ım! Sana hamdolsun. Zira nice kimseler var ki, ne kâfi geleni ne de barındıranı vardır. Allah'ım, Senin adınla başladık. Yine adınla bitirme gayretindeyiz. Sözlerimizi salihlere ait olan sözlerden, amellerimizi salihlerin ve hikmet sahibi olanların amellerinden eyle. İşlerimizi bereketli ve temiz eyle.

Ey gördüğümüz görmediğimiz, bildiğimiz bilmediğimiz bütün âlemlerin sâhibi ve mâliki, kâinatın yegâne yaratıcısı, her türlü övgüye ve ibâdete lâyık olan yüceler yücesi "ALLAH'IM" övgülere lâyık olan Sensin; birsin, teksin, eşsizsin, doğmadın, doğurmadın. Varlığının başlangıcı ve sonu yoktur. Hiçbir şeye muhtaç değilsin. Hiçbir şeye benzemezsin; hiçbir şey de Sana benzemez. Her türlü kemâl sıfatlarla muttasıfsın, her türlü eksikliklerden yücesin. Senden başka ilah yoktur, ancak Sen varsın, Sen bol bol verensin.

Ey göklerin ve yerin yoktan var edicisi.

Ey celal ve ikram sahibi.

Ey ilahi rahmet, lütuf ve koruyuculuğu tüm yaratılmışları kapsayan, inanan inanmayan bütün insanlara rızıklarını ve nimetlerini bol bol veren "RAHMÂN" Allah'ım! Sonsuz rahmetin kucaklasın bizi, kanayan yüreklerimize bitmeyen dertlerimize merhametin ilaç olsun. Âmin.

Allah'ım! Senin bize verdiğin nimetlerini, ihsanlarını, ikramlarını kullarından bilmekten; onlara minnettar olup Sana sırtımızı dönmekten, nankör olup şükür etmemekten;

Ben Senin Rahmân ismine sığınarak tevbe ettim. Tevbe ettim. Tevbe ettim.

Estağfirullah Yâ Rahmân. (33 defa)

***

Ey kullarına karşı pek merhametli ve bağışlayıcı, verdiği nimetleri iyi kullananları daha büyük ve ebedi nimetler vermek suretiyle mükâfatlandıran "RAHİM" Allah'ım! Sırtımızdaki kulluk heybelerimizi günahlar ile doldurduk. Ama Senin bize affedeceğine, bağışlayacağına ümidimiz tam. Telaşlı ahiret hengâmında bize acı, bize merhamet et. Âmin.

Allah'ım! Günahlarım sebebiyle Senin beni affetmeyeceğini düşünmekten, ümitsizliğe kapılmaktan;

Ben Senin Rahîm ismine sığınarak tevbe ettim. Tevbe ettim. Tevbe ettim.

Estağfirullah Yâ Rahîm. (33 defa)

***

Ey görülen ve görülmeyen bütün âlemlerin, bütün kâinatın, bütün varlığın tek sahibi, onları yetiştiren mülk ve güç veren, mutlak surette tek hükümdarı "MELİK" Allah'ım! Mülkün gerçek sahibinin Sen olduğunu hissettir. Hiçliğimi nefsime duyur. Âmin.

Allah'ım! Mülk üzerinde tasarruf iddiasında bulunmaktan, nefsimi mülkün ve kullarının sahibi görmekten, haddi aşmaktan, adaletsizce yönetmeye kalkmaktan ve zulmetmekten;

Ben Senin Melik ismine sığınarak tevbe ettim. Tevbe ettim. Tevbe ettim.

Estağfirullah Yâ Melik. (33 defa)

***

Ey her türlü çirkinlik, noksanlık ve ayıplardan uzak, tertemiz olan; bütün kemal sıfatları kendinde bulunan; güzellik, iyilik ve faziletlerle övülen "KUDDÛS" Allah'ım! Her türlü ayıptan, kusurdan eksiklikten, lekeden, pastan, kirden temizle, arındır bizi. Âmin.

Yaradılışımıza göre yaşamayıp bedenimin, ellerimin, ayaklarımın, gözlerimin, kulaklarımın, düşüncemin, kalbimin, fercimin bulaştığı tüm günah kirlerinden; günahlarımı Senin rahmetinden büyük görüp tevbelerle arınamayacağımı düşünmekten, yarattıklarını pis ve kusurlu görmekten;

Ben Senin Kuddûs ismine sığınarak tevbe ettim. Tevbe ettim. Tevbe ettim.

Estağfirullah Yâ Kuddûs. (33 defa)

***

Ey eksiklik, acizlik, hastalık, ölüm gibi fiillerde dahi genişlik veren, her çeşit arıza ve hadiselerden, bütün ayıplardan arınmış" SELÂM" Allah'ım! Bizleri gerek dünyada, gerekse ahirette tehlikelerden kurtar, selamete çıkar ve esenlik yurduna ulaştır. Âmin.

Tam bir tevekkül ve teslimiyetle, Senden değil; kullarından, yarattıklarından, eşyadan, taktıklarımızdan medet ummaktan;

Ben Senin Selâm ismine sığınarak tevbe ettim. Tevbe ettim. Tevbe ettim.

Estağfirullah Yâ Selâm. (33 defa)

***

Ey kullarına yaptığı vaadinde sadık ve güvenilen, kullarına emniyet veren, inananları korku ve endişeden güvende kılan" MÜ'MİN" Allah'ım! Bizleri, imanlarına herhangi bir haksızlık bulaştırmayan ve hakiki güven içinde bulunan kullarından eyle. Sen bizleri güveninden mahrum etme. Âmin.

Allah'ım! Sana tam bir teslimiyetle inanmamaktan, Sana sığınmamaktan, Senin bize vaat etiklerin hakkında şüpheye düşmekten;

Ben Senin Mü'min ismine sığınarak tevbe ettim. Tevbe ettim. Tevbe ettim.

Estağfirullah Yâ Mü'min. (33 defa)

***

Ey her şeyi görüp gözeten, bütün varlıkların yaptıklarından haberdar; müminlere güven, sevgi ve huzur veren "MÜHEYMİN" Allah'ım! Gündüzün aydınlığında insanların görmesinden çekinerek gecenin karanlığında da Sana karşı bir cüretin neticesi olarak işlediğim günahlarım var. Bütün sırların Senin nezdinde açık, gizliliklerin bariz ve ayan olduğunu, hiç kimsenin o günahların cezasını benden uzaklaştıramayacağını ve yüce katında mal ve evladın bana imdat etmeyeceğini[12], sadece kalb-i selîmin fayda vereceğini bile bile işlediğim günahlar... Onların hepsinden Senin enginlerden engin ğufran denizine sığınıyorum; ne olur beni mağfiret buyur. Nefsimin girdabında gaflete düştüğüm tenhalarda, anlarda ve durumlarda beni benden koru, beni nefsimle bir an olsun baş başa bırakma. Âmin.

---

[12]" O gün ne mal fayda verir ne de evlat. Ancak Allah'ın huzuruna tertemiz bir kalple gelenler kurtulur!" Şûra 88-89

Allah'ım! Gece ve gündüz, azalarımdan herhangi birisi ile tekrar tekrar işleyip de insanlardan utandığımdan dolayı Senin örtüp gizlemene sığındığım ama Sana âyan olan ve Senin tekrar tekrar örttüğün günahlarımdan, sırlarımdan, yaptıklarımdan, ettiklerimden, konuştuklarımdan, fısıltılarımdan, kötülüklerimden;

Ben Senin Müheymin ismine sığınarak tevbe ettim. Tevbe ettim. Tevbe ettim.

Estağfirullah Yâ Müheymin. (33 defa)

***

Ey her şeye galip gelen, mağlup edilmesi imkânsız, dengi ve benzeri bulunmayacak şekilde değerli ve şerefli "AZÎZ" Allah'ım! Bizleri nefsimize, şeytana ve düşmanlarımıza karşı üstün ve galip kıl. Nefsimizden ve her halimizden zilleti bertaraf eyle. Âmin.

Allah'ım! Senin inayet ettiklerinin ve dininin mağlup olduğunu ve olacağını düşünmekten, ümidini kesip inkisara düşmekten, kullarını zelil ve hakir görmekten;

Ben Senin Azîz ismine sığınarak tevbe ettim. Tevbe ettim. Tevbe ettim.

Estağfirullah Yâ Azîz. (33 defa)

***

Ey dilediğini her durumda gerçekleştiren, hükmüne karşı gelinemeyen; parçalanmış, dağılmış ve bozulmuş olanı düzeltip onaran; emir ve yasakların, hüküm ve kararların sahibi "CEBBÂR" Allah'ım! Kırılan ümitlerimizi canlandır, perişan halimizi onar, işlerimizi yoluna koy. Âmin.

Allah'ım! Senin her şeyi yeni baştan onarabileceğinden, hayra sevk edebileceğinden, düzeni tekrar kurabileceğinden şüphe edip ümitsizliğe düşmekten ve inkisara uğramaktan;

Ben Senin Cebbâr ismine sığınarak tevbe ettim. Tevbe ettim. Tevbe ettim.

Estağfirullah Yâ Cebbâr. (33 defa)

***

Ey büyüklük ve yücelik ancak kendisine mahsus, azgın ve zalim insanları mutlak gücüne boyun eğmek zorunda bırakan, kimsenin kendisine ihsanda bulunamadığı "MÜTEKEBBİR" Allah'ım! Kibriya (ululuk, büyüklük) ve azamet ancak Sana aittir. Bizleri nefsimizde mütevazı, muhataplarımızın nazarında izzetli kıl. Âmin.

Allah'ım! Aciz ve küçük olduğumuzu unutup verdiğin lütuflarla kibre kapılmaktan, kendini mükemmel görüp kullarından da ancak mükemmeli istemekten;

Ben Senin Mütekebbir ismine sığınarak tevbe ettim. Tevbe ettim. Tevbe ettim.

Estağfirullah Yâ Mütekebbir. (33 defa)

***

Ey eşyayı, her hangi bir örneği ve benzeri olmadan mükemmel surette yaratan, yoktan var eden "HÂLIK" Allah'ım! Sen benim Rabbimsin. Senden başka bir ilah yoktur. Beni Sen yarattın. Ben Senin kulunum ve gücüm yettiği ölçüde Sana verdiğim söze sadık olacağım. Şerli her şeyin şerrinden Sana sığınıyorum. Hayırlı her şeyin hayrını Senden niyaz ediyorum. Bizim için kolaylıklar ve hayır yarat. Âmin.

Allah'ım! Yoktan var eden yalnızca Sen iken, "yaratma" ifadesini Senin aciz kullarına mal ederek söylediğim tüm şirk sözlerimden, "Beni neden yarattın? Bu canlıyı neden yarattın?" gibi isyan kokan ifadelerimden;

Ben Senin Hâlık ismine sığınarak tevbe ettim. Tevbe ettim. Tevbe ettim.

Estağfirullah Yâ Hâlık. (33 defa)

***

Ey her şeyi bir örneği ve maddesi olmaksızın kusursuz ve birbiriyle ahenkli bir biçimde yaratan "BÂRİ" Allah'ım! Bizlere verdiğin eşsiz güzellik ve kabiliyetler ile içimizle dışımızı tezat oluşturmaktan koru, uyumlu kıl. Âmin.

Allah'ım! Var ediş hikmet ve gayeni anlamayarak, tam bir uygunluk ve kusursuzluk halinde ve ahenk içinde yarattığın varlıklarını gereksiz ve saçma olarak nitelendirmekten;

Ben Senin El-Bâri ismine sığınarak tevbe ettim. Tevbe ettim. Tevbe ettim.

Estağfirullah Yâ Bâri. (33 defa)

***

Ey yaratacağı her şeye şekil, suret veren ve onları ayrı ayrı özelliklerle ve güzelliklerle süsleyen "MUSAVVİR" Allah'ım! Suretimizi Sen en güzel surette yarattın. Bize sîretimizi (ahlakımızı, huyumuzu, karakterimizi) en güzel şekilde terbiye etmeyi nasip et. Âmin.

Senin en mükemmel surette yarattığın suretimi ve cismimi beğenmeyerek isyan etmekten ve değiştirmeye çalışmaktan; varlıklarını çirkin, iğrenç, pis diyerek nitelendirmekten, yarattıklarını kusurlu görmekten;

Ben Senin Musavvir ismine sığınarak tevbe ettim. Tevbe ettim. Tevbe ettim.

Estağfirullah Yâ Musavvir. (33 defa)

***

Ey daima affeden; kullarının günahlarını örten, ayıp ve kusurlarını, tekrarlanan günahlarını bağışlayan, mağfireti ve bağışlaması sonsuz ĞAFFÂR" Allah'ım! Ellerimiz boş, yüreğimiz ümit dolu olarak Senin kapına geldik, af ve mağfiretini ümit ettik, mahrum eyleme bizi bağışlamandan. Âmin.

Allah'ım! Tekrar tekrar düştüğüm günahlarımı Senin affedebileceğinden çok ve büyük görerek ümitsizliğe kapılmaktan;

Ben Senin Ğaffâr ismine sığınarak tevbe ettim. Tevbe ettim. Tevbe ettim.

Estağfirullah Yâ Ğaffâr. (33 defa)

***

Ey hiç yenilmeyen yegâne galip ve cezayı hak edenlere hak ettikleri cezaya çarptıran "KAHHÂR" Allah'ım! Ben Senin iradesiz, aciz, güç ve kuvveti olmayan zavallı bir kulunum. Zayıflığımı, çaresizliğimi, insanlar arasındaki önemsizliğimi, değersizliğimi Sana şikâyet ediyorum. Bütün çaresizlerin Rabbi de bu çaresiz kulunun Rabbi de Sensin; Sen Erhamürrâhimînsin; beni kötülük yapacak, düşmanlıkta bulunacak kimselerin insafsızlığına terk etmezsin. Ah, keşke bu mücrim kuluna karşı gazabın olmadığını bir bilebilseydim; işte o zaman başka hiçbir şeyi önemsemezdim. Affına layık değilim ama onu da dört gözle beklerim. Gazabının gelip çatmasından, hiddetine maruz kalmaktan yüce zatının nuruna sığınıyorum. Bizi Senin kahrını celbedecek zulüm ve zulme taraf olma zilletinden koru. Âmin.

Allah'ım! Zalimin mazluma ettiği zulme dayanamayıp Kahhâr isminle kahretmeni isteyerek haddi aşmaktan;

Ben Senin Kahhâr ismine sığınarak tevbe ettim. Tevbe ettim. Tevbe ettim.

Estağfirullah Yâ Kahhâr. (33 defa)

***

Ey nimetleri bol ve karşılıksız, hibesi ve lütfu çok, rahmeti bütün kulları kuşatan" VEHHÂB" Allah'ım! Bize katından bir rahmet, her işimizde doğruluk ver. Bize verdiğin nimetlerini ziyadeleştir. Âmin.

Allah'ım! "Allah bana ne verdi ki!" diyerek ihsanlarına karşı nankörlükte bulunmaktan, Senin beni aracı kıldığını unutarak verdiklerimi kendi nefsimden bilerek kullarının başına kakmaktan;

Ben Senin Vehhâb ismine sığınarak tevbe ettim. Tevbe ettim. Tevbe ettim.

Estağfirullah Yâ Vehhâb. (33 defa)

***

Ey bedenlerin ve ruhların gıdasını veren, yeryüzünde yaşayan her canlının rızkı kendisine ait "REZZAK" Allah'ım! Bizi görünür görünmez nimetlerinle, maddi ve manevi rızıklarınla sevindir. Az verip ağlatma, çoklukla verdiğin zenginliğin azdırmasından ise koru. Âmin.

Allah'ım! Taahhüdün altında olmasına rağmen rızık endişesiyle ve bakamam düşüncesiyle evlatlarımızın düşüğüne sebep olmaktan ve kürtaj yaptırmaktan, Senin haram kıldığını kendime helal saymaktan;

Ben Senin Rezzâk ismine sığınarak tevbe ettim. Tevbe ettim. Tevbe ettim.

Estağfirullah Yâ Rezzâk. (33 defa)

***

Ey bütün nimet ve azap kapılarını açan, bütün anlaşmazlıklarda hakemlik yaparak mutlak adaleti gerçekleştiren, zulme uğrayanlara yardım eden, mümin kullarını zafere ulaştıran" FETTAH" Allah'ım! Bize hayrın kapılarını aç, kederlerimizi gider, dertlerimize çare ver, engelleri önümüzden kaldır. Âmin.

Allah'ım! Senin bize açtığın kalplerin kapılarını, zaferin yollarını nefsime yahut başka insanlara mal etmekten; zorluk ve meşakkat zamanında çaresiz hissedip kederlenmekten, inayetinden ümit kesmekten;

Ben Senin Fettâh ismine sığınarak tevbe ettim. Tevbe ettim. Tevbe ettim.

Estağfirullah Yâ Fettâh. (33 defa)

***

Ey zaman ve yer kaydı olmaksızın büyük küçük, olmuş olacak, gizli açık her şeyi en mükemmel şekilde bilen "ALÎM" Allah'ım! Seni hakkıyla bilmek bize uzak, kalplerimize idrakini duyur. İlmin hakikatini zihinlerimize ve kalplerimize aç. Âmin.

Allah'ım! İlmin bana verdiği kibirden ve enaniyetten, küfür ve inattan, haset ve nefretten, halimin Sana gizli kaldığını sanmaktan;

Ben Senin Alîm ismine sığınarak tevbe ettim. Tevbe ettim. Tevbe ettim.

Estağfirullah Yâ Alîm. (33 defa)

***

Ey dilediğine darlık veren, sıkan ve daraltan, işlerini azaltan, ruhlarını alan; eşyanın kabzasında bulunduğu

"KÂBİD" Allah'ım! Bütün düşmanlarımızın kalplerini sıkıştır ve daralt, dara düştüğüm zaman sadrımı genişlet. Âmin.

Allah'ım! Hadiselerin, musibetlerin ve günahların ruhumuza verdiği kederle ve hüzünle yolu şaşırdığımızda isyan ve inkâra girmekten;

Ben Senin Kâbid ismine sığınarak tevbe ettim. Tevbe ettim. Tevbe ettim.

Estağfirullah Yâ Kâbid. (33 defa)

***

Ey dilediği iş ve imkânları genişleten, kulunu darlıktan çıkaran, sıkıntıdan kurtaran; bolluk, rahatlık, huzur veren "BÂSIT" Allah'ım! Hidayet ve iman nimetleriyle gönlümüze ferahlık ver ve bizi sevindir, üzerimize indirdiğin nimetlerini ziyadeleştir ve bereketlendir. Âmin.

Allah'ım! Ruhumun darlığını, rızkımın azlığını, işlerimin zorluğunu batıl yollarla açma çabalarımdan;

Ben Senin Bâsıt ismine sığınarak tevbe ettim. Tevbe ettim. Tevbe ettim.

Estağfirullah Yâ Bâsıt. (33 defa)

***

Ey kâfirleri, zalimleri, zorbaları alçaltıp müminleri, dostlarını yükselten, istediği kulunu yukarıdan aşağıya atıveren "HÂFİD" Allah'ım! Bizi Senin ve kulların nazarında şan, şeref ve itibar bakımından aşağıların en aşağısına düşmekten muhafaza et ve bize itaatin ve kulluğun hazzını yaşat.

Allah'ım! Dünyada ve ahirette beni alçaltan, Senin dostluğundan uzaklaştıran; aklımı, ruhumu, bedenimi karartan tüm günahlarımdan;

Ben Senin Hâfid ismine sığınarak tevbe ettim. Tevbe ettim. Tevbe ettim.

Estağfirullah Yâ Hâfid. (33 defa)

***

Ey dilediğini yücelten, yükselten, yukarı kaldıran, dilediği kuluna şeref bahşeden "RÂFİ" Allah'ım! Geniş merhametinle, salih amellerimizle bizi şerefi ve itibarı göğe yükselenlerden eyle, nezdindeki derecemizi yücelt. Âmin.

Allah'ım! Kullarının yücelmesinde ve yükselmesinde, düşmüşlerin ayağa kalkmasında kendimi kudretli görerek yaptığım tüm şirk günahlarımdan;

Ben Senin Râfi ismine sığınarak tevbe ettim. Tevbe ettim. Tevbe ettim.

Estağfirullah Yâ Râfi. (33 defa)

***

Ey dilediğine izzet ve şeref bahşeden, mülkü dilediğine veren, dilediğini üstün kılan "MUİZZ" Allah'ım! Bizleri şeref bahşettiğin, mülk ve paye verdiğin, güçlü kılıp şereflendirdiğin kullarından eyle. Âmin.

Allah'ım! Senin bana verdiğin izzet, şeref ve payeleri kendi nefsimden ve cehdimden bilerek kullarına karşı fahirlenmekten, böbürlenmekten ve kibirlenmekten;

Ben Senin Muîzz ismine sığınarak tevbe ettim. Tevbe ettim. Tevbe ettim.

Estağfirullah Yâ Muîzz. (33 defa)

***

Ey dilediğini zillete düşüren, hor ve hakir kılan, rezil ve perişan eden, alçaltan "MUZİLL" Allah'ım! Bizleri dünya ve ahiret hayatının zilletinden muhafaza buyur, zalimleri ve düşmanlarını başkasına ibret olacak şekilde zelil eyle. Âmin.

Allah'ım! Beni Senin huzuruna kararmış bir yüzle getirecek, katında zelil kılacak dünya çıkarı için alçaltan günahlarımdan;

Ben Senin Muzill ismine sığınarak tevbe ettim. Tevbe ettim. Tevbe ettim.

Estağfirullah Yâ Muzill. (33 defa)

***

Ey her türlü kısıtlamadan yüce olarak gizli açık her şeyi işiten; dilek, dua ve yakarışları kabul eden "SEMÎ" Allah'ım! Aklımız biçare, şaşar kudretine. Gizlimiz yoktur

Senden. Mahcubuz kusurlarımızdan. Bütün seslenişimiz Sanadır. Bizi bağışla Rabbim. Âmin.

Allah'ım! Şu kulaklarımla gıybet ve dedikodu dinlemekten, kötü ve yasak olana kulak vermekten, meşakkat zamanında bizlere ayırdığın nimetleri beklemeyip sabırsızlıkla "Neden bizi duymuyorsun?" diyerek isyan etmekten;

Ben Senin Semî ismine sığınarak tevbe ettim. Tevbe ettim. Tevbe ettim.

Estağfirullah Yâ Semî. (33 defa)

***

Ey her şeyi hakkıyla gören, kendisinden hiçbir şey saklanamayan "BASÎR" Allah'ım! Gözlerimizdeki cehalet perdesini kaldır, yakînimizi artır. Âmin.

Allah'ım! Hevâ ve hevesime uyarak "Nasıl olsa kimse yok, biri görmedi." diyerek Senin bizi gördüğünden gaflet ederek işlediğim günahlarımdan, "Allah'ım beni görmüyor musun?" diyerek yaptığım isyanlarımdan;

Ben Senin Basîr ismine sığınarak tevbe ettim. Tevbe ettim. Tevbe ettim.

Estağfirullah Yâ Basîr. (33 defa)

***

Ey hakkı yerine getiren, hakkı batıldan ayıran, hüküm yetkisi kendisine ait olan ve son hükmü verecek olan "HAKEM" Allah'ım! Bizi hakka taraf olup hakkı yerine getirenlerden, adaletle hükmedenlerden ve hükmedilenlerden eyle. Âmin.

Allah'ım! İcra ettiğin iş ve şuunatta hikmetleri anlamayarak ve teslim olmayarak Senin hükümlerini sorgulamaktan, adaletinden şüphe duymaktan ve isyan etmekten;

Ben Senin Hakem ismine sığınarak tevbe ettim. Tevbe ettim. Tevbe ettim.

Estağfirullah Yâ Hakem. (33 defa)

***

Ey her işinde mutlak adalet sahibi, çok adaletli, asla zulmetmeyen; her şeyi yerli yerine koyan "ADL" sahibi Allah'ım! Bizi adaletle hükmeden, din gününün hesap ve azabından sakınan, Hz. Ömer (ra) gibi adaletli olanlardan eyle. Âmin.

Allah'ım! Her türlü hakkın zalimden alınıp mazluma verileceği ve adaletin tam tahakkuk edeceği hesap gününe hakkıyla inanmayarak, bana zulmettiğini ve haksızlık yaptığını düşünerek, hayatı ve Seni âdil olmamakla itham ederek -haşa!- "Nerede adaletin?" diyerek el-Adl ismine yapmış olduğum isyan ve şirk sözlerimden;

Ben Senin Adl ismine sığınarak tevbe ettim. Tevbe ettim. Tevbe ettim.

Estağfirullah Yâ Adl. (33 defa)

***

Ey yaratılmışların ihtiyaçlarını en ince ayrıntıya varıncaya kadar bilip sezilmez yollarla karşılayan, bütün inceliklere vakıf lütuf ve ihsan sahibi "LATÎF" Allah'ım! Bizleri gazabınla öldürme ve azabınla da helak etme. Bundan önce lütfunla bize afiyet ver. Âmin.

Allah'ım! Kullarına merhametsizce, huşunetle, kaba ve sert davranmaktan; Senden umut ettiğimizi kullarından esirgemekten, Senin ikram ettiklerini ise nefsimden bilmekten ve bu sebeple fahirlenmekten;

Ben Senin Latîf ismine sığınarak tevbe ettim. Tevbe ettim. Tevbe ettim.

Estağfirullah Yâ Latîf. (33 defa)

***

Ey her şeyin işleyişinden, halinden, iç yüzünden ve gizli taraflarından haberdar "HABÎR" Allah'ım! Geçmişimizi, geleceğimizi, ettiklerimizi, etmediklerimizi, düşündüklerimizi, hislerimizi, gizlerimizi, sözlerimizi, ayıplarımızı, kusurlarımızı, gizli ve açık günahlarımızı hep bilensin. Bizi bağışla, bizi akla Rabbim. Âmin.

Allah'ım! Gayba ait bilgi ancak Sana mahsusken kullarına gayb bilgisini sorarak ve gayb bilgisine talip olarak işlediğim tüm şirk günahlarımdan;

Ben Senin Habîr ismine sığınarak tevbe ettim. Tevbe ettim. Tevbe ettim.

Estağfirullah Yâ Habîr. (33 defa)

***

Ey suçluların cezasını vermeye gücü yettiği hâlde hemen cezalandırmayıp onlar hakkında yumuşak davranan, cezalarını geriye bırakan acele ve kızgınlıkla davranmayan "HALÎM" Allah'ım! Bizleri hilminle, şefkatinle sar; lütufkâr hikmetinle kuşat, bize merhamet et. Âmin.

Allah'ım! Hilmin ve sabrına karşı günahlarım için tevbeyi geciktirmekten ve günahlarıma devam etmekten;

Ben Senin Halîm ismine sığınarak tevbe ettim. Tevbe ettim. Tevbe ettim.

Estağfirullah Yâ Halîm. (33 defa)

***

Ey pek azametli ve yüce, sınırsız ve kayıtsız sıfatlarla üstünlüğün tek sahibi "AZÎM" Allah'ım! Bize acziyetimizi duyur, kudretini hissettir. Âmin.

Allah'ım! Sana acziyet ve güçsüzlük isnat eden tüm söz ve düşüncelerimden, hal ve davranışlarımdan, iddialarımdan; kendimin yarattıkların üzerinde yegâne güç sahibi olduğum zannına girmekten;

Ben Senin Azîm ismine sığınarak tevbe ettim. Tevbe ettim. Tevbe ettim.

Estağfirullah Yâ Azîm. (33 defa)

***

Ey bağışlaması ve mağfireti bol, kulunun günahı ne kadar çok olursa olsun meydana çıkarıp kulunu rezil ve rüsva etmeyen "ĞAFÛR" Allah'ım! Bu fani dünyaya niçin geldiğimizi unutarak türlü türlü dertlere düçar olduk. Katından bize rahmetinle muamele eyle. Âmin.

Allah'ım! Şu dünya hengâmında günahlarımızın çokluğundan kendimizi affedilmez sayıp bütün bütün dünyaya ve serkeşliğe meyletmekten;

Ben Senin Ğafûr ismine sığınarak tevbe ettim. Tevbe ettim. Tevbe ettim.

Estağfirullah Yâ Ğafûr. (33 defa)

***

Ey dostlarının kendi rızası için yaptığı azıcık iyiliklerine çok mükâfat veren, ziyadesiyle karşılayan "ŞEKÛR" Allah'ım! Biliyoruz ki Senin bize verdiklerine idrakimiz yetmez. Bizi çokça şükredenlerden eyle. Âmin.

Allah'ım! Senin verdiğin sayısız nimetlerine şükretmek yerine unutmaktan, az görmekten, hep daha fazlasını istemekten, istediğimizi vermediğini söyleyerek isyan etmekten;

Ben Senin Şekûr ismine sığınarak tevbe ettim. Tevbe ettim. Tevbe ettim.

Estağfirullah Yâ Şekûr. (33 defa)

***

Ey tasavvurumuzun tahayyül edeceği her şeyden daha büyük, daha yüce ve daha yüksek, şeref ve hükümranlık bakımından en yüce "ALİYY" Allah'ım! Bize acziyetimizi, küçüklüğümüzü ve hiçliğimizi idrak ettir. Bizi kibirden koru. Âmin.

Allah'ım! Şahsımı ve diğer kullarını acziyetlerini unutarak yüceltmekten, yükseltmekten, haddinden fazla övmekten;

Ben Senin Aliyy ismine sığınarak tevbe ettim. Tevbe ettim. Tevbe ettim.

Estağfirullah Yâ Aliyy. (33 defa)

***

Ey yüceliği karşısında her büyüğün küçüldüğü; zatı, ismi, sıfatları, şan ve şerefi, kadri, kıymeti, izzeti yüce, ulu ve büyük "KEBİR" Allah'ım! Nefs-i emmaremizden sâdır olan gösteriş, ibadetine güvenme ve kullarına duyurma, nefret, kin, hıyanet, kibir, gurur, keyfilik, inat, haset, arsızlık, taşkınlık ve bunlar gibi kendisiyle ancak günaha girilip neticesinde hüsran olan niyet ve davranışlarımızla işlediğimiz bütün günahlar için Senden bizi bağışlamanı diliyoruz. Ne olur, duamızı kabul buyur ve biz kullarını affet. Âmin.

Allah'ım! Bilgim, suretim, kabiliyetlerim, zenginliğim, milliyetim ve soyum gibi Senin verdiğin nimetler ile büyüklenerek ve kendini beğenerek yaptığım kibir günahlarımdan;

Senin Kebîr ismine sığınarak tevbe ettim. Tevbe ettim. Tevbe ettim.

Estağfirullah Yâ Kebîr. (33 defa)

***

Ey yarattığı her şeyi afet ve belalardan koruyup gözeten, kendisinden gizli hiçbir şey olmayan "HAFÎZ" Allah'ım! Yarattıklarının gizli ve açık şerlerinden bizleri koru. Âmin.

Allah'ım! Yarattıklarından Senden daha fazla korkup gizli açık şirke düşmekten; koruyacağına inanarak ayetlerini, isimlerini, kullarının isimlerini, cisimleri, duaları, tılsımları, muska ve nazar boncuklarını takmaktan ve üzerimde bulundurmaktan;

Ben Senin Hafîz ismine sığınarak tevbe ettim. Tevbe ettim. Tevbe ettim.

Estağfirullah Yâ Hafîz. (33 defa)

***

Ey yarattığı beden ve ruhların her türlü maddi manevi azığını ve gıdasını veren, her şeye gücü yeten ve koruyan "MUKÎT" Allah'ım! İhtiyaçlarımızı hakkı ile bilen Sensin. Rızkımızı artır, bizi yokluk ve yoksullukla imtihan etme, bizden merhametini esirgeme. Âmin.

Allah'ım! Rızkın Senin taahhüdün altında olduğundan gaflet ederek, helale ve harama dikkat etmeden kendimi yormaktan, hırpalamaktan, günahlara salmaktan, canlara kıymaktan;

Ben Senin Mukît ismine sığınarak tevbe ettim. Tevbe ettim. Tevbe ettim.

Estağfirullah Yâ Mukît. (33 defa)

***

Ey her şeyin hesabını bilen, kullarını yapmamaları emredilmişken yaptıklarından veya yapmaları gerekirken yapmadıklarından dolayı çok ayrıntılı bir şekilde hesaba çekecek ve herkesin hak ettiğini tam olarak verecek "HASÎB" Allah'ım! Muhasebe günü, hesaplarımızı veremediğimiz anlarda keremini bizlerden esirgeme. Âmin.

Allah'ım! Günahlarımın hesabını verebileceğimi iddia etmekten, hesap gününün endişesini taşımadan başıboş yaşamaktan, mizan ve hesabı inkâr etmekten veya bundan şüphe duymaktan;

Ben Senin Hasîb ismine sığınarak tevbe ettim. Tevbe ettim. Tevbe ettim.

Estağfirullah Yâ Hasîb. (33 defa)

***

Ey azamet ve ululuk sahibi, bütün sınırlama ve benzerlikleri aşan bir yüceliğe sahip, değer ve mertebece en yüce "CELÎL" Allah'ım! Hasımlarını hasımlarımız kıl ve onları hak ettikleri cezaya çarptır. Âmin.

Allah'ım! Senin azamet ve celalini hakkıyla bilmemekten, büyüklük sadece Senin şanınken kendimde yahut başka yaratılmışlarda büyüklük vehmetmekten

Ben Senin Celîl ismine sığınarak tevbe ettim. Tevbe ettim. Tevbe ettim.

Estağfirullah Yâ Celîl. (33 defa)

***

Ey keremi sonsuz, vadettiği zaman sözünü yerine getiren, verdiği zamanda çok veren; ihsanı, in'âmı, lütfu, keremi bol "KERÎM" Allah'ım! Bizleri dünya ve ahirette azık olacak sayısız nimetlerin, ihsanların ve lütufların ile nimetlendir. Âmin.

Allah'ım! Arzu ve isteklerimi yerine getirmede kullarının birer aracı olduğunu unutarak Senden yüz çevirmekten;

Ben Senin Kerîm ismine sığınarak tevbe ettim. Tevbe ettim. Tevbe ettim.

Estağfirullah Yâ Kerîm. (33 defa)

***

Ey her şeyi gözetleyip kontrolü altında tutan, her hallerine nigehban, her halimize şahit "RAKÎB" Allah'ım! Bizi gizli ve açık her türlü günahtan azat eyle, saklandığını zannedip aldananlardan etme, kalbimize yakin bir iman ver. Allah'ım! İçinde bulunduğumuz bugünün her anında ibadet ve şükürden nasibimizi bol eyle. Her şeyi dosdoğru kaydeden meleklerini o anlarımıza şahit tut. Âmin.

Allah'ım! Her an bizi görüp gözetlediğinden gaflet ederek, Senden değil kullarından çekinip gizli ve tenha mekânlarda günah işlemekten, "Allah şahidimdir" diyerek yalan üzere yemin etmekten;

Ben Senin Rakîb ismine sığınarak tevbe ettim. Tevbe ettim. Tevbe ettim.

Estağfirullah Yâ Rakîb. (33 defa)

***

Ey kendine yalvaran kullarının dileklerine ve dualarına cevap veren "MUCÎB" Allah'ım! Bizlere içtenlikle Sana yönelebilmeyi, tam bir teslimiyetle dua edebilmeyi nasip et. Âmin.

Allah'ım! Senden hakkımda hayırlı olanı istemek yerine, hırs duyduğum dünya menfaatini, neticesi şer olanı ısrarla ve ağlayarak talep etmekten; "Neden dualarıma cevap vermiyorsun, neden kabul etmiyorsun?" diyerek isyan etmekten, yanlış dua ve temennilerimden, dualarımı kabul etmediğini söylemekten;

Ben Senin Mucîb ismine sığınarak tevbe ettim. Tevbe ettim. Tevbe ettim.

Estağfirullah Yâ Mucîb. (33 defa)

***

Ey lütfu bol; ihsanı, mağfireti ve merhameti her şeyi kuşatan "VÂSİ" Allah'ım! Bizi katından gelen bol rızık ve ihsan ile nimetlendir ve bize merhametinle muamele eyle Âmin.

Allah'ım! Fakirliğin, yokluğun, zorluğun daraltmasıyla yaptığım, düşündüğüm, söylediğim tüm isyanlarımdan;

Ben Senin Vâsi ismine sığınarak tevbe ettim. Tevbe ettim. Tevbe ettim.

Estağfirullah Yâ Vâsi. (33 defa)

***

Ey bütün işleri hikmetli ve yerli yerinde, eksiksiz ve tam olan "HAKÎM" Allah'ım! Faydasız ilimden, ürperti duymayan kalpten, işitilmeyen duadan, doymayan nefisten, açlıktan -ki o ne kötü bir arkadaştır- hıyanetten -ki o ne kötü bir sırdaştır-, tembellikten, korkaklıktan, cimrilikten, kocamaktan, erzel-i ömre düşüp bunamaktan, Deccal fitnesinden, kabir azabından, hayatın ve ölümün fitnesinden, boş şeylerle uğraşmaktan bizleri sakındır. Bize eşyanın ve hadiselerin hakikatini göster. Âmin.

Allah'ım! Cüzi aklımla Senin işlerinin hikmetini anlamayarak ve idrak etmeyerek icraatını sorgulamaktan, saçma demekten, eksik ve kusurlu görmekten;

Ben Senin Hakîm ismine sığınarak tevbe ettim. Tevbe ettim. Tevbe ettim.

Estağfirullah Yâ Hakîm. (33 defa)

***

Ey bütün yaratıkları için iyi ve hayırlı olanı çok seven "VEDUD" Allah'ım! Sevdir bize sevdiklerini, yerdir bize yerdiklerini. Âmin.

Allah'ım! Kullarına karşı duyduğum sevgi ve muhabbette haddi aşarak yapmış olduğum isyan ve şirk günahlarımdan;

Ben Senin Vedûd ismine sığınarak tevbe ettim. Tevbe ettim. Tevbe ettim.

Estağfirullah Yâ Vedûd. (33 defa)

***

Ey şanı, şerefi çok üstün olan, lütuf ve keremi bol "MECÎD" Allah'ım! Bizi sonsuz ihsanların, rahmetin ve yardımların ile ilim, irfan salah ve sağlık ile nimetlendir; keremınle itibarımızı ziyade kıl. Âmin.

Allah'ım! Senin bize umduklarımızı verebileceğinden şüphe etmekten ve Senden istemekten geri durmaktan;

Ben Senin Mecîd ismine sığınarak tevbe ettim. Tevbe ettim. Tevbe ettim.

Estağfirullah Yâ Mecîd. (33 defa)

***

Ey her şeyi harekete geçiren, ölüleri dirilten, kullarına doğru yolu göstermek için lütfundan ve kereminden peygamber gönderen "BÂİS" Allah'ım! Bizim günahlarla ölmüş, pörsümüş ruhlarımızı baharda tabiatın yeniden hayat bulması gibi kulluk ve taatle dirilt. Âmin.

Allah'ım! Apaçık delillerine rağmen öldükten sonra tekrar haşrü neşr olacağımı, yeniden hayat verilerek hesaba çekileceğimi inkâr etmekten veya bundan şüphe duymaktan;

Ben Senin Bâis ismine sığınarak tevbe ettim. Tevbe ettim. Tevbe ettim.

Estağfirullah Yâ Bâis. (33 defa)

***

Ey her zaman ve her yerde hazır ve nazır bulunan, kendisine hiçbir şey gizli olmayan, her şeye şâhit olan "ŞEHÎD" Allah'ım! Her gizlimizi bilen, gözetleyip şahit olan, bize şah damarımızdan yakın Rabbim. Kurtar bizi kendimizden. İçinde bulunduğumuz bugünün her anında ibadet ve şükürden nasibimizi bol eyle. Ve hepsi her şeyi dosdoğru kaydeden meleklerini o anlarımıza şahit tut. Âmin.

Allah'ım! Kullarından gizlediğim ama Senin beni gördüğünden gaflet ederek işlediğim gizli günahlarımdan;

Ben Senin Şehîd ismine sığınarak tevbe ettim. Tevbe ettim. Tevbe ettim.

Estağfirullah Yâ Şehîd. (33 defa)

***

Ey varlığı ve ilâhlığı şüphesiz, gerçek, değişmeyen ve inkârı imkânsız, hakkı ortaya çıkaran "HAKK" olan Allah'ım! Bize hakkı söylet, hakkı inşa ettir. Özü, sözü, ameli hak üzerine kurulu hayatı devam ettir. Âmin.

Allah'ım! Yalanlarım ile kullarını aldatmaktan, sözümden ve yeminimden dönmekten, doğruluk ve dürüstlükten ayrılmaktan, kullarının haklarını yemekten, hakkı gizlemekten;

Ben Senin Hakk ismine sığınarak tevbe ettim. Tevbe ettim. Tevbe ettim.

Estağfirullah Yâ Hakk. (33 defa)

***

Ey kendisine güvenenleri mağdur etmeyen, işlerini kendisine bırakanların işlerini en mükemmel bir şekilde yapan "VEKÎL" Allah'ım! Sen bütün yapıp ettiklerimi gören, işiten, bilen ve kefil olansın. Dilek ve arzulara cevap veren Sensin. Her zorda kaldığımızda el uzatan, bin türlü bela ve musibet zamanında en hayırlı çıkış yollarına ulaştıransın. Rabbim! Sen benim vekilim ol, beni düze ve selamete çıkar, şu yaralı kalbimi onar. Beni koru, gözet ve denetle. Eksiklerimi, hata ve kusurlarımı, çıkmazlarımı ve bütün acılarımı benden al. Ben Sana güvenip kapına gelmişim. Beni kapından boş çevirme. İman teslimiyetse, Sana teslimim. Teslimiyet tevekkülse, Sensin vekilim. Sana sığındım, Sana inandım. Âmin.

Allah'ım! Tevekkül edememekten, dünyanın işlerini kendime dert etmekten, Sana hakkıyla teslimiyet gösterememekten;

Ben Senin Vekîl ismine sığınarak tevbe ettim. Tevbe ettim. Tevbe ettim.

Estağfirullah Yâ Vekîl. (33 defa)

***

Ey pek kuvvetli, kudretli ve her şeye gücü yeten "KAVÎ" Allah'ım! Zayıflığımız, güçsüzlüğümüz, tahammülsüzlüğümüz ve çıkmazlarımızda Sen bize güç ve kuvvet ver. Bütün işlerimizi, yapıp ettiklerimizi, dileklerimizi, zorda kalışlarımızı görensin, bilensin. Bize hayrın kapılarını aç, teslimiyetimizi artır. Âmin.

Allah'ım! Sahip olduğum servet, makam ve gücümle ceberrut bir şekilde tahakküm kurarak kullarını ezmekten ve onlara zulmetmekten;

Ben Senin Kavî ismine sığınarak tevbe ettim. Tevbe ettim. Tevbe ettim.

Estağfirullah Yâ Kavî. (33 defa)

***

Ey her şeye gücü yeten ve sonsuz kudrete sahip, hiçbir şey kendisini âciz bırakmayan "METÎN" Allah'ım! Gücümün zayıflığını, işlerdeki çaresizliğimi ve insanlarca önemsenmeyişimi Sana arz ediyorum. Beni aziz kıl, eksiklerimi gider, bana rızık ihsan et, beni salih amellere ve güzel ahlaka ilet. İlet ki bunların salih olanına ancak Sen iletir, kötülerinden de ancak Sen uzak tutarsın. Âmin.

Allah'ım! Senin gücünü sorgulamaktan ve sınırsızlığını görememekten, Sana acziyet isnat etmekten;

Ben Senin Metîn ismine sığınarak tevbe ettim. Tevbe ettim. Tevbe ettim.

Estağfirullah Yâ Metîn. (33 defa)

***

Ey sevdiği kullarının yardımcısı ve dostu "VELÎ" Allah'ım! Sıkıntılarımızı, darlıklarımızı gider, bize ferahlık ver. Senden, Seni sevenlerin ve dostluğuna layık gördüğün kullarının dostluğunu diliyoruz. Sana yakınlığa vesile olabilecek bütün amelleri bize sevdir ve kolaylaştır. Âmin.

Allah'ım! Senin rızandan başka kapılara yönelmekten, hoşnut olmadığın ve dostluğunu kaybettirecek şeylere tenezzül etmekten, kederlerimin yegâne dermanı Sende iken kullarından medet ummaktan;

Ben Senin Velî ismine sığınarak tevbe ettim. Tevbe ettim. Tevbe ettim.

Estağfirullah Yâ Velî. (33 defa)

***

Ey her bakımdan övgüye dünya ve ahirette layık "HAMÎD" olan Allah'ım! Biz yoktuk var ettin, binbir türlü nimetle serfiraz ettin. Seni hakkıyla övmeye, hakkıyla sevmeye gücümüz yetmez. Bizi Seni öven ve sevenlerden kıl. Âmin.

Allah'ım! Gerçek övgüye en layık olan ancak Sen iken, kullarını Senden daha fazla övmekten ve yüceltmekten, Sana karşı nankörlük etmekten ve nimetlerini görmezlikten gelmekten;

Ben Senin Hamîd ismine sığınarak tevbe ettim. Tevbe ettim. Tevbe ettim.

Estağfirullah Yâ Hamîd. (33 defa)

***

Ey ilmiyle her şeyin bilgisine ve sayısına vakıf "MUHSÎ" Allah'ım! Lütfunla kusurlarımızı tadil ile ıslah et. Az olan hayrımızı katında bereketli ve çok kıl. Âmin.

Allah'ım! Amellerimdeki ve kazançlarımdaki çokluğa, insanlar nazarındaki itibara güvenerek kendinden emin olmaktan;

Ben Senin Muhsî ismine sığınarak tevbe ettim. Tevbe ettim. Tevbe ettim.

Estağfirullah Yâ Muhsî. (33 defa)

***

Ey varlıkların yaratılmasında kendisinden başkasının müdahalesi bulunmayan, örneksiz ve maddesiz yaratıcı "MUBDİ" Allah'ım! Havl ve kuvvetinle sar bizi, kudretinin hakikatini idrak ettir bize. Âmin.

Allah'ım! Kâinatın ve mahlukatın özen ve incelikle ilk yaratılış kuvvetini göremeyip her şeyin tesadüfen bir araya geldiğini fısıldayan şeytan fitnesine kapılmaktan;

Ben Senin Mübdi ismine sığınarak tevbe ettim. Tevbe ettim. Tevbe ettim.

Estağfirullah Yâ Mübdi. (33 defa)

***

Ey yaratılmışları yok ettikten sonra tekrar dirilten "MUÎD" Allah'ım! Bizim akıbetimizi hayreyle, bizi salihlerle beraber haşreyle. Dirildiğimiz gün şefkatini, rahmetini, merhametini üzerimizden eksik eyleme. Âmin.

Allah'ım! Her baharla birlikte tabiatın yeniden dirilişine şahit olurken kabirden ve mahşerden şüphe duymaktan, günahlarım sebebiyle ahiretin yokluğunu temenni etmekten;

Ben Senin Muîd ismine sığınarak tevbe ettim. Tevbe ettim. Tevbe ettim.

Estağfirullah Yâ Muîd. (33 defa)

***

Ey can veren, dirilten, can bağışlayan, sağlık veren, yaşatan "MUHYÎ" Allah'ım! Ölü kalplerimizi ilâhî hidayet ve marifetinle canlandır. Yeniden hayat bulacağımız günde bizleri hüsrandan uzak eyle. Âmin.

Allah'ım! Beni yoktan var etmenden, varlığıma hayat nefhetmenden, öldükten sonra tekrar haşretmenden şüphe duyup inkâr ve isyan etmekten;

Ben Senin Muhyî ismine sığınarak tevbe ettim. Tevbe ettim. Tevbe ettim.

Estağfirullah Yâ Muhyî. (33 defa)

***

Ey ölümü elinde bulunduran, öldüren, yaratıp can verdiklerinin hayatına takdir ettiği vakitte son veren "MÜMÎT" Allah'ım! Bizi ölümün güzel olanıyla, hayırlı olanıyla vuslat diyarına kabul et. Sevdiklerinden kıl. Âmin.

Allah'ım! Nebatatın, hayvanatın ve insanların beden ve can emanetine karşı kasıtta bulunarak eceline sebep olmaktan; ölümü temenni ederek intihar düşünce ve girişimlerinde bulunmaktan;

Ben Senin Mümît ismine sığınarak tevbe ettim. Tevbe ettim. Tevbe ettim.

Estağfirullah Yâ Mümît. (33 defa)

***

Ey ebedi hayatla daima diri, bütün hayatların kaynağı "HAYY" Allah'ım! Hidayet ve şifa kaynağı olan kitabınla kalplerimizi şenlendir ve dirilt, hayatımızı istikamete ulaştır. Âmin.

Allah'ım! Üzüntü ve kederle, kızgınlık ve öfkeyle hayata, hayatıma, var olmaya, yaşamaya yaptığım tüm isyanlardan ve şirk sözlerimden;

Ben Senin Hayy ismine sığınarak tevbe ettim. Tevbe ettim. Tevbe ettim.

Estağfirullah Yâ Hayy. (33 defa)

***

Ey her şeyin varlığı kendisine bağlı olan, bütün kâinatı tedvir eden, yöneten "KAYYÛM" Allah'ım! Sırrımızı Sen yönet ve bizleri marifete eriştir. Sen her şeye kâdirsin, bizden bilerek ya da bilmeyerek sâdır olmuş ne kadar hata, günah ve isyan varsa ne olur hepsini mağfiret buyur! Âmin.

Allah'ım! Sen her nefis üzerinde Kâim, maddî ve manevî, görünen ve görünmeyen her şey üzerinde Kayyûm iken; yarattıktan sonra varlığı başıboş bıraktığını, idare ederken kusura düştüğünü iddia etmekten;

Ben Senin Kayyûm ismine sığınarak tevbe ettim. Tevbe ettim. Tevbe ettim.

Estağfirullah Yâ Kayyûm. (33 defa)

***

Ey istediğini istediği zaman bulan, hiçbir şeye muhtaç olmayan, her şeye vücut veren "VÂCİD" Allah'ım! Vücut yalnız Seninle, Senin tutmanla ayakta durur ve alınlar sadece Sana karşı secdeye durur. Senden uzaklaştıran, nefsimize yaklaştıran, benliğimizi hissettirip kibre götüren bütün hallerden bizi arındır. Kalbimize nur, gönlümüze sürûr ver. Âmin.

Allah'ım! Nefsimin yaptığı azgınlıklardan, taşkınlıklardan, sapkınlıklardan; şu bedenin hakkı Sana kulluk iken onu Senin huzurundan gafletle alıkoymaktan;

Ben Senin Vâcid ismine sığınarak tevbe ettim. Tevbe ettim. Tevbe ettim.

Estağfirullah Yâ Vâcid. (33 defa)

***

Ey kadri ve şanı büyük, kerem ve müsamahası bol "MÂCİD" Allah'ım! Bize olan fazlını artır. Kullarının nazarındaki şerefimizi yücelt, bizleri yüce payelerle şereflendirdiğin kullarına dâhil et. Âmin.

Allah'ım! İslâm'a intisapla şeref kazandıktan sonra onun dışında başka yollara düşüp alçalmaktan, izzetten sonra zillete duçar olmak ve hakkı hakikati kabul ettikten sonra Senin muradına muhalif tavır ve davranışlara dalmaktan;

Ben Senin Mâcid ismine sığınarak tevbe ettim. Tevbe ettim. Tevbe ettim.

Estağfirullah Yâ Mâcid. (33 defa)

***

Ey bir olan, tek olan; zatında, sıfatlarında, isimlerinde ve fiillerinde asla ortağı, dengi ve benzeri bulunmayan "VÂHİD" Allah'ım! Bizi nimet verdiklerinin yoluna ilet, şüphenin yakıcılığından kurtar kalbimizi, tahkike ulaştır imanımızı. Âmin.

Allah'ım! Varlığından, birliğinden ve bütün varlığı kuşatan kudretinden duyduğum tüm şüphelerimden;

Ben Senin Vâhid ismine sığınarak tevbe ettim. Tevbe ettim. Tevbe ettim.

Estağfirullah Yâ Vâhid. (33 defa)

***

Ey her şeyin kendisine muhtaç olduğu, fakat kendisi hiçbir şeye muhtaç olmayan "SAMED" Allah'ım! Biz kullarının her türlü arzu ve ihtiyacını gidermek Sana zor gelmez. Bizi namerde muhtaç etme, kula kul eyleme. Âmin.

Allah'ım! Senden başkasına el açmaktan, kullarına perestiş edip kul köle olmaktan, onlardan umup Senden yüz çevirmekten;

Ben Senin Samed ismine sığınarak tevbe ettim. Tevbe ettim. Tevbe ettim.

Estağfirullah Yâ Samed. (33 defa)

***

Ey dilediğini istediği gibi yapmaya, gücü yeten; kudret sahibi, hiçbir şeyin kendisini âciz bırakamadığı "KÂDİR" Allah'ım! Rızana uygun işlerimizi kolay eyle. Zafiyetimizde, acziyetimizde, fakirliğimizde, kulluğumuzda, nefsimizle mücadelemizde, amellerimizde bize güç ve kuvvet ver. Âmin.

Allah'ım! "Allah'ın izniyle ve yardımıyla" demeyerek kurduğum gaflet cümlelerimle dilediğimi dilediğim şekilde değiştirebileceğim, istediğim bütün istek ve arzuları istediğim gibi yapabileceğim zannına kapılmaktan;

Ben Senin Kâdir ismine sığınarak tevbe ettim. Tevbe ettim. Tevbe ettim.

Estağfirullah Yâ Kâdir. (33 defa)

***

Ey her şeye gücü yeten, kudretli ve istediği gibi tasarruf eden "MUKTEDİR" Allah'ım! Aciz ve çaresiz kaldığımız, güç yetiremediğimiz işlerimizde bize güç ver, destek ver. Âmin.

Allah'ım! Dünyalık güç ve kudret verdiğin insanların "birer vasıta" olduğunu unutup onlara haddinden fazla itibar ederek insanlığın başına birer firavun kesilmelerine sebep olmaktan;

Ben Senin Muktedir ismine sığınarak tevbe ettim. Tevbe ettim. Tevbe ettim.

Estağfirullah Yâ Muktedir. (33 defa)

***

Ey dilediği şeyi veya kimseyi öne alan, ileri geçiren "MUKADDİM" Allah'ım! Hayrımıza olan hidayetini bize nasip et, salahatte ve takvada bizi öne geçir. Âmin.

Allah'ım! Makam ve mansıba olan hırsımla kullarının önünde olmak için söylediğim tüm yalanlarımdan, iftiralarımdan, entrikalarımdan ve aldatmalarımdan;

Ben Senin Mukaddîm ismine sığınarak tevbe ettim. Tevbe ettim. Tevbe ettim.

Estağfirullah Yâ Mukaddîm. (33 defa)

***

Ey istediğini geri koyan, kulların istediklerini bir hikmeti gereği geri bırakan "MUAHHİR" Allah'ım! Biz bilemeyiz Sen bilirsin. Arkasındaki hayrı ve şerri bilmeyerek acele ettiğimiz arzu ve isteklerimizde doğruya isabet ettir bizi. Âmin.

Allah'ım! İstikbalin bize hangi hayırları getireceğini bilmeyerek bela ve musibet anında isyan etmekten, Senin meşiet (dilemen) ve hikmetini sorgulamaktan;

Ben Senin Muahhir ismine sığınarak tevbe ettim. Tevbe ettim. Tevbe ettim.

Estağfirullah Yâ Muahhir. (33 defa)

***

Ey varlığının başlangıcı olmayan, bütün varlıkların varlığını kendinden aldığı, varlığı kendi zatından ezeli olan "EVVEL" Allah'ım! Kullukta, hayırda ve güzellikte bizi yarıştır, acele ettir. Kıyamet günü geldiğinde bizi en önde, en evvel cennete girecek amellerle serfiraz kıl. Âmin.

Allah'ım! Ezeli olmanın sadece Senin zatına mahsus olduğundan gaflet ederek varlıkların da ezeli olabileceğini vehmetmekten;

Ben Senin Evvel ismine sığınarak tevbe ettim. Tevbe ettim. Tevbe ettim.

Estağfirullah Yâ Evvel. (33 defa)

***

Ey varlığının nihayeti ve sonu olmayan, varlığı devamlı, "ÂHİR" Allah'ım! Ömrümün en bereketli zaman dilimini ahir ömrüm, en faziletli amellerimi hayatımın sonuna doğru işlediğim ameller ve en hayırlı günlerimi Sana kavuşacağım günler eyle. Âmin.

Allah'ım! Kendimi Senin has kulun olarak düşünerek ahiretimden ve akıbetimden endişe etmemekten;

Ben Senin Âhir ismine sığınarak tevbe ettim. Tevbe ettim. Tevbe ettim.

Estağfirullah Yâ Âhir. (33 defa)

***

Ey varlığı hiçbir delile muhtaç olmayacak kadar açık "ZÂHİR" Allah'ım! Bizleri tefekkürde hakikate, imanda yakîn ve kemale ulaştır. Âmin.

Allah'ım! Sen varlığının bütün delillerini önüme sermişken, zatın hakkında şüpheye düşmekten ve mevcudiyetine dair deliller ve ispatlar arayıp durmaktan;

Ben Senin Zâhir ismine sığınarak tevbe ettim. Tevbe ettim. Tevbe ettim.

Estağfirullah Yâ Zâhir. (33 defa)

***

Ey zatının görülmesi ve mahiyetinin bilinmesi açısından gizli olan "BÂTIN" Allah'ım! Bizi marifetine ulaştır, varlığını yüreklerimize duyur. Âmin.

Allah'ım! Yıldızlara merak salıp gaybdan haber vermeye talip olarak fal bakmaktan ve baktırmaktan, sırları öğrenmeye çalışmaktan, büyü yapmaktan ve yaptırmaktan;

Ben Senin Bâtın ismine sığınarak tevbe ettim. Tevbe ettim. Tevbe ettim.

Estağfirullah Yâ Bâtın. (33 defa)

***

Ey kâinatın tek hâkimi, yöneticisi ve sahibi "VÂLÎ" Allah'ım! Zulüm ile idare etmekten, enaniyet ve kibirden, mesuliyetini idrak edememekten bizleri koru. Bizi dünyalık tüm işlerimizde hayra sevk eyle. Âmin.

Allah'ım! Ehli ve hak edeni olmadığım yönetime talip olmaktan; bana emanet edilen kullarının işlerini basiret, feraset, adalet, merhamet, hikmet ve hakkaniyet ile idare etmemekten;

Ben Senin Vâlî ismine sığınarak tevbe ettim. Tevbe ettim. Tevbe ettim.

Estağfirullah Yâ Vâlî. (33 defa)

***

Ey noksanlıklardan uzak, izzet, şeref ve hükümranlık bakımından en yüce "MÜTEÂLÎ" Allah'ım! Gücünü mazlumun üzerinde gösteren, insanlığını, aczini, fakrını unutan kullarının fitnesinden, zulmünden, koğuculuğundan bizi koru. Âmin.

Allah'ım! Kullarına karşı üstünlük kurma gayretlerimden ve kendimi başkalarından şerefli görme hallerimden;

Ben Senin Müteâlî ismine sığınarak tevbe ettim. Tevbe ettim. Tevbe ettim.

Estağfirullah Yâ Müteâlî. (33 defa)

***

Ey kullarına iyilik ve ihsanı, nimetleri bol, vaadini yerine getiren "BERR" Allah'ım! Bizim işlerimizi bize kolay kıl, lütuf ve ihsanlarını bollaştır, kötülüklerimizi ört. Âmin.

Allah'ım! Kullarına yaptığım iyilik ve ihsanlarımı onların başına kakmaktan, hata ve kusurlarını açığa çıkarıp yaymaktan;

Ben Senin Berr ismine sığınarak tevbe ettim. Tevbe ettim. Tevbe ettim.

Estağfirullah Yâ Berr. (33 defa)

***

Ey tevbeye teşvik eden, tevbeleri kabul eden ve günahları bağışlayan "TEVVÂB" Allah'ım! Kulu pişman olup tevbe ettiğinde çölde kaybetmiş olduğu devesini bulan bedeviden daha çok sevinirsin. Senin lütfunu göremedik, nefsimize uyduk, kendimize zulmettik bağışla bizleri. Âmin.

Allah'ım! Sen her daim bizleri tevbeye teşvik etmişken, gafletimle günahlarıma tevbe etmemekten ve tevbeyi geciktirmekten, "Acaba tevbem kabul edildi mi?" diyerek şüpheye düşmekten;

Ben Senin Tevvâb ismine sığınarak tevbe ettim. Tevbe ettim. Tevbe ettim.

Estağfirullah Yâ Tevvâb. (33 defa)

***

Ey günahkârlara, suçlulara adaletiyle layık oldukları cezayı veren "MUNTAKİM" Allah'ım! Bizi cezaya müstahak olan zalimlerden olmaktan, zalimlerle beraber olmaktan ve zalimlere taraf olmaktan koru. Yanlışlarımızdan dönmek için bize fırsat ver. Âmin.

Allah'ım! Senin azabını, gazabını ve cezalandırmanı netice verecek zulüm günahlarımdan, haddi aşmışlıklarımdan, adaletle hükmetmeme ve hak yemelerimden;

Ben Senin Muntakîm isminden yine Senin bağışlamana sığınarak tevbe ettim. Tevbe ettim. Tevbe ettim.

Estağfirullah Yâ Muntakîm. (33 defa)

***

Ey kendisine tevbe edenlerin günahlarını hiçbir sorumluluk kalmayacak şekilde affeden, silen, yok eden "AFÜVV" Allah'ım! Günahın yakıcılığından ve kirinden temizle ve pak kıl sinemizi, arındır zihinlerimizi. Âmin.

Allah'ım! Günahlarımın kirinden arınamadığımı ve temizlenemeyeceğimi düşünerek ümitsizliğe düşmekten;

Ben Senin Afüvv ismine sığınarak tevbe ettim. Tevbe ettim. Tevbe ettim.

Estağfirullah Yâ Afüvv. (33 defa)

***

Ey kullarına karşı ileri derecede merhamet edici, çok şefkatli ve günahkârları hemen cezalandırmayan "RAÛF" Allah'ım! Bizi merhametinden, şefkatinden, mağfiretinden mahrum etme. Âmin.

Allah'ım! Sevgi ve merhamette haddi aşıp evlatlarımıza ve fani mahbuplara gayrimeşru surette bağlanmaktan, bu bağlılıklarımızla Sana şirk koşmaktan;

Ben Senin Raûf ismine sığınarak tevbe ettim. Tevbe ettim. Tevbe ettim.

Estağfirullah Yâ Raûf. (33 defa)

***

Ey bütün varlık âleminin ve mülkün ezeli ve ebedi tek hâkimi ve sahibi "MÂLİKÜ'L-MÜLK" Allah'ım! Kalplerimiz ve bütün uzuvlarımız Senin kudret elindedir. Bizi onlardan hiçbir şeye sahip kılmadın. Öyleyse ne olur, onların koruyup gözeten velisi Sen ol. Bizleri sahip olamayacaklarımızla meşgul etme ve zatından başkasına da muhtaç etme. Âmin.

Allah'ım! Mal ve mülk hırsına düşüp dünyaya tamah etmekten, bitip tükenmek bilmeyen dünya hırsıyla kendimi hüsrana atmaktan;

Ben Senin Mâlikü'l-mülk ismine sığınarak tevbe ettim. Tevbe ettim. Tevbe ettim.

Estağfirullah Yâ Mâlike'l-mülk. (33 defa)

***

Ey ululuk ve ikram sahibi, yaratıkları tarafından yüceltilmek ve övülmek sadece zatına mahsus" ZÜ'L-CELÂLİ VE'L-İKRÂM" Allah'ım! Rabbimiz, ömrümüzü bereketli eyle, zekât ve sadakalarımızı vermede bizi cömert kıl, Senin için her an malımızı ve gücümüzü infak etmeye güç ve azim ver. Âmin.

Allah'ım! Dağıttığım hayır hasenatta, kendimi Senin sevk ettiğin bir aracı olarak görmeyip de kullarının minnet ve övgüsünü beklemekten;

Ben Senin Zü'l-celâli ve'l-ikrâm ismine sığınarak tevbe ettim. Tevbe ettim. Tevbe ettim.

Estağfirullah Yâ Ze'l-celâli ve'l-ikrâm. (33 defa)

***

Ey mazlumların hakkını arayan ve zalimlerin gücünü kıran adâlet sahibi" MUKSİT" Allah'ım! Adalet terazisine hile yükleyenlere, mizan ölçüsünü bozmaya fırsat verme. Onları zulmün eşiğinde durdur. Âmin.

Allah'ım! Din ve iman üzerinden adaletin ve merhametin dengesini bozmaktan, hakkımı batıl yollarla aramaktan, zalimlere kul köle olmaktan;

Ben Senin Muksit ismine sığınarak tevbe ettim. Tevbe ettim. Tevbe ettim.

Estağfirullah Yâ Muksit. (33 defa)

***

Ey cümle mahlâkatı istediğini istediği zaman ve mekânda bir araya toplayan ve bütün güzel sıfatlara "CÂMİ" Allah'ım! Herkesin birbirinden kaçtığı telaş ve korku mekânı olan mahşer meydanında bizi arşının gölgesinin serinliğinde topla. Âmin.

Allah'ım! Beden kafesimde ruhumu çürüten gururdan, sermayemi bitiren fahirden, amellerimi silen gösterişten ve kendimi beğenmelerimden;

Ben Senin Câmi ismine sığınarak tevbe ettim. Tevbe ettim. Tevbe ettim.

Estağfirullah Yâ Câmi. (33 defa)

***

Ey her şey kendisine muhtaç olan, kendisi hiçbir şeye muhtaç olmayan, gerçek zenginliğin sahibi "ĞANÎ" Allah'ım! Bizleri fakirliğe duçar eyleme, yokluğumuzu bizi azdırmayan bir zenginliğe çevir. Gerçek zenginliğin mal mülk değil gönül zenginliği olduğu şuuruna getir. Âmin.

Hiçbir şeye muhtaç olmayan El Ğanî! Şüphesiz biz Sana muhtacız. Şükürler ve hamdler yalnız Sana. Kuluna zenginliği veren de zenginlik için sermaye veren de sensin. Zenginliği kendinden bilen aldanmış kullarını affeyle ve onlara hidayet nasip et…

Allah'ım! Mal mülk, para pul peşinde koşarak zenginliği gaye edinmekten, bu gayede helale harama dikkat etmemekten;

Ben Senin Ğanî ismine sığınarak tevbe ettim. Tevbe ettim. Tevbe ettim.

Estağfirullah Yâ Ğanî. (33 defa)

***

Ey dilediğine zenginlik veren, dilediği kulun her türlü ihtiyacını karşılayan ve müstağni kılan "MUĞNÎ" Allah'ım! Bize kanaat duygusu lütfet ve bizi gönül zenginliğine eriştir. Zatından gayrısına muhtaç eyleme. Âmin.

Allah'ım! Ben çalıştım ve kazandım diyerek mal ve mülk zenginliğimi kendimden bilmekten, yokluk ve darlık zamanında isyan etmekten, tevekkül ve teslimiyet göstermeyip fakirlik korkusu yaşamaktan;

Ben Senin Muğnî ismine sığınarak tevbe ettim. Tevbe ettim. Tevbe ettim.

Estağfirullah Yâ Muğnî. (33 defa)

***

Ey bizi bela ve musibetlerden koruyan, dilemediği şeylerin gerçekleşmesine izin vermeyen; kötü şeylere ve felaketlere engel olan "MÂNİ" Allah'ım! Bizim Senin rızana uymayan kötü isteklerimize mani ol. Zararın her çeşidinden bizleri koru. Âmin.

Allah'ım! Benim elimi vasıta kılarak yalnız ve ancak Senin defettiğin bela ve musibetler sebebiyle fahirlenmekten, kibirlenmekten, Senden değil kendimden bilmekten, tevekkül edemeyerek Senin zararı bizden defedebileceğine olan teslimiyetsizliğimden;

Ben Senin Mâni 'ismine sığınarak tevbe ettim. Tevbe ettim. Tevbe ettim.

Estağfirullah Yâ Mâni. (33 defa)

***

Ey elem ve zarar verecek şeyleri yaratan ve kullarını hikmetlere binaen hüsrana uğratan "DÂRR" Allah'ım! Senin zarar vermeyi dilediğin kuluna kimsenin fayda veremeyeceği, fayda vermek istediğin kuluna da kimsenin zarar veremeyeceği şuuruna ulaştır bizi. Âmin.

Allah'ım! Başıma gelen musibetlerde Seni itham etmekten, Sana karşı isyanda bulunmaktan, başıma gelen hayırları ise nefsimden bilmekten;

Ben Senin Dârr ismine sığınarak tevbe ettim. Tevbe ettim. Tevbe ettim.

Estağfirullah Yâ Dârr. (33 defa)

***

Ey hayır ve menfaat verecek şeyleri yaratan, dilediği kuluna hayırlı ve faydalı olanı veren, zararlı gibi görünen her şeyi sezilmez yollarla faydalı hale getiren" NÂFİ" Allah'ım! Bize faydalı ilimleri, faydalı amelleri nasip et. Bizden her türlü zararı gider. Âmin.

Allah'ım! Senin bizim elimizle ulaştırdığın her türlü hayrı, menfaati, faydayı kendi nefsimizden bilmekten;

Ben Senin Nâfi ismine sığınarak tevbe ettim. Tevbe ettim. Tevbe ettim.

Estağfirullah Yâ Nâfi. (33 defa)

***

Ey âlemleri nurlandıran, istediği simalara, zihinlere, gönüllere ve akıllara "NÛR" olan Allah'ım! "*Sen, göklerin ve yerin nurusun. Senin nurunun misali, içinde çerağ bulunan bir kandil gibidir; çerağ bir sırça içerisindedir; sırça, sanki incimsi bir yıldızdır ki doğuya da, batıya da ait olmayan kutlu bir zeytin ağacından yakılır; (bu öyle bir ağaç ki) neredeyse ateş ona dokunmasa da yağı ışık verir. (Bu,) Nur üstüne nurdur. Sen, kimi dilersen onu kendi nuruna yöneltip iletirsin. Sen insanlar için örnekler verirsin. Sen her şeyi bilirsin.*"[13] Kalbimizi, gönlümüzü iman nuruyla aydınlatarak hidayete erdir, bize doğruyu buldur ve kalbimize neşveni duyur. Âmin.

---

[13] Nur 35'ten uyarlandı.

Allah'ım! Cehaletin, küfrün, şirkin, nifakın, zulmün, ahlaksızlığın ve bağnazlığın karanlığından;

Ben Senin Nûr ismine sığınarak tevbe ettim. Tevbe ettim. Tevbe ettim.

Estağfirullah Yâ Nûr. (33 defa)

***

Ey hidayete kavuşturan, kulunu hayırla muvaffak kılan, istediği kulunu muradına erdiren" HÂDÎ" Allah'ım! Bizleri doğru yola, razı olduklarının emin olunan yoluna ulaştır. Âmin.

Allah'ım! Azgınlık ve taşkınlık içinde olduğum halde doğru yol üzerinde olduğumu düşünmekten, hidayet talebinde bulunmamaktan, kalpleri doğru yola çeviren Sen iken kullarının dini hayatlarına vesile olmayı nefsimden bilmekten ve fahirlenmekten;

Ben Senin Hâdî ismine sığınarak tevbe ettim. Tevbe ettim. Tevbe ettim.

Estağfirullah Yâ Hâdî. (33 defa)

***

Ey varlıkları, eşi, benzeri ve örneği olmaksızın sanatkârane, akıllara durgunluk verecek derecede kusursuz ve mükemmel bir şekilde yaratan "BEDİ" Allah'ım! İlmimizi, hayretimizi artır ve bizi ibret alanlardan kıl. Âmin.

Allah'ım! Senin yarattıklarındaki mükemmelliği ve kusursuzluğu sebeplere ve tabiata vererek yapmış olduğum tüm şirk günahlarımdan;

Ben Senin Bedî ismine sığınarak tevbe ettim. Tevbe ettim. Tevbe ettim.

Estağfirullah Yâ Bedî. (33 defa)

***

Ey varlığının sonu bulunmayan, devamlı ve ebedi "BÂKÎ" Allah'ım! Bizim amellerimizi razı olacağın cinsten kıl ve ebediyet kazandır. Âmin.

Allah'ım! Senin ezeliyetin ve ebediyetin hakkında şüphe duymaktan, Senin bizi geçici olarak sahip kıldıklarına ebediyet ve ölümsüzlük atfetmekten;

Ben Senin Bâkî ismine sığınarak tevbe ettim. Tevbe ettim. Tevbe ettim.

Estağfirullah Yâ Bâkî. (33 defa)

***

Ey varlığının sonu olmayan, bütün servetlerin hakiki sahibi "VÂRİS" Allah'ım! Bizleri Senin rızana ulaştıracak mala, mülke ve ilme varis kıl. Âmin.

Allah'ım! Ölümlü dünyada geçici olan mal, mülk ve servete hırs göstermekten ve dünya malı için kullarına zulmetmekten;

Ben Senin Vâris ismine sığınarak tevbe ettim. Tevbe ettim. Tevbe ettim.

Estağfirullah Yâ Vâris. (33 defa)

***

Ey insanlara doğru yolu gösteren, bütün işleri isabetli olan ve hedefine ulaşan" REŞİD" Allah'ım! Bizi hakikatin bilgisine ulaştır ve lüzumsuz, faydasız, boş işlerden alıkoy. Hayra koşanlardan eyle. Âmin.

Allah'ım! Senin hak kelamını kendi nefsime göre yorumlamaktan, bizi hak yola ulaştıran Sen iken batıl yollar tutarak kullarının beni Sana ulaştıracağını sanmaktan;

Ben Senin Reşîd ismine sığınarak tevbe ettim. Tevbe ettim. Tevbe ettim.

Estağfirullah Yâ Reşîd. (33 defa)

***

Ey sabrı çok olan, günahkârları cezalandırma konusunda acele etmeyip lütfuyla bağışlayan ve cezaları erteleyen "SABÛR" Allah'ım! Bizi sevdiklerimizle imtihan etme, yapamayacağımız işlere, çekemeyeceğimiz dertlere düşürme. Üzerimize sabır yağdır ve bizi Müslüman olarak öldür. Âmin.

Allah'ım! Musibette isyan etmeme, taatte devamlı olma ve günahlara düşmemekte azimli olmaya sabredememekten, isyan edip yoldan dönmekten;

Ben Senin Sabûr ismine sığınarak tevbe ettim. Tevbe ettim. Tevbe ettim.

Estağfirullah Yâ Sabur. (33 defa)

KULLUK

- Heva ve Hevesine Uyup Gaflette Yaşayanların Tevbesi
- Tevekkül ve Teslimiyet Göstermeyip İsyan Edenlerin ve Şükretmeyenlerin Tevbe ve Duası
- İbadetlerde İhmal Gösterenlerin Tevbesi

Ümmetim adına en çok korktuğum şey; nefislerinin hevâlarına uymalarıdır.
Heysemî, I, 187

HEVA VE HEVESİNE UYUP GAFLETTE YAŞAYANLARIN TEVBESİ

Eûzubillahimineşşeytanirracim.

Bismillâhirrahmânirrahîm.

Allahümme salli alâ seyyidinâ Muhammetin ve alâ al-i seyyidinâ Muhammed.

Ey yarattığı insana şah damarından daha yakın olan, nefsinin ona neler fısıldadığını pek iyi bilen ve nefisler ancak tezkiyesiyle arınan Allah'ım! Beni kötülüğe düşüren, hatalara sevk eden, isyanlara daldıran, gazabına yaklaştıran, yolundan saptıran, boş ve malayani işlere meyilli, dünyaya sevdalı, gaflet ve unutkanlığa giriftar, günah için fırsat kollayan ama tevbeye gelince bahaneler arayan şu azgın ve taşkın nefsimi Sana şikâyet ediyor ve el-emân, el-emân diyorum.

Allah'ım! Nefsimi günahlardan beri görerek temize çıkarmaktan, nefsimden emin olmaktan, ilahlaştırmaktan, putlaştırmaktan, kötülememekten, ıslahı için gayret göstermemekten, nefsimin arzu ve isteklerini şeytana mal etmekten, nefsimi yüceltmekten; dünyanın oyun ve oynaştan ibaret olduğunu unutarak kendimi her daim fena ve fani eğlencelere vermekten, Senin zikrinden beri kalmaktan, hak yoldan ayrılanları dost edinip salihlerden uzak durmaktan, çevremdeki arkadaşlarımı da kötü alışkanlıklara başlatmaktan;

Tevbe ettim. Tevbe ettim. Tevbe ettim.

Estağfirullah Yâ Ğaffar. (33 defa)

Ey her batıl düşünceden pak muallâ ve yüce olan Allah'ım!

Zihinlerde ve kalplerde iman ve İslam'a dair şüpheler oluşmasına gayret göstererek kullarının gafletine, dalaletine, küfrüne, şirkine sebep olmaktan; rızanı değil kullarının takdirini esas edinerek, yanlış hüküm ve fetvalar vererek, Senin haram kıldığını helal sayarak dini kendi nefsime göre yorumlamaktan; batıl inançları yaşayarak dinimi ifsat etmekten;

Tevbe ettim. Tevbe ettim. Tevbe ettim.

Estağfirullah Yâ Ğaffar. (33 defa)

Ey her şeyi bihakkın bilen, hiçbir şey ondan gizlenmeyen Alîm Allah'ım!

Musibet ve hastalık zamanlarının bize bir ihtar olduğu idrakinden uzak olmaktan, kalbimin mühürlenmesine, basiret ve ferasetimin bağlanmasına sebep olacak isyan, şirk ve günahlar içinde dolaşmaktan, Senin kapına yönelmek yerine kullarından medet ummaktan, dosdoğru yolundan sapmaktan ve kullarını saptırmaktan;

Tevbe ettim. Tevbe ettim. Tevbe ettim.

Estağfirullah Yâ Ğaffar. (33 defa)

Ey gerçek mânada ancak kendisi zengin kılan, kendisinden başkasının zengin etmeye gücü yetmeyen Allah'ım!

Dünyaya rağbet etmekten, kalbimi ve aklımı sadece dünyayla meşgul etmekten, dünyaya meşru olmayacak surette sevgi duymaktan, bağlılıktan; bedenimi, zamanımı ve sağlığımı fena ve fani işlerle zayi etmekten; kula kul olmaktan, meteliğe tapmaktan, parayı pulu allayıp sandıklara doldurmaktan; merhameti bırakıp zulmedenlerden olmaktan, adalete ve hakka dikkat etmeyerek kullarının hakkına girmekten, aç olanları hiç bilmeyip düşünmemekten; dilimi, kulağımı, gözümü, elimi, ayağımı Senin haram kıldıklarına sevk etmekten ve haram yemekten; günah deryalarına daldığı halde ahiretinden emin olmaktan;

Tevbe ettim. Tevbe ettim. Tevbe ettim.

Estağfirullah Yâ Ğaffar. (33 defa)

Ey en hayırlı şekilde doğruyu yanlıştan ayıran Allah'ım!

Senin kitabında emrettiğin emir ve yasaklarına uymayıp peygamberinin sünnetine tabi olmayıp gazabına uğrayacaklardan olmaktan; ibadetlerime ve salih amellerime riya, ucb, süm'a ve kibir karıştırmaktan, helal dairesi keyfe kafi iken haram yollara saparak heva ve nefsimin azgın istek ve arzularının peşinde koşmaktan; fakirliğe, hastalığa, zorluğa, yokluğa ve darlığa gelinceye kadar gaflet ve azgınlık içinde yaşamaktan;

Tevbe ettim. Tevbe ettim. Tevbe ettim.

Estağfirullah Yâ Ğaffar. (33 defa)

Ey nefis ve şeytana uyan isyankârları tevbe ve itaate sevk etmek için şiddetli azapla korkutup, sakındıran Allah'ım!

Dünyayı ahiretin bir tarlası görmeyip zayi ederek baki ve daimi nimetlere değil fena ve fani nimetlere talip olmaktan; ölümü, kabri, haşri, mizanı, hesabı, sıratı, cehennem ve azabı düşünmeden kendini dünyaya salmaktan, akıbetinden endişe etmemekten, ölüme ve ölümden sonrasına sermaye biriktirmemekten, ömür dakikalarımı boş ve malayani uğraşılar peşinde zayi etmekten;

Tevbe ettim. Tevbe ettim. Tevbe ettim.

Tevbe ettim Estağfirullah Yâ Kuddûs, Yâ Zekî, *Yâ* Tâhir

Estağfirullah Yâ Ğaffar. (100 defa)

TEVEKKÜL VE TESLİMİYET GÖSTERMEYİP İSYAN EDENLERİN VE ŞÜKRETMEYENLERİN TEVBE VE DUASI

Eûzubillâhimineşşeytânirracim.

Bismillâhirrahmânirrahîm.

Allahümme salli alâ seyyidinâ Muhammedin ve alâ alî seyyidinâ Muhammed.

Ey her güçlükle beraber bir kolaylık veren!

Ey kırık kalpleri tamir eden, sarıp sarmalayan!

Ey ümitsizliğe giriftar olanlara ümit kaynağı olan!

Ey Resûl-ü Ekrem'inin göğsünü açıp genişleten ve O'nun ağır yükünü üzerinden alan!

Ey kullarını, içlerinden mücahede edenleri ve sabır gösterenleri ayırt etmek, onların iyi ve kötü hallerini ortaya çıkarmak için imtihan eden Allah'ım!

Senin nazarındaki derecemizin yükselmesine vesile kılıp imtihan olarak verdiğin, soyumun ve benim gaflet ve dalaletimizin neticesinde işlemiş olduğumuz günahlara kefaret olarak başımıza gelen; Sana karşı mesul olduğum ibadetime, tevekkül ve teslimiyetime mani olan tüm bela ve musibetlere, meşakkat ve zahmetlere; nefis ve şeytana uyup hikmetini merak ederek, memnun olmayıp itiraz ederek, çektiklerimi Sana arz etmeyip dua ve tazarru ile inayetini beklemeyerek, Seni kullarına şikâyet edip iftira ederek, sabır göstermeyip kaderi tenkit ederek; elimle, dilimle, kalbimden geçen duygu ve düşüncelerimle işlemiş olduğum tüm isyan, şirk, iftira ve şükürsüzlük günahlarımdan;

Tevbe ettim. Tevbe ettim. Tevbe ettim.

Estağfirullah Yâ Mütekebbir, Yâ Bâtın, Yâ Alîm.

Estağfirullah Yâ Ğaffâr. (33 defa)

Ey belâları kaldırıp sıkıntıları gideren Allah'ım!

Bana el-Hayy isminin neticesi olarak vermiş olduğun hayat ve var olma nimetine karşı; kızgınlık ve öfkeyle, üzüntü ve kederle dünyaya gelmeye, doğduğum güne, hayata, var olmaya, yaratılışıma karşı "Lanet olsun bu hayata ve doğduğum güne. Kahrolsun böyle hayat mı olur? Bıktım bu hayattan. Ölsem de kurtulsam. Keşke bu hayata hiç gelmeseydim." gibi sözlerle verdiğin hayatı ve nimetleri lanetleyerek günahlarıma kefaret kıldığın bela, musibet ve hastalıklara tahammül etmeyip ölmeyi istemekten; beden ve can emanetine karşı kasıtta bulunarak intihar girişimlerinde bulunmaktan; el-Hayy ismine karşı yapmış olduğum tüm şirk, isyan, lanet, bela, küfür, kötü söz ve temennilerimden;

Tevbe ettim. Tevbe ettim. Tevbe ettim.

Estağfirullah Yâ Hayy, Yâ Kayyum, Yâ Mümît.

Estağfirullah Yâ Hayy. (100 defa - rahatlayıncaya kadar devam edin.)

Şüphesiz ki sen kullarına zulmetmezsin. Bizim başımıza gelen bela ve musibetler ancak bizim kendi ellerimizle yapıp ettiklerimiz yüzündendir. Kaldı ki Sen birçoklarını da affedersin. (Şura, 30)

Ey arzu ve istekler kendisinde son bulan, her şey dilemesine bırakılan Rabbim!

Biz ancak Senin zikrinden ve yolundan yüz çevirmekle bu bela ve musibetlere, hastalıklara giriftar olduk. Hastalık ve musibetlerin zahiri yüzüne bakarak yorumlar yaptık,

Senin bize yaptığın ihtarlarını anlamadık, anlamak istemedik. Musibet ve hastalıkların merhamet yüzüne bakmayarak, her dakikasının ibadet hükmünde olduğunu, günah ve hatalarımıza bir nevi kefaret olduğunu idrak etmeyerek, arkasındaki hikmetleri anlamayarak merhamet ve şefkatini sorgulayıp "Neden ben?" şeklinde sözlerle cezana, azabına ve gazabına sebep olacak sözler söyleyerek; derdimize derman ararken dua ve tevekkülle Senin kapına yönelmemiz gerekirken gaflette bulunup kibir göstererek, hak etmediğimizi düşünüp asi ve isyankâr olarak, hata ve günahlarımızda, hastalık ve musibet anlarında Sana yönelmeyip kullarından medet ummak suretiyle hataya düşerek Senin eş-Şafi ismine yapmış olduğum tüm isyan ve şirk sözlerimden, tavır ve davranışlarımdan;

Tevbe ettim. Tevbe ettim. Tevbe ettim.

Estağfirullah Yâ Vâsî, Yâ Şâfî, Yâ Hakîm.

Estağfirullah Yâ Ğaffâr. (33 defa)

Ey hep adaletle davrananları seven!

Ey yer ve gökteki gizlilikleri bildiği gibi kullarının bütün yaptıklarını da bilen Allah'ım!

Şeytanın sesine kulak verip ona uyarak vesvese ve maraza yakalanmama sebep olan tüm günahlarımdan; akıl nimetini kullanmayarak geçmişin eleminden keder duyup geleceğin endişesini çekmekten ve hâlihazırda zamanın bela ve musibetlerine sabır göstermeyerek sızlanıp durmaktan; Senin bana benim tahammülümden daha ağır bir yük verdiğini düşünüp ümidimi kesmekten ve ölümü temenni etmekten, bana kaldırabileceğimden ağır yük vermeyeceğini unutup hayatı tahammül edilemez görmekten, bana zulmettiğini ve haksızlık yaptığını düşünmekle ve -haşa- "Nerede adaletin?" gibi sözlerle hayatı ve Seni adil olmamakla itham edip el-Adl ismine yapmış olduğum isyan ve şirk sözlerimden, dünyayı ahiretin tarlası görmeyip ömrümü avare geçirerek huzuruna sermayesiz, müsrif ve müflis gelmemi netice verecek amellerimden;

Tevbe ettim. Tevbe ettim. Tevbe ettim.

Estağfirullah Yâ Adl, Yâ Hakem, Yâ Azîm, Yâ Muksit.

Estağfirullah Yâ Ğaffâr. (33 defa)

Ey kendisine dua edenlerin istediklerini veren el-Mucib!

Ey şikâyetleri ah ve eninleri işiten, feryatları duyan es-Semi olan Allah'ım!

Dualarımın kabulüne mani olan günah ve kusurlarımı unutarak başıma gelen bela ve musibetlerde hakiki sebeplerden gaflet edip zahiri sebeplere bakarak söylemiş olduğum, "Allah'ım! Neden dualarıma cevap vermiyorsun?" şeklindeki sözlerle el-Mucib (dualara cevap veren); "Neden beni görmüyorsun?" sözleriyle el-Basîr (her şeyi gören); "Neden beni duymuyorsun?" sözüyle el-Semî' (her şeyi işiten); başıma gelen musibetlerin arkasındaki hikmeti anlamayarak el-Hakîm isimlerine ve sıfatlarına yaptığım şirk ve isyan sözlerimden ve lanetlenmeme sebep olan ve olacak bütün günahlarımdan;

Tevbe ettim. Tevbe ettim. Tevbe ettim.

Estağfirullah Yâ Mucîb, Yâ Semi, Yâ Basîr, Yâ Hakîm.

Estağfirullah Yâ Ğaffâr. (33 defa)

Ey hayatı veren ve geri alan, gece ile gündüzü peş peşe getiren Allah'ım!

Sen Kuddûs isminin bir neticesi olarak kâinatı, tabiatı ve dünya hayatını biz mahlûkatının âcizlerinden ve hastalarından temizleyip, ölümü bizler için bir nimet olarak vermişken ben bu hikmeti anlamaksızın her birimizin tadacağı ölüm neticesine isyanlarda bulundum. Üzüntü ve kederle, cehalet ve gaflet ile ölümü sevdiklerime yakıştırmayarak, takdirine ve kazana rıza göstermeyerek Seni suçlamaktan ve fiillerini sorgulamaktan; icraatlarına teslim olmak yerine isyanlarım, gizli ve açık şirk sözlerim ile kaderde bize yazdığına, emirlerine, merhamet ve mağfiretine, kâinattaki her şeyin emir ve iznin altında teşekkül ve tahakkuk ettiğine dair gaflete düşerek düşündüğüm, söylediğim, yaptığım bütün hareket, düşünce ve sözlerimden;

Tevbe ettim. Tevbe ettim. Tevbe ettim.

Estağfirullah Yâ Kuddûs, Yâ Hayy, Yâ Kayyum, Yâ Mümît.

Estağfirullah Yâ Ğaffâr. (33 defa)

Ey bilinmeyen nice hazinelerin ve görünmeyen gayb âleminin anahtarları nezdinde bulunan; onları kendisinden başka kimse bilmeyen; kendisi karada ve denizde ne varsa hepsini bilen Allah'ım!

Nefis ve şeytana uyarak kendime zulmettim. Senin, mülkün gerçek sahibi olduğunu ve mülkünde dilediğin gibi tasarruf edebileceğini unutarak; kendimi, halimi, işlerimi Senin takdir ve rızana bırakmayarak, kadere teslim olmayıp tenkit ederek kendi acı ve üzüntülerimi şiddetlendirdim. Gazabına ve hakkımda hayırlı olanın şerre dönmesine sebep oldum. Arzu ve isteklerimde acele edip şüpheye düşerek ve seni suçlayarak kudretinden ve yüceliğinden gaflette bulundum. Başıma gelen hadiselere rızasızlık gösterip bunları hak etmediğimi söylemekten, kendimi yarattığın kullarla rızık, nimet ve mutlulukta kıyaslayarak ve eksik görmek suretiyle Senin takdirini kabullenmemekten, halimden ve hayatımdan şikayet edip durmaktan, ümitsizliğe düşmekten, elimizde olana kanaat ve şükür etmeyip daha fazlasını istemekten, gücümün fevkinde olana talip olup Senin benim dualarımı duymadığını düşünmekten, ahiretime zarar verecek hususları sürekli dile getirmekten, bahaneler üretip durmaktan, benim için hayırlı olanı vermediğini söylemekten; kendi işlediğim günahları göz ardı edip başıma gelen, sıkıntı, hastalık ve musibetleri "Başkalarının yüzünden." diyerek nefsime örtü yapmaktan;

Tevbe ettim. Tevbe ettim. Tevbe ettim.

Estağfirullah Yâ Vekîl, Yâ Mütekebbir, Yâ Şekûr.

Estağfirullah Yâ Ğaffâr. (33 defa)

Ey Mâlik'el-Mülk olan Allah'ım! Mülk Senindir, dilediğin gibi tasarruf eder, dilediğini yaparsın. Dilediğine verir, dilediğinden alırsın. Sahip olduğum; can ve beden, sıhhat, eş ve evlat, anne ve baba, dost ve arkadaş, iş ve rızık, itibar ve güzellik, istidat ve kabiliyet, mal ve mülk, makam ve mansıp ancak Senin bana bir emanetindir. Malı veren de alan da ancak Sensin. Senin mülkünden başka gidecek mekân, çalacak bir kapı ve istenecek bir makam yoktur.

Senden hayırlısını istemeyerek hırsla talep ettiğim; günahlarım ve hatalarım neticesinde, Senin beni arındırmana ve katında derece kazanmama vesile kıldığın bir imtihanın olduğunu idrak edemeyerek dünya malım ve zenginliğimin elimden çıkması, borçlarımın ve alacaklarımın artması, mirasta hakkımın gasp edilmesi, malımın mülkümün talan edilmesi, mesleğimden ve işimden uzaklaştırılmam gibi mal ve mülk, makam ve mansıp, itibar ve şöhret üzerine kurulu imtihanlar sebebiyle bunalınca ibadet ve dua etmeyi bırakmaktan, "Neden benim başıma geliyor?" diyerek isyan edip şirk sözleri söylemekten, intiharı düşünmekten, ölümü temenni etmekten, kadere küfredip kendini içkiye vermekten, Senden değil de kullarından medet ummaktan, Senin benim derdime derman vermediğini, benim dualarımı duymadığını, halimi görmediğini söylemek suretiyle yaptığım tüm söz, fiil ve davranışlarımdan;

Tevbe ettim. Tevbe ettim. Tevbe ettim.

Estağfirullah Yâ Mâlike'l-mülk, Yâ Vasi, Yâ Bâsıt.

Estağfirullah Yâ Ğaffâr. (33 defa)

Allah'ım! Benim ve soyumdan (eşimin ve soyundan) geçmiş olanların, evlatlarımız ve zürriyetimizden gelecek olanların, Hz. Âdem'den (as) kıyamete kadar gelmiş ve gelecek tüm inananların ve ümmet-i Muhammed'in (sav); belâ ve musibet zamanında Sana tevekkül ve teslimiyet göstermeyerek, yukarıda saydığım ve sayamadığım hata ve günahları işleyerek isyan ve şirk günahlarına düşenlerin affını diliyorum. Kendim ve onlar adına istiğfar ediyorum. Ben bu günahlarımdan;

Tevbe ettim. Tevbe ettim. Tevbe ettim.

Estağfirullah Yâ Settâr, Yâ Tevvâb.

Estağfirullah Yâ Rahmân, Yâ Rahîm.

Estağfirullah Yâ Ğaffâr. (100 defa veya daha fazla)

Birahmetike Yâ Erhamerrahimin.

Allah'ım! Hiçbir surette ve hiçbir sebeple Sana karşı şikâyette bulunma hakkım yoktur. Sen bana yetersin. Ben yalnız Sana inandım ve Sana dayandım. Sen bütün yapıp ettiklerimi gören, işiten, bilen ve kefil olansın. Dilek ve arzulara cevap veren Sensin. Her zorda kaldığımızda el uzatan, bin türlü bela ve musibet zamanında en hayırlı çıkış yollarına ulaştıransın. Rabbim! Sen benim vekilim ol, beni düze ve selamete çıkar, şu yaralı kalbimi onar. Eksiklerimi, hata ve kusurlarımı, çıkmazlarımı ve bütün acılarımı benden al. Ben Sana güvenip kapına gelmişim. Beni kapından boş çevirme. İman teslimiyetse, Sana teslimim. Teslimiyet tevekkülse, Sensin vekilim Allah'ım. Sana sığındım, Sana inandım.

Allahümme salli âlâ seyyidina Muhammedin ve âlâ âl-i seyyidina Muhammed.

Hasbunallahu ve ni'mel vekil ni'mel Mevla ve ni'me'n nasîr. (100 defa)

"Allah bize yeter, O ne güzel vekildir. O ne güzel vekil, ne güzel Mevla ve ne güzel yardımcıdır."

Lâ havle ve lâ kuvvete illâ billâhil aliyyil azîm. (100 defa)

"Güç ve kuvvet, sadece yüce ve büyük olan Allah'ın yardımıyla elde edilir."

Sadaka Niyeti

(Yapacaksanız niyet edin.)

Niyet ettim Allah'ım Senin rızan için yukarda saydığım ve sayamadığım tüm isyan, şirk, hata, kusur ve günahlarımızın affı niyeti ile ağaç dikmeye.

İBADETLERDE İHMAL GÖSTERENLERİN TEVBESİ

Eûzübillâhimineşşeytânirracîm.

Bismillâhirrahmânirrahîm.

Allahümme salli alâ seyyidinâ Muhammedin ve alâ âl-i seyyidinâ Muhammed.

Ey nida edildiğinde en güzel şekilde icabet eden; huzurunda yalvarıp yakarıldığında en layık surette cevap veren; kullarının ibadetlerini asla zayi etmeyen ve onlara en güzel şekilde mukabelede bulunan, ibadet ancak kendisi için olan ve rızası için yapılan işleri kabul eden Allah'ım! Sana kulluk için yaratıldığımızı unutarak ve gafletinde olarak, Senin bize vermiş olduğun ve cennetin ebedi saadetini kazanmaya vesile kıldığın hayat nimetinin şükrünü ifade için emrettiğin ibadetlerimizde gaflet ve tembellik göstererek ihmalde bulundum.

Allah'ım! Cehaletimin ve gafletimin neticesi olarak, Senin emir ve yasaklarına tabi olmayıp nefsimin ve şeytanın arzu ve isteklerine uyarak, bana farz kılmış olduğun namaz, oruç, hac ve zekât ibadetlerimi terk ederek, geciktirerek, inkâr ederek, isyan ederek, ceza gibi görerek, mazeretsiz bozarak, "Keşke bu ibadetler olmasaydı." diyerek yapmış olduğum ihmallerimden; "Önemli olan kalbin temiz olması." diyerek ibadetleri gereksiz ve önemsiz saymaktan; ibadetlerini yapanları kınayarak, küçümseyerek, hor ve hakir görerek yaptığım aşağılama ve hakaretlerimden, beğenmemelerimden; namaz kılmalarına müsaade etmeyip terk etmelerine ve kazaya bırakmalarına sebep olmaktan, ibadetini yapanlara hakaret ve küfür etmekten; ibadetler için söylediğim tüm lanet, bela, beddua, kahır, isyan ve kötü sözlerimden; Senin bana farz kıldığın ibadetler üzerine sözler verip adaklar adayarak yerine getirmeyi şarta bağlamaktan ve bu sözlerimi yerine getirmemekten, ibadetler üzerine yemin etmekten, kaza ve kefaretlerini yerine getirmeye niyet edip ihmal edip yerine getirmemekten; dinin mukaddes değerlerini ve ibadetleri alay konusu yapmaktan, ezanı vaktinden önce okuyarak kullarının namaz ve oruçlarını ifsat etmekten; nefsî istek ve bahaneler için ibadetlerimi bozmaktan; riya karıştırmaktan, kullarına anlatarak onların takdirini kazanmaya çalışmaktan ve menfaatler elde etmekten, ibadetlerini yerine getiren kullarını överek kibre ve gurura girmelerine sebep olmaktan; sağlık, şifa, zayıflama, ruhanilerle ve cinlerle görüşme, seyahat ve dünyalık menfaatler amacıyla yerine getirmekten; ibadetlerimi yapmama rağmen dilimi, elimi ve gözümü Senin haram kıldıklarından sakınmamaktan, günahlarım sebebiyle ibadetlerimin kabul edilmediğini ve edilmeyeceğini düşünmekten, kulluğumun beni günahlardan uzak tutmadığını ve ibadetlerin hakkını veremediğimi düşünerek terk etmekten, günahları ve günahkârları affeden Sen iken yaptığım tevbe ve istiğfarlarla arınamadığımı düşünmekten; ibadetlere karşı söylediğim, bildiğim ve bilmediğim, hatırladığım ve hatırlamadığım tüm hata ve günahlarımdan;

Tevbe ettim. Tevbe ettim. Tevbe ettim.

Estağfirullah Yâ Ğaffar. (33 defa)

Ey kendine iman edip uğrunda sabırla ibadet edenleri cennetle müjdeleyen Mübeşşir Allah'ım!

Senin binbir türlü hikmet ve nimetlere vesile kıldığın namaz ibadetini; gereksiz, bıktırıcı, anlamsız, yorucu gibi ifadelerle nitelemekten; namaz kılmayı yahut namaza başlamayı "yaş, emeklilik, okul, ramazan, yıl, rahatlık, işe başlama, evlilik, şifaya kavuşma ve sağlık gibi şartlara bağlamaktan; namaz kılmayı şarta bağlayan adak, söz ve ahitlerimden; "Önemli olanın namaz değil kalp temizliği olduğu, nice namaz kılanların ahlakının bozuk olduğu..." gibi ifadelerle namazı ve namaz kılanları küçümseyici ve alaya alıcı ifadeler kullanmaktan, mazeretim olmaksızın cumayı terk etmekten;

Tevbe ettim. Tevbe ettim. Tevbe ettim.

Estağfirullah Yâ Ğaffâr. (33 defa)

Ey her canlıya bir ölçüye göre vücut urbası giydiren ve ona yaratılış gayesine giden yolları gösteren Allah'ım!

Nefsimin arzu ve isteklerinin, şeytanın hile ve sevk etmelerinin önünde en büyük bir set kıldığın oruç ibadetinden gaflette bulunmaktan; günlerin uzunluğunu, mevsimin sıcaklığını, işlerimin çokluğunu ve zorluğunu kendime bahane kılarak oruçlarımı tutmamaktan; oruç tutmanın beni öfkelendirdiğini söyleyerek orucu terk etmekten, kızgınlık ve öfke ile bozmaktan, oruç ibadetinden yakınıp durmaktan, hastalıklarım sebebiyle tutamadığım zaman fidyesini vermemekten, oruç esnasında dilimi ve sair uzuvlarımı günahlardan sakınmamaktan; nefsime ve bedenime zor gelmesi neticesi olarak yaptığım lanet, bela, isyan ve şirk sözlerimden;

Tevbe ettim. Tevbe ettim. Tevbe ettim.

Estağfirullah Yâ Ğaffâr. (33 defa)

Ey bütün rızka muhtaç olanları rızıklandıran Allah'ım!

Sen rahmet ve merhametinin neticesi olarak bizlere az bir emeğimize karşılık çokça nimet ve ihsanda bulundun.

Fakir ve muhtaç kullarının rızık ve hakları olarak bizim servet ve zenginliğimizin içine koymuş olduğun zekâtımızı merhametsizlik gösterip vermedik. Sahip olduğumuz zenginliği kendi nefsimizden bildik ve cimrilik ederek emanet olarak verdiğin malın mülkün sahipliğine yeltendik. Zekâtımızı vermeyerek kullarının yokluktan kederlenmelerine, zorluk ve meşakkatler yaşayarak isyan etmelerine sebep olduk. Fakirin, yoksulun hakkını vermeyip soyumuzun, zürriyetimizin boğazından geçirerek kardeşliğimize zarar verdik ve zürriyetimizi lanetledik. Şeytanın malımız ve mülkümüzden hisse almasına sebep olduk.

Ey ben fakir iken kendi malıyla beni ğanî ve zengin eyleyen Allah'ım!

Senin benim malım içine koymuş olduğun fakirin, mazlumun, yetimin hakkını mal biriktirme ve zengin olma sevdasıyla şeytan ve nefsimin vesveselerini dinleyerek cimrilik edip zekât ve sadaka vermemekten; borcum var diyerek sadaka vermeyi bırakmaktan, borcu bahane edip malım çok iken zekâttan kaçınmaktan; ihtiyaç sahibi fakirleri hor ve hakir görerek, tembellik ve miskinlikle, hazır yiyicilikle, malımıza ortak olmak istemekle, asalak olmakla itham etmekten; "Allah versin" diyerek kapıma geleni boş döndürmekten, zekâtı inkâr etmekten, zekât verenlere mani olmaktan; sadaka ve zekât ibadetlerimi riya ve gösteriş ile halka duyurarak yerine getirmekten, eksik vermekten, sadaka ve zekâtın hiçbir şeyi değiştirmeyeceğini söylemekten, soyumun zekâtlarını araştırmamaktan; zekât ve sadaka için ayırdığım malı, hububatı, hayvanatı, meyveleri ve parayı yemekten ve aileme yedirmekten; zekât vermeyerek zürriyetimden haramzade nesiller gelmesine, paramın bereketinin kesilmesine, maddi ve manevi musibetlerin başımıza gelmesine sebep olarak yapmış olduğum tüm isyan, şirk ve haram söz ve davranışlarımdan;

Tevbe ettim. Tevbe ettim. Tevbe ettim.

Estağfirullah Yâ Mâlik'el-Mülk.

Estağfirullah Yâ Rezzâk.

Estağfirullah Yâ Mukît.

Estağfirullah Yâ Ğaffâr. (33 defa)

Ey mukaddes belde Mekke-i Mükerreme'nin, Mescid-i Haram'ın ve Medine-i Münevvere'nin Rabbi olan Allah'ım!

Maddi imkânlarım yerinde olduğu halde Senin bana farz kıldığın hac ve benim Sana adak adayarak şart koştuğum ve söz olarak verdiğim umre ibadetlerimi terk etmekten, geciktirmekten, inkâr etmekten; hacıları ve hacca gidenleri, umre yapanları kınamaktan, haklarında ileri geri konuşmaktan, suizanlarda bulunmaktan, küçümsemekten, alay etmekten, aşağılamaktan, beğenmemekten, iftira atmaktan; hac ve umre ibadetlerini gereksiz görüp" Araplara para yedirmek" olarak nitelemekten; haram kazançla ve rüşvetle elde ettiğim paralarla hac ve umre ibadeti yapmayı meşru ve helal saymaktan, hac ve umre yapmakla bütün günahlarımın affedildiğini iddia ederek kesin hüküm vermekten; şifa, hayat, başarı, meslek, tahsil, evlat ve eş sahibi olma, evlenme, emekliliğe kavuşma gibi dünyalık kazançları hac ve umre yapmaya adak olarak şart koşmaktan; hac ve umre üzerine söylediğim tüm lanet, bela, beddua, kötü söz ve şirk ifadelerimden; kabul eden ben imişim gibi "Allah onun haccını kabul etmez." demekten, "Ne geliyorsa hacı ve hocadan geliyor!" diyerek ibadetini yapanları küçümsemekten ve itham etmekten;

Tevbe ettim. Tevbe ettim. Tevbe ettim.

Estağfirullah Yâ Ğaffar. (33 defa)

Allah'ım! Senin mukaddes kitabın Kur'an-ı Kerim'i okuyup idrak etmek ve hayatımıza tatbik etmek esas iken; okumayı öğrenmeyerek, okumayarak ve ezberlediğimiz sureleri unutarak; bizi koruması, bize şifa vermesi, rızkımızı açması, sevdiklerimize kavuşturması gibi dünyevi gayelere ulaşmak maksadıyla üzerimizde takarak, taşıyarak ve mekânlarda bulundurarak; sulara okuyarak, bu suları içerek ve yıkanarak; şirk olan büyü, fal gibi uygulamalarda kullanarak kitabına karşı yapmış olduğum haddi aşan ve şirk olan söz, fiil ve tüm günahlarımdan;

Tevbe ettim. Tevbe ettim. Tevbe ettim.

Estağfirullah Yâ Ğaffar. (33 defa)

Allah'ım! Burada nefse düşkünlüğüm ve tembelliğimin neticesi olarak terk etmiş olduğum ibadetlerim sebebiyle benim ve soyumun, eşim ve soyunun ve zürriyetimizin; ibadetlerini terk eden, zekâtını vermeyen, eksik ve yanlış verenlerin; oruçlarını tutmayan, bozan ve kazasını yerine getirmeyenlerin; hac ibadetini imkânı varken yerine getirmeyen ve ibadetler üzerine sözler verip de sözlerinde durmayanların tümünün; Hz. Âdem'den (as) kıyamete kadar gelmiş, gelecek olan iman sahiplerinin, ümmet-i Muhammed'den (sav) ibadetlerinde ihmalkâr davrananların afv ve mağfiretini diliyor ve istiğfar ediyorum. Ben tüm bu günahlarım için;

Tevbe ettim. Tevbe ettim. Tevbe ettim.

Tevbe ettim. Estağfirullah Yâ Ğaffâr, Yâ Settâr, Yâ Tevvâb.

Tevbe ettim. Estağfirullah Yâ Kuddûs, Yâ Mütekebbir.

Tevbe ettim. Estağfirullah Yâ Rahmân, Yâ Rahim.

Allahümme salli alâ seyyidinâ Muhammedin ve alâ âli seyyidinâ Muhammed.

Allah'ım! Şu geçici dünya hayatında sadece Sana kullukta bulunmak ve isyanlarımdan hep kaçmak istiyorum. Huzurunda tastamam ve dosdoğru bir kullukla durmaya beni muvaffak kıl. Mükellef tuttuğun vazifelerimizi yerine getirebilmemiz için bize yardımcı ol. Bu dileklerimi gerçekleştirmeyi benim için kolay hâle getir; neticede de beni cennetine al, cemalini müşahede ile sevindir ve azabına, gazabına uğramaktan koru. Âmin.

İbadetleri Yapabilmenin Kolaylaşması İçin Bir Çabalama

Eûzubillahimineşşeytanirracim.

Bismillahirrahmanirrahim.

Elhamdülillahi rabbil âlemin vesselatu vesselamu Ala Rasulüne Muhammedin ve Ala alihi ve sahibihi ve sellim.

Allah'ım, benim ve soyumun, eşimin ve soyunun, zürriyetimizin ve Hz Âdem'e (as) kadar soyumuzun ve arkamızdan gelecek zürriyetimizin yaptığı ve yapacakları; yukarda saymış olduğum tüm günahlarımızın affına ve şeytanın ibadetler üzerine kurduğu tüm tuzaklarının bozulmasına vesile olması; ibadetleri hakkıyla yapmanın ve eksiklerimizi tamamlamanın bize, zürriyetimize ve tüm ümmet-i Muhammed'e nasip olması niyetiyle ey âlemlerin Rabbi olan Allah'ım,

Niyet ettim sadece Senin rızan için;

(Yakın zamanda yapacaksanız niyet edin.)

1- Camiye halı almaya, cami inşaatına yardımcı olmaya, seccade dağıtmaya.

2- Benim ve soyumun, eşimin ve soyunun eksik verdiği veya vermediği zekâtların yerine geçmesi niyetiyle fakir doyurmaya.

3- Farz oruç borçlarımın kefareti olması niyetiyle fakir doyurmaya veya sadaka vermeye. (Tutulmayan her gün için fitre miktarı kadar verilmeli.)

DİL KUSURLARI

- Lanet ve Beddua Tevbesi
- Gıybet ve Kınama Tevbesi
- Duada Haddi Aşanların ve Hayırlısını İstemeyenlerin Tevbesi

Belaya uğrama ve ondan emin olma kişinin diline bağlıdır.
Camiussağir – 3218

LANET VE BEDDUA TEVBESİ

Eûzubillâhimineşşeytânirracîm.

Bismillâhirrahmânirrahîm.

Allahümme salli alâ seyyidinâ Muhammedin ve alâ âl-i seyyidinâ Muhammed.

Ey kötülükleri çirkinlikleri rahmetiyle örten gizleyen Allah'ım!

Kendime, hayata, var olmaya, yaşamaya, doğduğumuz güne, kadere, kaderime, takdirine ve hükmüne, aklıma, kararlarıma, tahsilime, düşüncelerime, bedenime, azalarıma, sağlığıma, hastalık ve sıkıntılara, başıma gelen bela ve musibetlere; zamana, mekânlara, eşyalara, mallara, mülklere, paralara, vasıtalara, olaylara, hastalıklara, adalete, işlere, mesleklere, rızık ve nimetlere, kazançlara; atalarıma, anne babama, kardeşlerime, zürriyetime, evlatlarıma, tüm akrabalarıma, eşime, eşimin anne babasına, komşularıma, miras paylaştıklarımıza, üzerlerinde alacağımız olanlara, hakkımızı yiyenlere, gasp edenlere, çalanlara, iftira edenlere, ticaret yaptıklarıma, iş ortaklarıma, iş arkadaşlarıma, işverenlerime, üzerimizde her türlü hak sahibi olanlara, büyü yaptığına inandıklarımıza, alacaklı ve verecekli olduklarıma, her neviden zulmedenlere, hayatın her safhasında bir şekilde muhatap olduğum kullara ve tüm saydıklarım ve sayamadıklarımın soylarına, eş ve çocuklarına, zürriyet ve akrabalarına; başka soyların da bana, eşime, benim ve eşimin soylarımıza ve zürriyetimize;

Kulların hakkında haddimi aşarak, helak olmalarını, cehenneme ve azaba duçar olmalarını umarak söylemiş olduğum; "Allah belanı versin, Allah cezanı versin, benim canım yandı senin de yansın, kaza geçiresin, arabaların altında kalasın, sürüm sürüm sürünesin, yerlerde sürünesin, suda boğulasın, ölesin, boyun posun devrilsin, kefensiz kalasın, toprak seni kabul etmesin, bu dünyada da ahirette de iki yakan bir araya gelmesin, cehennemin dibine gidesin, ölün de gelmesin dirin de, yataklara düşesin, bakanın olmasın, leş kargalarına yem olasın, Allah sana hayır yüzü göstermesin, mezarında rahat uyuyamayasın, sana yazıklar olsun, Allah seni yok etsin, mezarında ters dönesin, ateşlerde kalasın, evini alev alsın, ocağın sönsün..." bela ve musibet temennilerimden; "Allah gün yüzü göstermesin, işin gücün rast gitmesin, iki yakan bir araya gelmesin, gittiğin gibi gelesin, sürünerek gelesin, sürünesin, anandan emdiğin süt burnundan gelsin, paran da batsın pulun da batsın, sen de fakir kalasın, beş kuruşsuz kalasın, bütün âlem sana ve evlatlarına gülsün, cehenneme direk olasın, boyun devrilsin, yaşarken ölü gibi yaşayasın..." diyerek, işlerinin güçlerinin ters gitmesini istemelerimden;

Tevbe ettim. Tevbe ettim. Tevbe ettim.

Estağfirullah Yâ Mâlike'l-Mülk.

Estağfirullah Yâ Ğaffar. (33 defa)

Ey bizi dünya hayatında yalnız bırakmayıp eş ve evlatlar ile lezzetlendiren Allah'ım!

Senin peygamberin "Evladınıza, malınıza mülkünüze ve kendinize beddua etmeyin." demesine rağmen biz evlatlarımıza ve başkalarının evlatlarına, eşimize, evliliğimize, kendimize beddualarda bulunarak evliliğimizi ve soyumuzu, hayatımızı lanetledik. "Allah evlatlarından çıkarsın, çocuklarından çekesin, çocuğunun mürüvvetini görmeyesin, senin gibi çocuk olmaz olsun, seni doğurmaz olsaydım, böyle hamileliğe böyle doğuma lanet olsun, senden adam olmaz, okumaz olasın, olmaz olasın, soyun şeytanın soyu olsun, kendinden evlatlarından çıksın, ben çektim sen de çekesin; lanet olsun evlendiğim güne, soyun sopun zürriyetin kurusun, doğuramaz olasın, düşük yapasın, kız gibi evladın olsun, türemeyesin..." diyerek, çocuklarının olmasını istemememelerimizden; "Babasız eşsiz kalasın, kocasız kalasın, çocuklarının yüzü gülmesin, çocukların evlenemesin, anne babana hasret kalasın, yarsız kalasın, gözün yollarda kalsın..." diyerek, evlatlarından, eşlerinden, evliliklerinden hayır görmemelerini isteme sözlerimizden; "Ekmek, hava, su, nimetler, nefes, hayat, gençliğim, yaşamak bana haram olsun veya haram oldu, lanet olsun böyle hayata, yaşamaya, var olmaya, doğduğum güne, keşke dünyaya gelmeseydin..." gibi sözlerimizle bize verdiklerini ve hayatımızı lanetlemekten;

Tevbe ettim. Tevbe ettim. Tevbe ettim.

Estağfirullah Yâ Mâlike'l-Mülk.

Estağfirullah Yâ Ğaffar. (33 defa)

Ey bizleri nimetleri ile rızıklandıran Rezzak Allah'ım!

Hayatın devamı için bize vermiş olduğun rızıkları kötü sözlerimiz ile kendimize ve kullarına lanetli hale getirdik. "Şeker bana sana haram olsun, yemek içmek bana sana haram olsun, sütüm sana haram olsun, ben yiyemedim sen de yemeyesin, yediğin içtiğinden hayır görmeyesin, burnundan gelsin, eriyesin, nimet çarpsın, nimetsiz kalasın, tarlan çürüsün..." diyerek yediklerinden içtiklerinden hayır görmeyip zarara uğramalarını dileyen tüm sözlerimizden; güneşe, aya, yıldızlara, havaya, suya, toprağa, yağmura, kâinata, geceye, gündüze lanet ve küfür okumalarımızdan, isyan etmelerimizden;

Tevbe ettim. Tevbe ettim. Tevbe ettim.

Estağfirullah Yâ Rezzâk.

Estağfirullah Yâ Ğaffar. (33 defa)

Ey bizi öldürüp dirilten, her an ölen vücudumuzu yenileyen, hayatımıza hayat katan Allah'ım!

Bize verdiğin en büyük nimet olan beden ve hayat dahi Senin mülkünden bize nasip olan bir hazine iken; kullarının bize yaptıkları karşısında; "Kanser olasın, şişe kalasın, sidiğin kesilsin, sidiğini tutamayasın, sidiğini yapamayasın, vücudun kurusun, vücudun yansın, vücudun kurtlansın, ölümlerden ölüm gelsin, delik deşik olasın, etlerin lime lime dökülsün; nefesin kesilsin, benim ciğerim yandı senin de yansın, bir nefes almak bana ve sana haram oldu veya olsun, ciğerin şişsin, ciğerin çıksın, ciğerin patlasın, ciğerin sökülsün, ciğerin ağzından gelsin, nefesin kesilsin, nefesin tıkansın, nefessiz kalasın boğulasın; yüreğin çıksın, kalbinden vurulasın, kanın çekilsin, kanın kurusun, kanın kesilsin, kanın kısılsın, damarın kurusun, damarın tıkansın; midenden çıksın, miden batsın, karnın bağırsağın patlasın, bağırsağın dolansın, bağırsağın tıkansın, tuvaletini yapamaz olasın, miden kurusun da yemek yemeyesin, dalağın şişsin, dalağın patlasın; kemiğin kurusun, kemiklerin parça parça olsun, iliğin kurusun, iliğin çekilsin, felç olasın, belin kopsun, belin çıksın; elin ayağın batsın, elin ayağın kırılsın, elin ayağın ters dönsün, elin kolun bağlansın, elin ayağın şişsin, elin ayağın tutmaz olsun, ayakların kopsun, ayakların yere basamaz olsun; başına taş düşsün, aklın gitsin, deli divane olasın, beynin dökülsün, beynin yansın, saçına sakalına aklar düşsün, kel kalasın, boynun kopsun, kafan kopsun; gözün kör olsun, gözüne kara gele, iki gözün aksın, göz pınarların kurusun, kör olasın; yüzün gülmesin, yüzün batsın, yüzüne kara gele; ağzından çıksın, boğazında kalsın, ağzın yüzün yamulsun, konuşamayasın, ağzın dilin tutulsun, dilin kopsun, dilin şişsin, çenen çekilsin, çenen batsın, çenen sussun, çenen kırılsın, ağzın burnun boğazın tıkansın, boğazından gelsin, ağzında yaralar çıksın, tükürüğünde boğulasın, dilsiz olasın, sağır olasın; derin kurusun, derin dökülsün, derin çürüsün; uyku uyuyamayasın, uyku banasana haram olsun, uykun kaçsın, uyurgezer olasın..." diyerek bedenlerine, sağlıklarına hastalık, bela ve musibet, dert ve keder gelmesi niyetiyle söylemiş olduğumuz kötü temenni ve sözlerimizden;

Tevbe ettim. Tevbe ettim. Tevbe ettim.

Estağfirullah Yâ Halim.

Estağfirullah Yâ Ğaffar. (33 defa)

Allah'ım! Benim ve soyumun, eşimin ve soyunun yaptığımız beddua ve lanetlerle; kendimizin, eş, soy ve zürriyetlerimizin, mal ve eşyalarımızın lanetlenerek şeytanın hisse almasına sebep olduğumuz günahlarımızdan; benim ve soyumun, eşimin ve soyunun, (ayrıldığım eşimin ve soyunun), zürriyetlerimizin, Hz. Âdem'den (as) kıyamete kadar gelmiş, gelecek aynı günah ve kusurları işleyen ve işleyecek tüm inananların ve ümmet-i Muhammed'den (sav) aynı günahları işleyenlerin dahi yarattığın sözcükler adedince ben Senden affını diliyor ve onlar adına Sana istiğfar ediyorum. Ben tüm bu saydığım ve sayamadığım dilimizle işlediğim günahlar için;

Tevbe ettim. Estağfirullah Yâ Rahmân, Yâ Rahim, Yâ Vasi.

Tevbe ettim. Estağfirullah Yâ Hayy, Yâ Kayyum, Yâ Kuddûs.

Birahmetike Yâ Erhamerrahimin.

Estağfirullah Yâ Ğaffâr. (100 defa veya daha fazla)

İlahî! Sen fazl u kerem ve izzet ü ikram sahibisin; benimse tek sermayem hatalarım ve günahlarım; ne olur kulunu affet. İşte huzurundayım ve suçlarımı itiraf ediyorum; merhametinle muamelede bulun ve bu aciz kulunu azaba duçar kılma. Halk hep salih bir insan olduğumu düşünüyor; hâlbuki ben onların en kötüsüyüm; merhametine sığınıyorum; beni bana bırakma. İlahî! Dilimin afetlerinden, beni azabına ve gazabına layık hale getirecek günahlara sevk etmesinden, dilimle kullarına zarar vermekten Sana sığınıyorum. Sen beni dilimin günahlarından arındır ve affet. Konuştuğum zaman bilerek konuşmayı, sustuğumda da bir hikmete binaen susmayı bana nasip eyle. Âmin.

Niyet

(Yakın zamanda yapacaksanız niyet edin ve unutmayın.)

Niyet ettim Allah'ım Senin rızan için benim ve soyumun, eşimin ve soyunun yukarıda saymış olduğum tüm günahlarının affına, zürriyetimizin dahi bu günahlardan uzak olmasına, şeytanın bizlere bu günahları işletmesinin dahi önünün kesilmesine vesile olması niyeti ile;

1- Fakir doyurmaya.

2- Ağaç dikmeye.

GIYBET VE KINAMA TEVBESİ

Ey insanlar! Kimin üzerine geçmiş bir hak varsa onu hemen ödesin, dünyada rezil rüsvâ olurum diye düşünmesin! İyi biliniz ki; dünya rüsvalığı ahirettekinin yanında pek hafiftir. (İbn-i Sa'd, II, 255)

Eûzubillahimineşşeytannirracim.

Bismillahirrahmanirrahim.

Allahümme salli ala seyyidina Muhammedin ve ala ali seyyidina Muhammed.

Ey Kuddüs olan Allah'ım! Sen hep hilimle davranır, günahlarla kirlenmiş kimseleri hemen cezalandırmaz, haddini bilmezlerin ayıplarını görmezlikten gelerek onlara manevî kirlerinden arınma fırsatları verirsin.

Ey hataya düşüp çaresiz kalanların tek ümidi Allah'ım!

Mü'min bir kulun olarak diğer kullarının elimden ve dilimden emin olması gerekirken nefis ve şeytana uyarak, Senin kulların hakkında hüsnüzanda bulunmak yerine kötü zanlarda bulunarak, kendi hata ve kusurlarımı görmeyip ayıplarımı unutarak, kalp ve ruhta ciddi yaralar açan gıybet gibi çirkin bir günahı işleyerek, belayı peşin satın almaya vesile olan kınama kusuruna düşerek bela ve musibetlerin başıma gelmesine rağmen dilimle işlediğim günahlarımla takva ve amellerime zarar vermekten, başkalarının kusurlarını araştırıp açıklarını ve ayıplarını yüzlerine vurmaktan, arkalarından çekiştirmekten; rızıklarının, paralarının, mallarının, miraslarının, evliliklerinin, eşlerinin, evlatlarının, düşüncelerinin, kararlarının, zevklerinin, tercihlerinin, günahlarının, ahlaklarının, karakterlerinin, bedenlerinin, giyim kuşamlarının, mesleklerinin, hastalıklarının, özürlerinin, yaşadıkları olay ve hadiselerin gıybetlerini yaparak onları kınamaktan; bedenimin ve dilimin gıybet makinesi haline dönüşmesine sebebiyet verip bahşettiğin nefesi, hayatı, zamanı, gıybete harcayarak kendimi Senin zikrinden alıkoymaktan; soyumdan ve soylarımızdan ölmüş kişileri hayırla yâd etmem gerekirken gıybetlerini yapıp iftiralarda bulunarak günahlarını almaktan, kınamaktan, beğenmemekten, aşağılamaktan, hor ve hakir görmekten;

Tevbe ettim. Tevbe ettim. Tevbe ettim.

Tevbe ettim Estağfirullah Yâ Kuddûs, Yâ Selam.

Estağfirullah Yâ Ğaffâr. (33 defa)

Ey gönül verip doğruyu bulmaya yönelenlerin maksudu olan Allah'ım!

Doğru veya yanlış; insanların arkasından konuşmaktan, ayıplamaktan, kınamaktan, haklarında suizanlarda bulunmaktan, başkalarını da gıybet günahıma ortak yapmaktan, gıybet edilen ortamları terk etmemekten hatta destekçi olmaktan, gıybet ederken gıybet ettiğimi söyleyen insanlara aldırış etmemekten, sürekli kullarının gıybetlerini yaparak kendi ellerimiz ve dillerimiz ile işlediklerimizin karşılığında ceza gördüğümüzün gafletinde olmaktan, şakalaşma amaçlı ağzımdan çıkan sözlerimle farkında olmadan gıybet ederek kalp kırmaktan, helallik istememekten, gıybet ettiğim halde gıybet ettiğimi kabullenmeyip "kalbim temiz" diyerek tekebbüre ve kibre girmekten, "ama söylediğim doğru" deyip nefsimi savunmaktan, bana bir şey olmaz hissi ile yaşamaktan, gıybete ve iftiraya devam etmekten, gıybet ve iftira günahlarım için senden af ve mağfiret dilemenin gafletinde olmaktan, kullarının günahlarını gıybet ile yüklenerek gıybet ve dedikodularda gizli-açık şirke düşmekten, benim ve kullarının insi şeytana dönüşmemize sebep olduğumuz tüm hata ve günahlarımdan, azgınlıklarımdan, taşkınlıklarımdan;

Tevbe ettim. Tevbe ettim. Tevbe ettim.

Estağfirullah Yâ Ğaffar. (33 defa)

Ey helâkete düşenlere necat verip kurtaran Allah'ım!

Yalan söyleyerek iftira atan, Senin kullarını kınayarak ve aşağılayarak kibir gösteren, gaflet ve dalalete, isyan ve şirke düşerek günahında ısrar edip vazgeçmeyen, hak yoldan sapan, batıl yolda olup kendini hak yolda sanan, nefis ve şeytanı kendine ilah edinen kullarını; Sana, peygamberlerine, kitaplarına, meleklerine, hayır ve şerrin Senden olduğuna, kadere, ahiret gününe, tekrar dirilişe, cennet ve cehenneme, tesettür ayetlerine inanmayıp inkâr edenleri; namazı, orucu, haccı, zekâtı terk edenleri ve bunlara dini anlatan hocaları; Yahudileri, Hıristiyanları, Budistleri, ateistleri, deistleri, insanları ilahlaştıranları, putperestlik yapanları kınayarak, hor ve hakir görerek, aşağılayarak yaptığım günahlarımdan;

Tevbe ettim. Tevbe ettim. Tevbe ettim.

Estağfirullah Yâ Ğaffar. (33 defa)

Ey rahmetiyle günahları mağfiret eden Allah'ım!

Emir ve yasaklarını tam olarak yerine getiremeyip tesettürsüz gezenleri, tam kapanmayanları, makyaj yapanları; faiz kullananları, tefecileri, kumar oynayanları, mafyacıları; cahilleri, boş gezenleri, başarısız olanları, sınıfta kalanları, iflas edenleri, paraya-mala-mülke düşkün olanları, mal ve miras üzerine kavga edenleri, cimri ve savurgan olanları, israf edenleri; insanlardan ve toplumdan uzak kalanları, sakar olanları; uyuşturucu ve içki satanları, sigara içenleri, sarhoşları, her türlü uyuşturucu kullanan bağımlıları, hırsızlık yapanları, haram kazanç elde edenleri; savaşta olan ve savaştan kaçanı, ülkesini terk eden ırk ve milletleri küçümseyerek yaptığım eleştiri ve kınamalarımdan; annesi, babası, eşi, evlatları, soyları, makamları, yetenekleri, güzellikleri, yaptıkları, kazançları, zenginlik ve malları ile övünenleri; çöpten yemek ve ekmek toplayanları, sokakta yatanları, elbisesi kirli ve pasaklı, evi dağınık olanları; yalan söyleyenleri, yalancı şahitlik yapanları, iftira atanları, kınama yapanları, insanlarla alay eden ve dalga geçenleri, dedikodu ve gıybet edenleri, laf taşıyanları, ahlakı kötü olanları, kibirli olanları kınayarak hor görme, küçük görme, aşağılama, gülerek alay etme ve dalga geçme, taklit etme günahlarımdan;

Tevbe ettim. Tevbe ettim. Tevbe ettim.

Estağfirullah Yâ Ğaffar. (33 defa)

Ey maddî manevî ayıpları, kusurları, çirkinlikleri örtüp gizleyen Allah'ım!

Senin neslin devamı için verdiğin şehvet nimetini helale sevk etmeyip harama kullanarak; zina ve cinsel sapkınlık yapanları, kalabalık ortamlarda elle-sözle-gözle taciz edenleri, harama bakanları, hayvanlara taciz ve tecavüzde bulunanları, aile içi ensest yaşayanları, gey olanları, lezbiyenleri, transseksüel olanları, cinsiyet değişikliği yapanları, eşcinsel olanları ve eşcinsel evlilik yapanları, kibar olanları, sesleri erkek gibi olan kadınları, sesleri kadın gibi olan erkekleri, yüzü erkeğe benzeyen kadınları, yüzü kadına benzeyen erkekleri, erkek gibi giyinen kadınları, kadın gibi giyinen erkekleri; eşini aldatan kadın ve erkekleri, evinden kaçan kızları ve eşleri, başkasından çocuk yapanları, zina mahsulü olan çocukları, bilerek çocuk düşüren ve kürtaj yaptıranları; haklarında ıslahlarına dua etmek ve günahlarına buğz etmek yerine "Allah belalarını versin, geberesiceler, arlanmaz uslanmaz ahlaksızlar, asacaksın, öldüreceksin, bunların derilerini yüzeceksin..." gibi sözlerle hor ve hakir görerek yapmış olduğum tüm gıybet ve kınamalarımdan;

Tevbe ettim. Tevbe ettim. Tevbe ettim.

Estağfirullah Yâ Ğaffar. (33 defa)

Ey maddî manevî batmış, boğulmaya yüz tutmuşları kurtaran Allah'ım!

Evlenemeyenleri, evlenmek istemeyenleri, boşananları, eşinden ve ailesinden ayrı yaşayanları; içkili düğün yapanları, çocuklarını yetimhaneye-camiye-sokağa-çöpe bırakanları, evlatlarını istemeyen anne ve babaları; anneyi ve çocuklarını kabul etmeyen nine ve dedeleri; babasına, annesine, kayınvalide ve kayınpederine, eşine asi olanları, huzurevine bırakanları, elleriyle ve dilleriyle zulüm ederek aç ve susuz bırakanları; annesine babasına kardeşlerine, eşine, insanlara, evlatlarına, gelinlerine, damatlarına ve torunlarına lanet-bela-beddua-kahır okuyanları, küfür edenleri, dövenleri, öldürenleri, tecavüz edenleri, sokağa atanları; evliliklerine, başkalarının evliliklerine bela, beddua, lanet, kahır ve küfür edenleri; kendini asanları, tabanca-tüfek-bıçakla vuranları-yaralayanları, arabanın altına atanları, yüksekten atlayanları, zehir içenleri, bilumum intihar edenleri küçümseyerek kınamaktan ve gıybetlerini yapmaktan;

Tevbe ettim. Tevbe ettim. Tevbe ettim.

Estağfirullah Yâ Ğaffar. (33 defa)

Ey hastalara şifa, dertlilere deva veren Allah'ım!

Benim, eşimin ve soylarımızın; psikolojik rahatsızlığı olanları, kendine yetmeyenleri, Alzheimer, demans hastalarını ve unutkanlığa tutulmuşları kınayarak onlara "bunak" demekten; uykusu gelmeyenleri, çok uyuyanları, horlayanları, tembelleri, yavaş insanları; simetri takıntısı, öfke patlaması, tiki, temizlik takıntısı olanları, evinde temizlik yapmayanları, pasaklıları; kekemeleri, yüksek veya kısık, ince veya kalın seslileri; cilt hastalarını, ergenlik sivilcesi, doğum ve güneş lekesi olanları, sedef hastalarını, uyuz ve bitli olanları, kaşınanları, saçkıran hastalarını, aşırı terleyenleri; ayağı ağzı ve bedeni kokanları; çok yemek yiyenleri, yiyemeyenleri, şişmanları, zayıfları, zayıflayamayanları, diyet yapanları, göbekli olanları, gaz çıkaranları, geğirenleri, ishal ve kabız olanları; körleri, gözleri şaşı, bozuk ve kanlanmış olanları; ayaklarından ve ellerinden engelli, ağzı-yüzü kaymış ve felç olanları, şaşı bakanları, burnu tıkalı olan ve nefes alamayanları, burnu akanları, sinüzit olanları, burnunu çekenleri, hıçkıranları, sürekli balgam çıkaran ve tükürenleri; isteksizlik, iktidarsızlık, soğukluk, aşırı talep gibi cinsel problem yaşayanları, çocuğu olmayanları, AIDS hastalarını; prostat hastalarını, sık sık idrara çıkanları, altını ve yatağını ıslatanları, çiş kaçıranları kınamaktan ve tiksinmekten;

Kulağı duymayanlarla "sağır", sivilcesi olanlarla "çilli"; saçı olamayanlarla "kel", yemeğe düşkün olanlarla, "pisboğaz, şişko", teri kokanlarla "teke gibi kokuyor", gözlük kullananlarla "kör, dört göz", ellerinden engeli olanlarla "çolak", ayağında engeli olanlarla "topal" gibi sözlerle alay edip onları rencide ederek lakap takmaktan; saydığım ve sayamadığım, hatırladığım ve hatırlayamadığım bütün hastalıkları ve hastaları "iğrenç görünüyorlar, kokuyorlar, özürlü" gibi ifadelerle nitelendirip onlardan tiksinmekten, onları üzmekten, kınamaktan, rencide etmekten, kalplerini kırmaktan, küçük düşürüp utandırmaktan, aşağılamaktan, hor görmekten, onlara karşı kibirlenmekten;

Tevbe ettim. Tevbe ettim. Tevbe ettim.

Estağfirullah Yâ Ğaffar. (33 defa)

Ey her şey hakkında karar veren, hiçbir şey kendisi hakkında karar veremeyen Allah'ım!

Bilerek ya da bilmeden, kızgınlık ve öfke ile, iyi ya da kötü niyet ile, hırs ve acelecilik ile; yalan, iftira, gıybet, suizan, laf getirip götürme yapıp birçok günaha kapı açarak; fitne ve fesadın uyanmasına, kullarının arasının açılmasına, yuvalarının dağılmasına, kalplerinin birbirlerinden soğumasına, maddi ve manevi kayıplar yaşayarak işlerinden ve aşlarından olmalarına, düzenlerinin bozulmasına sebep olarak insanların kul hakkına girmekten, başkalarının dahi aynı günah ve hatalara girmesine sebep olmaktan, günahlara girmelerine, kalplerinin kırılmasına, insanlar arasında küçük düşmelerine, hor ve hakir görülmelerine, haksız bir şekilde suçlanmalarına ve haksızlığa uğramalarına sebep olarak işlemiş olduğum ve olduğumuz tüm günahlarımdan müminlere iftira ve zulüm yapan müminlerin dahi işledikleri günah ve hatalarından ve tüm nefislerine zulmeden müminler adına, benim gibi aynı günah ve hataları işleyen benim ve soyumun, eşimin ve soyunun tüm ölmüş ve sağ olanları ile Âdem'den (as) bugüne kadar gelmiş ve bugünden kıyamete kadar gelecek tüm inananlar adına ben Senden affımızı diliyorum. Ben tüm bu günahlarımdan isminin tecelli ettiği zerreler sayısınca;

Tevbe ettim. Tevbe ettim. Tevbe ettim.

Estağfirullah Yâ Settâr, Yâ Tevvâb, Yâ Musavvir, Yâ Mütekebbir.

Estağfirullah Yâ Vehhâb, Yâ Hakem, Yâ Adl, Yâ Kuddûs.

Estağfirullah Yâ Hâlik, Yâ Hayy, Yâ Kayyum.

Estağfirullah Yâ Ğaffâr. (100 defa veya daha fazla)

Birahmetike Yâ Erhamerrahimin...

Ey bütün sırlara nigehbân ve sadırlarda saklanan gizli açık her şeyi bilen Alîm. Seni unutmaktan ve Sana isyan etmekten Sana sığınırım. Benim duyan kulağım, gören gözüm, söyleyen dilim, hisseden kalbim ve tutan elim ol. Ayıplarımı ört ve beni korktuklarımdan emin eyle. Çirkin şeyleri benden ve dilimden uzaklaştır. Âmin.

Sadaka Niyeti

(Yakın zamanda yapacaksanız niyet edin. Not edin, unutmayın.)

Niyet ettim Allah'ım Senin rızan için; benim ve soyumun, eşimin ve soyunun ve ümmet-i Muhammed'in (sav) yukarıda saydığım ve sayamadığım kınama, gıybet, laf taşıma, suizan, iftira, yalan gibi dilini ve zihnini harama sevk ederek işlemiş oldukları tüm günahlarının affına, zürriyetimizin dahi bu günahlardan uzak olmasına ve şeytanın bizlere bu günahları işletmesinin önünün kesilmesine vesile olması niyeti ile;

1- Fakir doyurmaya.

2- Kur'an-ı Kerim dağıtmaya.

3- Ağaç dikmeye.

DUADA HADDİ AŞANLARIN VE HAYIRLISINI İSTEMEYENLERİN TEVBESİ

"İnsan; iyi, hayırlı şeyleri istemekten usanmaz" Fussilet-49

Eûzubillahimineşşeytanirracim.

Bismillahirrahmanirrahim.

Allahümme salli alâ seyyidinâ Muhammedin ve alâ âli seyyidinâ Muhammed.

Ey hep hakkı söyleyen ve kullarını dosdoğru yola hidayet eden!

Başıma gelebilecek bütün zararlardan, kayıplardan, musibetlerden, hicap sebebi olacak hallere düşmekten, darlık ve kıtlık yaşamaktan, baskılara maruz kalmaktan, gam ve tasa yudumlamaktan, zamanın hâdiseleri altında ezilmekten ve daha başka belalara duçar bulunmaktan beni koruyan ve koruyacak olan yalnız Sensin Allah'ım! Hakkımda takdir buyurduğun ve inayetinle başlama imkânı bulduğum hayırlı işleri en güzel, en uygun ve en doğru şekilde tamamlamam için bana yardım et! Sen buna kâdirsin ve ümidim odur ki dualarıma icabet edersin.

Ey her şeyi gerçek yüzüyle ve her cihetiyle en iyi bilen, her şeyi hikmetle yapan, hikmetle bildiren en iyi tarzda tanıtıp beyan eden Allah'ım!

Eş seçimimde, evlat, meslek, mülk, tahsil ve sair dünyalık taleplerimde; hakkımda neyin hayırlı veya hayırsız olduğunu bilerek veya bilmeyerek, ulaşmam durumunda ise katlanamayacağım, kaldıramayacağım, sabredemeyeceğim, üzüleceğim, beni gaflete ve mutsuzluğa düşürecek, sıkıntılar yaşamama sebebiyet verecek, Senin yolundan alıkoyacak ve rızana ulaştırmayacak istek ve arzularımdan;

nasibime ve kadere rıza göstermeyerek "Allah'ım hakkımda ne hayırlı ise onu ver, Sen ne istersen o olsun." demeyip aşırıya giderek ısrarla ve ağlayarak yaptığım, bana bir imtihan unsuruna dönüşecek her türlü temenni ve dualarımdan;

Tevbe ettim. Tevbe ettim. Tevbe ettim.

Estağfirullah Yâ Mucib.

Estağfirullah Yâ Ğaffar. (33 defa)

Ey ihtiyaç sahibi her mahlûkun yardımına koşan, mevcudatı birbirinin yardımına koşturan Muavvin Allah'ım'!

Senden istemek yerine Seninle aramda aracı yaptıklarımdan ummaktan, korkarak ve umarak değil kesin olur gözüyle bakmaktan, "dilersen ver dilersen verme" diyerek haddi aşmaktan, duamız olmazsa ehemmiyetimizin olmayacağını unutup duadan beri durmaktan; sabır, tevekkül ve teslimiyet ile istemeyip lakaytlık göstermekten, bâki ve iyi olanı değil fani ve fena olanı istemekten, "Yeter ki olsun da nasıl olursa olsun, bu olmazsa benim hayatımın sonudur." diyerek hırs göstermekten;

Tevbe ettim. Tevbe ettim. Tevbe ettim

Estağfirullah Yâ Mucib.

Estağfirullah Yâ Ğaffar. (33 defa)

Ey her şeyi yoluna koymakta kendisine en fazla güvenilen Vekîl Allah'ım!

Bütün hayır ve güzelliklerin kaynağı ve bizim talep ettiklerimizi en mükemmel surette veren ancak Sensin. Ben, cehaletim ve gafletimle; kendim, annem ve babam, soyum, eşim ve eşimin soyu, evlatlarım, zürriyetim, akrabalarım, hayatım, eşyalarım, mesleğim, geleceğim, kaderim, ahiretim ve yarattıkların hakkında; hayrın yerine şerri, hayatın yerine ölümü, zenginliğin yerine fakirliği, sağlığın yerine hastalığı, iyiliğin yerine kötülüğü, varlığın yerine yokluğu, birliğin yerine ayrılığı, kolaylığın yerine zorluğu, ferahlığın yerine darlığı, ümidin yerine ye'si dileyerek; rızan yerine kahrını, merhametin yerine azabını, cennetin yerine cehennemini, affın yerine gazabını tercih ederek yapmış olduğum tüm yanlış dua, temenni, arzu ve isteklerimden;

Tevbe ettim. Tevbe ettim. Tevbe ettim.

Estağfirullah Yâ Mucîb.

Estağfirullah Yâ Ğaffar. (33 defa)

Ey bütün varlığı terbiye ve idare eden, her şeyin Rabbi Allah'ım!

Hırsla ve nefsime uyarak yaptığım; hüsnüzan yerine sui zanda bulunmayı, dua etmek yerine beddua ve lanet etmeyi, haya yerine edepsizliği, güzel söz yerine kötü söz ve küfür söylemeyi, gayret ve çaba yerine hırsızlığa yönelmeyi, helal dairesi yerine harama talip olmayı, güzel görmek yerine kötü görmeyi, mürüvvete erip yuva kurmak yerine bekâr kalmayı, hayra yormak yerine şerre yormayı, aza kanaat yerine çoğu az görmeyi, hayırlı olanı istemek yerine şer olana talip olmayı, kardeşlik yerine düşmanlığı, cömertlik yerine cimriliği, merhamet yerine zulmü, adalet yerine haksızlığı, salih olan yerine fâsıkı, hak yerine batılı, helal yerine haramı, ahiret yerine dünyayı tercih ederek yaptığım tüm istek, temenni ve arzularımdan; azgınlık, taşkınlık ve sapkınlıklarımdan;

Tevbe ettim. Tevbe ettim. Tevbe ettim.

Estağfirullah Yâ Ğaffar. (33 defa)

Allah'ım! Benim, eşimin ve soyunun, annemin, babamın ve soyumdan ölmüş ve sağların, Hz Âdem'den (as) kıyamete kadar geçmiş, gelmiş ve gelecek tüm inananların bizleri Senin yolundan ayırarak ahirette fayda getirmeyecek, dünyada ise azgınlığa, sapkınlığa, zulme, inkâra, isyana, şirke ve altından kalkamayacağımız, hayatımızı zehir edecek, kaldıramayacağımız hastalıklara, bela ve musibetlere, sıkıntı ve elemlere, imtihan ve neticelere götürerek şeytanın bize musallat olmasına, hayırsız ve sıkıntılı bir ömür yaşamamıza sebep olacak; tüm yanlış dua, temenni ve isteklerimizden affımızı istiyorum. Ben bu hata ve günahlarımızdan yerde ve gökte bulunan mahlûkatın adedince;

Tevbe ettim. Tevbe ettim. Tevbe ettim.

Tevbe ettim. Estağfirullah Yâ Mucîb.

Tevbe ettim. Estağfirullah Yâ Hayy, Yâ Kayyum, Yâ Musavvir.

Tevbe ettim. Estağfirullah Yâ Hâfiz, Yâ Basîr, Yâ Semi.

Tevbe ettim. Estağfirullah, Yâ Vedûd, Yâ Hasîb.

Tevbe ettim. Estağfirullah Yâ Mukît, Yâ Vasi, Yâ Rezzâk.

Tevbe ettim. Estağfirullah Yâ Ğafûr, Yâ Tevvâb, Yâ Afüvv.

Estağfirullah Yâ Ğaffâr. (100 defa veya daha fazla)

Birahmetike Yâ Erhamerrahimin.

Allahümme Salli Alâ Seyyidinâ Muhammedin ve alâ âli Seyyidinâ Muhammed.

Peygamberimizin Hayırlısını İsterken Yaptığı Dua:[14]

Allah'ım! Senden istenen şeylerin hayırlısını, duanın hayırlısını, kurtuluşun hayırlısını, işlerin hayırlısını, sevabın hayırlısını, hayatın hayırlısını, ölümün hayırlısını istiyorum.

Beni dinimde sabit kıl, mizanda sevaplarımın ağır gelmesini nasip eyle, imanımı gerçek eyle, derecelerimi yükselt, namazımı kabul eyle, günahımı bağışla. (Allah'ım!) Senden cennette yüksek dereceler istiyorum.

Allah'ım! Senden benim için hayırları açmanı, işlerimin hayırla sonuçlanmasını, açığı ve gizlisi ile her türlü hayrını, cennette yüksek dereceler istiyorum. (Allah'ım!) Duamı kabul eyle.

Allah'ım! Senden gelecekte olacak şeylerin hayırlı olanlarını, yaptıklarımın hayırlısını, gizli şeylerin hayırlısını, açık olan şeylerin hayırlısını istiyorum. (Allah'ım!) Duamı kabul eyle.

Allah'ım! Senden şanımı yükseltmeni, günahlarımı silmeni, işlerimi ıslah etmeni, kalbimi temizlemeni, tenasül uzvumu korumanı, kalbimi nurlandırmanı, günahımı bağışlamanı ve cennette yüksek dereceler istiyorum. (Allah'ım!) Duamı kabul eyle.

Allah'ım! Nefsim, kulağım, gözüm, ruhum, yaratılışım ve ahlakım, ailem, hayatım ve ölümüm ve işlerim hakkında benden razı ol, hayır ve hasenatımı kabul eyle ve cennette yüksek dereceler ver. (Allah'ım!) Duamı kabul eyle."

---

[14] Hâkim, De'avat, No: 1911

HAK-HUKUK

- Miras Paylaşımında Hırs Gösterenlerin ve Zulmedenlerin Tevbesi
- Haksız ve Haram Kazanç Tevbesi
- Zulmedenlerin ve Zulme Taraf Olanların Tevbesi

"Kim bir kul hakkı yemişse derhal o kardeşi ile helalleşsin. Çünkü (kıyamet günü) dirhem de geçmez dinar da. Böyle olunca o (hak yiyen) kişinin sevapları alınır o adama yüklenir. Eğer sevapları yoksa o hakkını yediği adamın günahları buna yüklenir."

(Buhari, Rikak, 48)

MİRAS PAYLAŞIMINDA HIRS GÖSTERENLERİN VE ZULMEDENLERİN TEVBESİ

Eûzubillahimineşşeytânirracîm.

Bismillâhirrahmânirrahîm.

Allahümme salli alâ seyyidinâ Muhammedin ve alâ âli seyyidina Muhammed.

Allah'ım! Sen mülkü dilediğine verir, dilediğinden de çeker alırsın. Dilediğini aziz, dilediğini zelil kılarsın. Her türlü hayır yalnız Senin elindedir. Sen elbette her şeye kadirsin. Göklerin ve yerin hazinelerinin anahtarları Senin nezdindedir. Dilediğinin nasibini bollaştırır, dilediğinin de daraltırsın. Çünkü Sen, her şeyi bildiğin gibi her duruma en uygun olanı da bilirsin.

Ey her şeyin hakiki ilk ve son sahibi olan, mülk yalnız kendisine kalan Allah'ım!

Mülkün ezeli ve ebedi, gerçek sahibi, Mâlik-el Mülk olan Sen iken ben hırslarımın neticesi olarak fani dünya malına tamah edip kendime ve Senin kullarına zulmettim. Dünya nimetlerinin peşine düşerek bedenimin doymak bilmeyen iştihaları, gözlerimin azgın hırsı ve aklımın cüzi bilgisiyle Senin mülkünde mal biriktirme sevdasına düştüm. Senin Adl ismine sığınmayarak ve teslimiyet göstermeyerek; benim, anne ve babamın, soyumdan ölmüş ve sağ olanların yaptığımız haksız mal ve mülk edinme, (arsa, tarla, bahçe, ev, gayrimenkul, para, ziynet, araba, yiyecek, içecek, giysi, ticaret mülkü) paylaşma, gasp etme, zimmetine geçirme ve başka kullarının bağ, bahçe, tarla sınırlarını genişleterek onların dahi haklarını gasp etme ve mal ve mülklerimize

Senin haram kıldığını katmak suretiyle yüklendiğim tüm kul hakları, zulüm ve günahlardan tevbe ettim;

Tevbe ettim. Estağfirullah Yâ Adl.

Tevbe ettim. Estağfirullah Yâ Mâlik'el Mülk.

Tevbe ettim. Estağfirullah Yâ Ğaffâr. (33 defa)

Ey bütün mülk kendisinin olan, saltanatından başka gerçek saltanat olmayan Allah'ım!

Benim ve soyumun, eşimin ve soyunun, anne ve babamın miras malı hususunda elleriyle ve dilleriyle; birbirlerine, kendilerine, atalarına, kardeşlerine, akraba ve dostlarına, çocuklarına, soylarına, zürriyetlerine, yetimlere, öksüzlere ve mazlumlara, mal ve mülklerindeki ortaklarına, taksimatı yapan âlim, hoca ve şeyhlere, hâkim ve savcılara, mal ve mülklerine söylediğimiz; bütün beddua, lanet, kötü söz, sitem, kınama, küfür, aşağılama, hak haram etme, ah etme, intizar ve kahırlardan; "Zehir zıkkım olsun, ateşler içinde yansınlar, maldan mülkten hayır görmesinler, canlarından ve mallarından çıksın, evlatlarından çıksın, elden ayaktan düşsünler, benden başka bakanları olmasın." demelerimizden ve tüm kötü söz, temenni ve dualarımızdan, attığımız iftiralardan, ellerimiz ile yaptığımız tüm zulümlerden, çevirdiğimiz hile tuzak ve entrikalardan, kin ve nefret gütmelerimizden, huzuruna kalp kırgınlığı kin ve öfke gibi kötü ve nefsanî hasletler ile gelmelerimizden, akraba ile sıla-i rahimi kesmelerimizden ve birbirimizin haklarına girmelerimizden, mallarımızı çalmalarımızdan ve gasp etmelerimizden;

Tevbe ettim. Tevbe ettim. Tevbe ettim.

Tevbe ettim. Estağfirullah Yâ Varis.

Tevbe ettim. Estağfirullah Yâ Tevvab.

Tevbe ettim. Estağfirullah Yâ Ğaffar. (33 defa)

Ey adalet ve hak ile hüküm veren Allah'ım!

Benim ve soyumun, eşimin ve soyunun, anne ve babamın, soyumuzdan ölmüş ve sağların miras kavgaları mal ve mülkler nedeni ile kardeşlerin anne babalarını, amcalarını, halalarını, yengelerini, teyzelerini, dedelerini, dayılarını, kendi soy ve kan bağı düşenleri ve karşı taraftaki mazlum yetim gariban ve kimsesiz kulları dünyalık mal sebebiyle yaralamalarımızdan, kanlarını dökmelerimizden; soy sop çekişmesi ve başka nedenler ile ağalık ve beylik düzeni için övülmek veya herhangi övgüye mazhar olmak isteyerek zalim ve zorba olmalarımızdan; soyları birbirlerine düşürüp cinayet ve ölümlerin artmasına sebep olmalarımızdan, birbirlerinin veya birilerinin hanımlarını kaçırarak kaçırdıkları kadınların eşlerinin veya hanımlarının beddua ve ahlarını almalarımızdan, büyü yaptırmalarımızdan, eşlerini birbirlerinden ayırmak istemelerimizden, kendi kardeşlerini, anne baba ve akrabalarını öldürmelerimizden, öldürme planı yapmalarımızdan, bu olay ve hadiselerle şarkı ve türkü söyleyerek eğlenmelerimizden, kendilerine emanet olarak kalan ve sahiplendikleri mazlum ve yetimlerin haklarını yiyerek azıtmalarımızdan, üzmelerimizden, darp edip yaralamalarımızdan, taciz tecavüz etmelerimizden, yaptığımız her türlü zulüm günahlarından; kıyamet günü boyunlarımıza dolanacak mal sevgilerini kalplerimizde taşımalarımızdan ve mazlum hale düşen kullarının kul hakları ve beddualarına, ahlarına ve lanetlerine toplum olarak maruz kalma hatalarımızdan;

Tevbe ettim. Tevbe ettim. Tevbe ettim.

Tevbe ettim. Estağfirullah Yâ Kuddûs.

Tevbe ettim. Estağfirullah Yâ Hakk.

Tevbe ettim. Estağfirullah Yâ Ğaffar. (33 defa)

Ey af ve hoşnutluk talebinde bulunanları bağışlayan ve onlardan razı olan Allah'ım!

Bizler nefsimize zulmederek sahip olduğumuz malların, mülklerin, servet ve ziynetlerin zekâtlarını vermeyerek ve bize miras kalan malların zekâtlarını araştırmayarak mal ve mülkümüzün kirli hale gelmesine, şeytanın mallarımızdan hisse alarak bizi harama yönlendirmesine, neslimizin mala ve mülke tamah etmesine, başımıza binbir türlü bela ve musibetin gelmesine, fakirleşerek geçim sıkıntısı çekilmesine sebep olduk. Ben mal ve mülk üzerine işlediğimiz burada saydığım ve sayamadığım, bildiğim ve bilemediğim tüm bu günahlar sebebiyle kendi adıma, haksızlık yapanlar, haksızlığa uğrayanlar ve haksızlığa sebep olanlar adına, eşim ve eşimin soyundan aynı günahları işleyenler adına ve ümmet-i Muhammed'den (sav) aynı günahları işleyenler adına Senden affımızı diliyor ve istiğfar ediyorum. Ben tüm bu günahlarımız için;

Tevbe ettim. Tevbe ettim. Tevbe ettim.

Tevbe ettim. Estağfirullah Yâ Ğani.

Tevbe ettim. Estağfirullah Yâ Vasi.

Tevbe ettim. Estağfirullah Yâ Ğaffar. (33 defa)

Allah'ım! Anne ve babamın, (eşimin ve eşimin soyunun), soyumdan ölmüş ve sağ olanların zulümle ve haksızlıkla elde ederek bana bırakmış oldukları miras mallarını yemekten, içmekten ve kullanmaktan, bana getirdikleri ve getirecekleri tüm kazançlarından, felaketinden, helaketinden ve şerrinden Sana sığınıyorum. Ben soyumun zulümle elde ettiği bütün haksız kazanç ve bıraktıkları haram miraslarını reddediyorum. Allah'ım bu dünyada elde ettiğim, ibadet ve salih amellerimin girdiğim haklar karşılığında kıyamet gününde hak sahiplerine dağıtılması suretiyle müflis durumuna düşmekten Sana sığınırım.

Allah'ım! Ben dünya malı için hakkıma girenlere yaptığım tüm lanet, bela, beddua ve kahırlarımdan tevbe ettim. Miras, para ve mal paylaşımında bana, (eşime), anne ve babama, evlatlarıma, zürriyetime, soyumdan ölmüş ve sağlara, kardeşlerime, akrabalarıma haksızlık yapan herkese geçmiş ve gelecek, dünya ve ahiret bütün haklarımı helal ettim, helal ettim, helal ettim. Şahit ol Yâ Rabbi...

Birahmetike Yâ Erhamerrahimin.

Allahümme salli ala seyyidina ve nebiyyinâ Muhammed.

Allah'ım! Hırsımın azgınlığından, gazap ve öfkemin haddini aşmasından, hasedimin galebe çalmasından, sabrımın zaafa uğramasından, kanaatimin azlığından, ahlâkımın bozulmasından, hakkım olmayanı almaktan ve bilmediğim bir konuda kelâm etmekten Sana sığınırım. Sen benim günahlarımı affet. Âmin.

HAKSIZ VE HARAM KAZANÇ TEVBESİ

Eûzubillâhimineşşeytânirracîm.

Bismillâhirrahmânirrahîm.

Allahümme salli alâ seyyidinâ Muhammedin ve alâ âl-i seyyidinâ Muhammed.

Ey kötü kimselerin ve iyi insanların kim olduğunun gün gibi açığa çıkacağı, hesap endişesinden ellerin ayakların titreyeceği, ömrünü ihsanla değerlendirmiş yiğitlerin Senin yakınlığına mazhar kılınacağı, hayatını kötülükle heder etmiş bahtsızların da uzaklığa maruz bırakılacağı, dünya hayatındayken her kim ne işlemişse karşısına tastamam çıkarılacağı ve hiçbir kimsenin zerre ağırlığınca haksızlığa uğratılmayacağı o şiddetli hesap gününün sahibi olan Allah'ım!

Kanaat ve iktisat etmeyip Senin bize helal kıldığın kazanç ve rızık yollarına rıza göstermeyerek başımıza dert ve meşakkatlerin, bela ve musibetlerin gelmesine, bereketin kesilmesine; şeytanın bizim, eşlerimizin, evlatlarımızın, mallarımızın ve ticaretimizin üzerinde hisse almasına sebep olacak haram kıldığın yollara tevessül ettik. Ticaretimize, kazancımıza, maaşımıza, geçimimize, rızkımıza, malımıza haksız ve haram kazançlar ekleyip cismimizin haramlar ile büyümesine, bizleri cennetine ulaştıracak amellerden uzak bırakarak cehenneme ve helâka götürecek, kendimizin ve neslimizin haramzade olmasına sebebiyet verecek hata ve günahlar işledik.

Ey mülkünde, iradesi dışında hiçbir şey artmayan Allah'ım!

Faiz yemekten ve yedirmekten, paramı faize ve bankalara bulaştırarak lanetli hale getirmekten, Senin bize haram kıldığın faiz günahına kendimizce yorumlar getirip "Bu zamanda faizsiz ticaret olmaz, ev araba alınmaz, enflasyon miktarı kadarı helaldir, kâr payı alıp veriyorlar, dar'ul harp memleketlerdeyiz, âlimler helal diyor." deyip işlediğim kusuru meşrulaştırmaya çalışıp, ev-araba-eşya-yiyecek-giyecek-mal-mülk ve araziler alıp, ticaretime yatırım yapıp ihtiyaçlarımı faiz ile görerek hayatımı bereketsizleştirmekten ve bedenime, kazancıma, aileme ve çocuklarıma şeytanın tesir etmesine sebebiyet verecek hale gelmekten; düğünümü faiz paraları ile yapıp evimi ve eşyalarımı, eşimin mehrini faiz paraları ile ödeyerek yuvamı haramlar üzerine inşa etmekten; iş yerimi ve ticaretimi faiz paraları ile döndürmekten, faiz alması için Senin kullarına yardımcı ve kefil olmaktan, teşvik edici olmaktan, akıl verip bankaya sevk etmekten, kredi kartları ile her türlü alışverişime faiz bulaştırıp faiz sistemine destek olmaktan, tefecilik yapmaktan, tefecilere aracı olmaktan, borçluları tefecilere yönlendirerek faiz kirine bulaşmalarına sebebiyet vermekten, paramı helal kazanç kapılarına yönlendirmeyip haram kıldığın sistemlerde değerlendirmekten, emek göstermeden kazanmaya çalışmaktan, kredi ile iş gören firmaların büyümelerine destek vermekten, tahvil kâğıtları alarak harama bulaşmaktan, çek ve senetlere faiz koymaktan, yeniden borç yapılandırması diyerek faiz talep etmekten, faiz batağına girip iflas ederek isyanlara girip intiharı düşünmekten, rızkımın ve bereketin kaynağını kendi faiz günahlarım sebebiyle kuruttuğum halde bereketimi kesmemi Sana mal edip dualarıma cevap vermediğini, beni yalnız bıraktığını düşünerek isyan etmekten; faizli para ile sadaka ve zekât vermekten, kurban kesmekten, hacca gitmekten, fakir fukara doyurmaktan;

Tevbe ettim. Tevbe ettim. Tevbe ettim.

Estağfirullah Yâ Vâris, Yâ Afûvv.

Estağfirullah Yâ Ğaffâr. (33 defa)

Ey hayrı çok olan cömertlik ve nimetler sahibi Allah'ım!

Ticaret metamızın ve kira gelirlerimin, birikmiş para ve ziynet eşyalarımın, tarladan kaldırdığımız mahsullerin ve sahip olduğumuz hayvanların zekâtını vermemekten; zekâtını hakkıyla hesap etmeyerek eksik vermekten, daha az vermek için hesabı yanlış yapmaktan, malın kötüsünden ve başa kakarak vermekten, verdiklerimin bana minnet etmesini bekleyerek yaptığım hayrı ifsat etmekten, verdiğim hayırları kullarına duyurarak ihlasımı zedelemekten ve hayrımı batıl hale getirmekten, zekât için ayırdığım maldan ve paradan faydalanmaktan, emanet aldığım zekât ve sadaka mallarını yemekten ve kullanmaktan;

Miras paylaşımında zulmederek hakkım olmayanı almaktan, geçici dünya malı için lanet, bela, beddua okuyup hak haramlıklarında bulunmaktan, yetim ve öksüzlerin haklarını gasp etmekten ve mallarını haram yola sevk ederek haklarını vermemekten, Senin bize emrettiğin ölçüler içinde miras taksimatı yapılmasına rıza göstermemekten, hile ve entrikalar çevirmekten; arazilerimizin sınırlarını değiştirerek komşumuzun hakkına tecavüz etmekten, bize ait olmayan tarlalarda hayvanlarımızı otlatarak ve ürünler hasat ederek rızkımıza haram karıştırmaktan, başkasına ait suları içmekten ve kendi mahsullerimize akıtmaktan, yaptığımız günahı örtmek için yalan söylemekten, haklıymış gibi savunmaktan, insanları bu zulümlere sevk ve idare ederek ortak etmekten;

Tevbe ettim. Tevbe ettim. Tevbe ettim.

Estağfirullah Yâ Malike'l-Mülk.

Estağfirullah Yâ Hakem, Yâ Adl.

Estağfirullah Yâ Ğaffâr. (33 defa)

Ey hak ile hükmeden, fakirliği bulunmayan Allah'ım!

Senin bize helal kıldığın rızık, mahsul ve ticaret metalarına kanaat etmeyip kendimizin ve kullarının günaha girmesine sebebiyet verecek mahsuller yetiştirmekten, mamuller üretmekten, üreten tesislerde çalışmaktan, nakliye ve satışında bulunmaktan;

Kanaat ve iktisat göstermeyip maaşıma, rızkıma, geçim kaynağıma haram bulaştırarak rüşvet alıp vermekten, rüşvete aracılık ve teşvik etmekten, mesai saatlerime dikkat etmemekten, vakıf ve kamu malını zimmetime geçirmekten, hakkım olmadığı halde faydalanmaktan ve israf etmekten, kaçak elektrik ve su kullanmaktan, kamu arazilerinden izinsiz ağaç kesmekten ve faydalanmaktan, kamu ihalelerini rüşvetle alarak, eksik ve gediklerini rüşvet yoluyla örtbas ederek umumun hakkına tecavüz etmekten;

Şans oyunları oynamaktan, kullarının mallarını hırsızlık ve gasp yolu ile almaktan; fal ve bakım yaparak, muska yazarak, gayba ait haberler vererek batıl ve şirk ihtiva eden yollardan; dövme yapmak, zina ve fuhşiyat gibi her türlü haram yoldan kazanç elde etmekten ve haram kazanç elde etmeye aracılık ederek vesile olmaktan, haram kazanç hususunda teşvik edici olmaktan;

Tevbe ettim. Tevbe ettim. Tevbe ettim.
Estağfirullah Yâ Settâr, Yâ Tevvâb.
Estağfirullah Yâ Ğaffâr. (33 defa)
Ey mülk ve celâlin gerçek sahibi Allah'ım!

Ticaretime Senin isminle başlamamaktan, malı fahiş fiyata satmaktan, stok yaparak fiyatın yükselmesine sebebiyet vermekten, gurur ve kibre girerek daha fazlasını kazanmak için haksız rekabet oluşturmaktan, ölçü ve tartıda hile yapmaktan, hep daha fazlasını kazanmak düşüncesiyle haksız ve insafsız rekabetlere girişip fiyatları aşırı yükselterek veya düşürerek diğer kullarının ticaretlerini ellerinden almaktan ve engellemekten, batmalarına ve borç içinde iflas etmelerine sebep olmaktan; malın kusurunu söylemeyerek ve kullarını yanıltarak yalan üzerine yeminler ederek kullarının yanılmasına ve zarara uğramasına sebep olmaktan; bozuk ve hileli gıdalar satarak veya gıdalarla oynayarak insanların sağlığına zarar vermekten; ticaret ve mallar üzerine adaklar söyleyip yerine getirmemekten, yeminler ederek yeminleri bozmaktan; yalan söyleyerek, söz verdiğim gibi malları teslim etmeyerek, borçlarımı ödemeyerek veya zamanını geçirerek kullarının zarara uğramasına sebep olmaktan; işçinin hakkını alın teri kurumadan vermem emredilmişken ve imkânım olduğu halde yalan söyleyip hırs göstererek zamanında ve tam ödememekten; malını satın aldığım üreticilerin hakkını ödememekten, zulmederek paramı tahsil etmekten, paramı tahsil etmek için mallara, eşlere ve çocuklara küfretmekten ve zarar vermekten; alacak verecek veya haram kazançlar sebebiyle lanet beddua okumaktan, yalan söyleyip iftira atmaktan, yalancı şahitliklerde bulunmaktan;

Tevbe ettim. Tevbe ettim. Tevbe ettim.

Tevbe ettim. Estağfirullah Yâ Mütekebbir, Yâ Rezzâk.

Tevbe ettim. Estağfirullah Yâ Settâr, Yâ Tevvâb.

Estağfirullah Yâ Ğaffâr. (33 defa)

Ey her şeyi maddî ve manevî kirlerinden arındıran Kuddûs!

Soy ve zürriyetlerimizden haramzade nesiller yetişmesine, soyumuzdan gelenlerin haksız kazançlar sebebiyle zalimleşerek yahut zulme taraf olarak lanetlenmelerine; mal düşkünü olmalarına, rızık, mal ve para üzerinde endişeye düşmelerine; ticaret hayatlarının çaba göstermelerine rağmen bereketsiz olmasına, maddî ve manevî hastalıklar ile aileler kurup nesiller yetiştirmelerine, haram kazançlar ile bedenlerimizin semirmesine; işçilerin ve yetimlerin, dulların ve kullarının haklarına göz koymasına, ticaretinde hile yapmasına; alacak ve borçlar nedeniyle bizlere beddua, lânet ve hakların haram edilmesine; haramlar içerisinde çalışmalarına ve haramları helâl bilmelerine; şeytanın ticaret, mallar ve evlâtlar üzerinde hisse almasına ve musallat olmasına yol açan ve açacak tüm hata ve günahlardan; kendimin, eşimin (ayrıldığım eşimin), soylarımız ve zürriyetlerimizin ve Hz. Âdem'den (as) kıyamete kadar gelmiş, gelecek aynı günah ve kusurları işleyen ve işleyecek tüm inananların ve ümmet-i Muhammed'den (sav) dahi aynı günahları işleyerek mallarına ve rızıklarına haram karıştıranların yarattığın zerreler ve rızıklar adedince ben Senden affını diliyorum. Ben tüm bu saydığım ve sayamadığım günahlar için;

Tevbe ettim. Tevbe ettim. Tevbe ettim.

Estağfirullah Yâ Settar, Yâ Tevvab, Yâ Kuddüs.

Estağfirullah Yâ Ğaffâr. (100 defa veya daha fazla)

Birahmetike Yâ Erhamerrahimin.

Allah'ım beni, ailemi, soyumu, zürriyetimi ve ümmet-i Muhammed'i haram kazançlardan arındır Yâ Kuddüs. Ticaretime, maaşıma, rızkıma, geçimime her türlü haram kazanç karıştırmaktan Sana sığınırım.

Ey lütuf ve ihsan sahibi Allah'ım! Ey Erhamerrahimin! Sonsuz rahmetin hakkı için Senden dileniyorum: Beni dinimde engin anlayışın ifadesi olan fıkıhla rızıklandır. İlmimi ziyadeleştir. Rızkımı kafi eyle. Bedenime sıhhat ver. Helale ve razı olduğuna talip eyle. Haram kazancın her türlüsünden muhafaza eyle. Boğazımızdan haram ve hak etmediğimizin geçmesinden koru. Ölmeden önce bütün kusur ve günahlarımdan tevbeye beni muvaffak kıl. Ölüm esnasında rahat ve huzur bahşet. Öldükten sonra da günahlarımı mağfiret buyur. Hesabımı kurtuluş ile neticelendir ve sırattan kolayca geçmeyi nasip eyle. Efendimiz Hazreti Muhammed'e, pırıl pırıl aile efradına ve kerem abideleri olan sahabesine salât ve selâm eyle. Âmin.

Allahümme salli alâ seyyidinâ Muhammedin ve alâ âl-i seyyidinâ Muhammed.

Sadaka Niyeti

(Yapacağınız zaman ve yapacağınız işe niyet edin.)

Niyet ettim Allah'ım Senin rızan için; soyağacı niyetinde saydığım niyetlerle beraber benim ve soyumun, eşimin ve soyunun yukarda saymış olduğum tüm haksız ve haram kazanç günahlarının affı ve zürriyetimizin dahi bu günahlardan uzak olması, şeytanın bizlere bu günahları işletmesinin önünün kesilmesine vesile olması, hakkı yenenlerin hayrına geçmesi, herkesten helallik alıp kul haklarından arınmış olarak ölmenin bize nasip olması niyeti ile;

1- Sadaka vermeye.

2- Fakir doyurmaya

3- Su kuyusu açmaya.

4- Ağaç diktirmeye.

5- Mama dağıtmaya.

ZULMEDENLERİN VE ZULME TARAF OLANLARIN TEVBESİ

Eûzubillâhimineşşeytânirracîm.

Bismillâhirrahmânirrahîm.

Allahümme salli alâ seyyidinâ Muhammedin ve alâ âl-i seyyidinâ Muhammed.

Ey kullarının her yaptığını gören!

Ey zalimleri derdest edip yakalaması pek çetin olan!

Ey kıyamet gününde kulları arasında hükmedecek olan!

Ey adaletli olmayı, ihsanla hareket etmeyi ve muhtaç oldukları şeyleri yakınlarına vermeyi kullarına emreden; onları hayasızlıktan, çirkin işlerden ve haddi aşıp tecavüz etmekten nehyeden! Düşünüp tutalım diye bize öğüt veren Allah'ım!

Benim, soyumun ve zürriyetimin; kızgınlık ve öfkeyle, üzüntü ve kederle, kin ve nefretle; Senin bize vermiş olduğun hayat arkadaşı olan eşe, en tatlı emanetin olan evlatlara, öf bile demekten menettiğin anne ve babalara, berekete vesile kıldığın dede ve ninelere, kardeş ve kayınlara, kayınpeder ve kayınvalideye, akrabalara, gelinlere, damatlara, kadınlara, kızlara, hamile kadınlara, doğacak veya yeni doğmuş bebeklere, dostlara, iş arkadaşlarına, komşulara, rızıklarına vesile olduğumuz çalışanlara, ilim öğretmekle vazifeli olduğumuz öğrencilere, uhdemize verilmiş olan personele, malına-bakımına ve canına müzahir kılındığımız dul-öksüz ve yetimlere, yaşlı kişilere, hasta ve engellilere, garibanlara ve fakirlere, yolculara, iş yaptıklarımıza, alacaklı ve verecekli olduklarımıza, mal ve miras paylaştıklarımıza, dine hizmet eden âlim, hoca ve Kur'an talebelerine, tüm bunların eş-evlat-akraba ve yakınlarına, bütün insan ve hayvanlara; dilimizle söylediğimiz aşağılama, sövme, kınama, dedikodusunu yapma, hakaret etme, lanet ve bela okuma, kahırlanıp küfretme, rencide edip küçük düşürme, iftira ile mağdur etme, yalancı şahitlik yapma, kibirle zulmetme sözlerimizden; elimizle ve sair azalarımızla yaptığımız kasten canına kıyma, dövme, vurma, yaralama ve yaralamaya sebebiyet verme, zulümle kan akıtma, taşla-sopayla-silahla vurma, öldürme, suda boğma, asarak-boğarak öldürme, sakat veya felç kalmasına sebep olma, ateşte yakma, soğukta dondurma, aç bırakma, vücut azalarını, kulak, el ve ayaklarını kesip gözlerini oyma ve sair uzuvlarına zarar verme, yerlerde sürükleme, zehirleme, üzerlerine hayvan salma, diri diri toprağa gömme; zina ve cinsel sapkınlık ile istismar, tecavüz etme ve tacizde bulunma; intikam alma, tehdit etme, korkutma, kaçırma, hürriyetinden mahrum etme, hapse girmesine sebep olma; kabristanlarını talan etme ve yakma, cesetlerine zulmetme, taciz ve tecavüzde bulunma; borçlandırma, malına mülküne zarar verme, gasp etme veya talan etme, yakma, hakkına girme, zimmetine geçirme; anne hayvanı yavrularının gözü önünde kesme ve öldürme, yavrularına anne hayvanın yanında zulmetme ve annelerinden ayırma gibi işkence ederek, kin ve öfke besleyerek elimle, dilimle ve bedenimle yaptığım, yaptığımız ve yaptıkları her türlü zulümlerden;

Tevbe ettim. Tevbe ettim. Tevbe ettim.

Estağfirullah Yâ Rahîm, Yâ Cebbâr, Yâ Muntakim, Yâ Muksit.

Estağfirullah Yâ Ğaffâr. (33 defa)

Ey sır ve gizlilikleri bilen, her şeyi müşahedesi altında tutan Allah'ım!

Benim ve soyumun işlemiş olduğu; hamile kadınlara zulmederek, döverek, çocuğunu düşürmekten; çocuklara, gelinlere, yetimlere, yaşlı ve hastalara, tüm insanlara zulümler etmekten; bakamayız korkusuyla bile bile çocuk cinayeti işleyerek düşüğe sebebiyet vermekten ve kürtaj yaptırmaktan; çocuklara, kardeşlere, eşlere, arkadaşlara anne ve babalarının, kardeşinin, eşinin, ve arkadaşının gözü önünde taciz ve tecavüzde, işkence ve zulümde bulunmaktan, anne ve babalarından, kardeşlerinden, eşinden ayırarak hasretle acı çektirmekten; birilerinin gelin ve hanımlarını kaçırarak, kaçırılmasına yardım ederek yuvaların dağılmasına sebebiyet vermekten, kaçırdıkları kadınların ve eşlerinin beddua ve ahlarını almaktan; eşleri, sevenleri birbirlerinden ayırmak isteyerek fitne fücur işlemekten, entrikalar çevirip büyüler yaptırmaktan; hastalara, eli ayağı sakat, dilsiz, gözleri kör, vücutları felç olan kullarına zulmetmekten, hastaneye götürmeyerek, ilaçlarını vermeyerek ızdırap çekmelerine ve ölmelerine sebep olmaktan, itip kakmaktan, "ölsen de kurtulsak" gibi her türlü kötü sözlerimizden ve sözlerimizle hor ve hakir görerek kınamaktan, iğrenmekten, rencide ederek üzmekten;

Tevbe ettim. Tevbe ettim. Tevbe ettim.

Estağfirullah Yâ Rahim,Yâ Raûf, Yâ Afüvv.

Estağfirullah Yâ Ğaffar. (33 defa)

Ey kıyamet gününde hiçbir kimsenin zerre kadar haksızlığa uğramayacağı dosdoğru ve hassas teraziler vaz'eden Allah'ım!

İhtiyacım, hırsım, iktisatsızlığım, kanaatsizliğim, çaresizliğim, imkânsızlığım neticesinde aldığım; para, ziynet eşyası, mal, araç gereç borçlarını zamanında ve tam ödemede kusur ve ihmal etmekten, geri öderken kusurlu ve eksik vermekten, verirken yalan söylemekten, hakaret ve küfür etmekten, sövmekten, elimle ve dilimle yapmış olduğum bütün zulümlerden, söz verdiğim zaman ve yerde ödememekten, "Ödedim, kitap ve Kur'an çarpsın!" diye yalan yeminler etmekten, ödeme gayreti içinde olmayarak inkâr etmekten, miktarı konusunda yalan söylemekten, yalancı şahit göstermekten, borcumu zamanında ödemeyerek alacaklıların da mağdur olmasına, günaha girmesine sebep olmaktan; insanların mallarını çalmak için borçlarını bahane göstermekten; soyumdan ölmüşlerin borçlarını araştırmamaktan, miraslarından borçlarını ödemeye yanaşmamaktan, alacaklılara zulmedip yaralamaktan, ellerinden malı zorla ve rızaları olmadan almaktan;

Tevbe ettim. Tevbe ettim. Tevbe ettim.

Estağfirullah Yâ Rahim, Yâ Rezzak, Yâ Basir.

Estağfirullah Yâ Ğaffar. (33 defa)

Ey kötülük işleyenleri yaptıklarının karşılığı ile cezalandıran ve ihsan sahiplerine en güzel mükâfatı veren Allah'ım!

Alacağımı verdiğimden fazla isteyerek faiz eklemekten, zorla senet imzalatıp hak ettiğimden fazlasını istemekten; borçları sebebiyle insanları kınamaktan, aşağılamaktan, küçümseyip akılsızlıkla suçlamaktan; Senin bana göstermeni beklediğim merhametin azını dahi kullarından esirgeyip anlayışsız ve merhametsiz davranarak kibirlenmekten; alacaklı olduğum insanlara yardımcı olmayıp borçlu kişileri ve ailelerini mahcup etmekten, gıybet ve dedikodularını yapıp iftiralar atarak halk nezdindeki itibarları ile oynamaktan, zorda kalarak isyan etmelerine, lanet bela ve beddua okumalarına, eş-dost ve akrabalarına rezil rüsva olmalarına sebep olmaktan; kendilerinin eş ve çocuklarının intiharına sebep olacak tavırlara girmekten, insanların borçları sebebiyle namuslarına göz koymaktan, haram taleplerde bulunmaktan hata ve kusurlarını başkalarına söylemekten;

Tevbe ettim. Tevbe ettim. Tevbe ettim.

Estağfirullah Yâ Adl, Yâ Hakem, Yâ Settâr.

Estağfirullah Yâ Ğaffar. (33 defa)

Ey mülkün sahibi, tek vârisi ve ikram edenlerin en hayırlısı olan Allah'ım!

Benim, anne ve babamın, soyumuzdan ölmüş ve sağların, eşimin ve soyunun miras kavgaları mal ve mülk nedeni ile; kardeşlere, amcalara, yengelere, teyzelere, dede ve ninelere, dayılara, halalara, kendi soy ve kan bağı düşenlere ve karşı taraftaki mazlum-yetim-gariban ve kimsesiz kullarına karşı; dünyalık mal sebebiyle akrabalık bağlarını zedeleyici söz ve cümleler kullanmaktan, kalplerini kırmaktan, kardeşi kardeşe kırdırmaktan, aralarına fitne atmaktan, yaralamaktan, kanlarını dökmekten, parasını ve malını çalmaktan, alacaklılara ve borçlulara zulmetmekten, miras hukukuna riayetsizlik etmekten; anne ve babadan kalan miras mallarında yetimlerin haklarını gözetmemekten, mallarına-canlarına zulmetmekten, emanet mallarını telef etmekten, harama sevk etmekten, yetimlere yapılan haksızlığa razı olmaktan ve göz yummaktan, emanet olarak kalan ve sahiplenilen yetimlerin haklarını yiyerek azıtmaktan, hakkını isteyenlere vermemekten, mallarını yemekten ve onları üzmekten, darp edip yaralamaktan, taciz ve tecavüz etmekten; bağ, bahçe, tarla sınırlarını genişleterek kullarının haklarını gasp etmekten, miras kavgaları ile insanları yaralamaktan, kanlarını dökmekten, soyları birbirlerine düşürüp cinayet ve ölümlerin artmasına sebep olmaktan, ihtiyaç sahiplerine yardımcı olmayıp görmezden gelmekten, bu olay ve hadiselere şarkı ve türkü söyleyerek eğlenmekten, mal ve mülk için yaptıkları ve yaptığımız her türlü zulüm günahlarımızdan,

Tevbe ettim. Tevbe ettim. Tevbe ettim.

Estağfirullah Yâ Rahim, Yâ Mâlik'el-Mülk, Yâ Vâris.

Estağfirullah Yâ Ğaffar. (33 defa)

Ey kendisinden hükmetmesini isteyenler hakkında hükmeden, şikâyetleri işiten ve mazlumların intikamını alan Allah'ım!

Benim ve soyumun; basiret ve ferasetle düşünmeyip dine ve millete zarar vermek isteyenlere, siyasette bizi aldatanlara taraf olarak kendi irade ve tercihlerimiz ile zulmeden olmaktan ve zulmedenlere rıza göstermekten, gizli ve açıktan destek olmaktan, haklı iken hakkımızı meşru dairede aramayarak zulme başvurmaktan, fitne ve fesadın yayılmasına-huzurun kalkmasına sebep ve aracı olmaktan, etkinliğimiz altındaki medya organlarını kullanarak yalan ve iftira atmaktan, yalan ve iftiranın yayılmasına sebep olmaktan, kullarının itibar-haysiyet ve şereflerini iftiralar ile zedelemekten, intikam duyguları içinde zorbalık yaparak zulmetmekten, kardeşi kardeşe kırdırmaktan, masum ve mazlum insanlara suikast yaparak öldürmekten, soyları ve grupları birbirine düşürerek cinayet ve ölümlerin artmasına sebep olmaktan, ağalık ve beylik düzeni için övülmek veya herhangi bir övgüye mazhar olmak isteyerek zalim ve zorba olmaktan; âlim ve hocalara, İslam'a hizmet eden ve dini temsil edenlere eziyet ederek karşılarında ilahi kitabı yakma, zulümle onları şirke ve kendine secde etmeye zorlama, mezarlarını açıp taciz etmekten; dine zarar vermek niyetiyle istihbarat bilgileri toplamaktan, planlar yapmaktan ve entrikalar çevirmekten, hile ve tuzakların birer parçası olmaktan, kullarının gizli ve açık hallerini araştırarak şantajlar yapmaktan ve ifşa etmekten; mesleklerini, çalışmalarını, okumalarını, hayatlarını, yaşam haklarını engellemekten; eşlerine, çocuklarına, ailelerine, kardeş ve akrabalarına zulmetmekten, zulme taraf ve vesile olmaktan; mallarına ve mülklerine çökmekten ve talan etmekten, kendi zimmet ve tasarrufuna geçirmekten; bize verilen yetki ve gücü kullanarak haklarında haksız kararlar vererek hapse atılmalarına, yuvalarının dağılmasına, mallarının ve ticaretlerinin talan edilmesine, sağlıklarının bozulmasına, hapiste yaşlanmalarına, ölmelerine, idam edilmelerine sebep olmaktan ve bu yapılanlar sebebiyle masum ve mazlumların lanet, bela, beddua ve ahlarını almaktan; tarafgirliğin neticesi olarak kibir ile nefsanî arzular için zulümleri, zalimliği siyaset konusu yaparak zulme ve zalimliğe sessiz kalmaktan ve taraf olmaktan, zulmedildiği ve zalimlik yapıldığı halde kabullenmeyerek tevbe ve duadan uzak durmaktan; vatana ihanet edip savaştan kaçarak ordunun yenilgiye uğramasına, askerlerin şehit olmasına; eşlerin ve çocukların dul, yetim ve öksüz kalmasına; evlat eş, anne, baba acısı çekmesine, vatansız yurtsuz kalıp esarette yaşamasına ve zulme uğramasına sebep olmaktan;

Tevbe ettim. Tevbe ettim. Tevbe ettim.

Estağfirullah Yâ Rahim, Yâ Muntakim, Yâ Adil.

Estağfirullah Yâ Ğaffar. (33 defa)

Allah'ım! Kendi yoldan çıkmışlığımla kullarından birisini bir günaha meylettirmiş ya da onu, süslü göstermek gibi hilelerle hiç bilmediği bir günahla tanıştırmış, dolayısıyla da aldatmışsam ve yarın Senin yüce huzuruna kendi günahlarımla beraber böyle nice günahlarla gelirsem, bütün bu günahlardan dolayı da bağışlamanı diliyorum; beni bağışla. Âmin.

Allah'ım benim ve soyumun, eşimin ve soyunun ve dahi zürriyetimizin; dünyada binbir türlü bela ve musibetlerin başımıza gelmesine ve Senin huzuruna zalim olarak gelerek ahirette azap çekmemize sebep olan tüm hata, günah ve zulümlerimizden; kendim, eşim, soylarımız ve zürriyetimiz adına; Hz Âdem'den (as) günümüze kadar gelmiş ve gelecek olanlar adına; ümmet-i Muhammed'den (sav) tüm zulüm işleyerek günaha girenler adına ben Senden affımızı diliyor ve istiğfar ediyorum. Bu saydığım ve sayamadığım tüm zulüm günahlarım için;

Tevbe ettim. Estağfirullah Yâ Kahhâr, Yâ Hayy, Yâ Kayyûm, Yâ Cebbâr.

Tevbe ettim. Estağfirullah Yâ Settâr, Yâ Tevvâb.

Tevbe ettim. Estağfirullah Yâ Rahmân, Yâ Rahîm.

Estağfirullah Yâ Ğaffar. (100 defa veya daha fazla)

Birahmetike Yâ Erhamerrahimin.

Allah'ım; şüphesiz Sen çok bağışlayan ve çok merhamet edensin. Günahlarımızı, zulüm ve haksızlıklarımızı, şaka ile ya da ciddi olarak, kasten veya hata yoluyla işlediğimiz kusurlarımızı mağfiret eyle. Ben de Senin pek çok kuluna haksızlıkta bulunmuşumdur. Onların haklarını ödemeye beni muvaffak kıl ve ne olur, o haklardan dolayı bana azap etme. Hata ve kusurlarımı mağfiret buyur. Âmin.

Allahümme salli alâ seyyidinâ Muhammedin ve alâ âl-i seyyidinâ Muhammed.

Sadaka Niyeti

(Yapacağınız zaman ve yapacak olduğunuz hayra niyet edin.)

Niyet ettim Allah'ım Senin rızan için benim ve soyumun, eşimin ve soyunun yukarda saymış olduğum tüm zulüm günahlarının affı ve zürriyetimizin dahi bu günahlardan uzak olması, şeytanın bizlere bu günahları işletmesinin önünün kesilmesine vesile olması, sevabından tüm zulmettiklerimizin ölmüş iseler ruhlarının, sağ iseler ise ruhaniyetlerin de hissedar olması niyeti ile Senin rızan için;

1- Sadaka vermeye.

2- Fakir doyurmaya.

3- Ağaç dikmeye.

4- Su kuyusu açmaya.

5- Mama dağıtmaya.

6- Evlenecek çiftlere yardımcı olmaya.

7- Hasta ve sakatlara, ihtiyar ve yetimlere yardımcı olmaya.

DUYGU

- Benlik ve Kibir Tevbesi
- Şehvetini Harama Sevk Edenlerin ve Haddi Aşanların Tevbesi
- Korku ve Vesvesede Haddi Aşanların Tevbe ve Duası
- Sığınıyorum

Haberiniz olsun, cesette bir et parçası var ki, eğer o sağlıklı olursa, cesedin tamamı sağlıklı olur, eğer o bozulursa, cesedin tamamı bozulur. Haberiniz olsun bu et parçası kalptir."

(Buhari, İman 39)

BENLİK VE KİBİR TEVBESİ

Eûzubillahimineşşeytânirracîm.

Bismillahirrahmanirrahîm.

Allahümme salli alâ seyyidinâ Muhammedin ve aâa âli seyyidinâ Muhammed.

Ey büyüklükte eşi ve benzeri olmayan, gerçek ululuk sahibi, her şeyde ve her hadisede büyüklüğünü gösteren, yücelerin yücesi Mütekebbir! Ellerim açık, boynum bükük halimi Sana arz ediyorum. Bir uçtan bir uca Senin azametindir gözlerimi kamaştıran. Eşi ve benzeri olmayan büyüklüğün, azametin, kudretin ve hikmetin karşısında eğiliyorum. Ne olur kabul buyur kulluğumu, kovma kapından bu aciz ve çaresiz kulunu. Merhametin, şefkatin biz kullarını her daim kuşatır. Ben Senin affına muhtacım. Nefsimin arzu ve isteklerine, şeytanın hile ve tuzaklarına beni mağlup ettirme Rabbim.

Ey azameti her şeyi içine alan, her türlü saltanatın sultanı Allah'ım!

Acziyetimi ve fakrımı unutarak azametini ve büyüklüğünü hakkıyla idrak etmemekten; hata ve kusurları nefsimden bilmeyerek kendimi mükemmel görmekten; bütün güzellik, iyilik ve kemalatların kaynağını Senden bilmeyerek fahre ve gurura kapılmaktan; nefsime itimat ederek doymak bilmez arzu ve isteklerime tabi olup nefis terbiyesi için gayret göstermemekten; muvaffakiyet ve başarılarımı kendimden bilerek nefsimi methetmekten, kendimi sevmekten ve övmekten; eşya ve hadiselerin hakiki sevk ve idare edicisi Sen iken hadisatı kendi nefsime mal ederek ve isteyince her şeyi yapabileceğimi vehmederek "Ben yaptım, ben başardım, ben kazandım, ben olmasam olmazdı, ben verdim, en akıllı ve zeki olan benim, kabiliyetliyim, en doğrusunu ben bilirim." diyerek enaniyetle ve kibirle inkârcıların yolunu tutarak, azamet ve kudretine karşı şirk koşarak ve isyan ederek işlediğim tüm günahlarımdan; Senin rızana talip olmak yerine şöhrete düşkünlüğümün neticesi olarak kullarının takdir ve sevgisine şiddetle istek duymaktan; azametine, kibriyana, uluhiyet ve rububiyetine yaraşır ibadet ve kulluğu asla yapamayacağımı unutarak, yaptığım ibadetlere bir değer atfederek ve güvenerek, kendimin cennetlik olduğunu ve Senin nazarında değerli ve üstün bir kul olduğumu düşünmekten;

Tevbe ettim. Tevbe ettim. Tevbe ettim.

Estağfirullah Yâ Mütekebbir, Yâ Cebbâr, Yâ Kâdir.

Estağfirullah Yâ Ğaffâr. (33 defa)

Ey azamet kendisine mahsus olan, dilediğini dilediği kadar yücelten, şeref ve haysiyet veren Muazzım Allah'ım!

Şükrünü yapmaktan aciz olduğum; iman, İslam, ibadet, güzel ahlak, amel, takva, mal, mülk, eşya, zenginlik, eş, evlat, iş, sanat, kabiliyet, sima, huy, karakter, meslek, makam, ilim, beden ve sağlık gibi ihsanlarınla gururlanmaktan, övünmekten, böbürlenmekten ve verdiğin nimetlere şükre gücüm yetmezken hakkıyla şükrettiğimi düşünmekten; acizliğimi, zayıflığımı, kusurlarımı unutarak kendimi başkalarından ilimde, ibadette, kullukta, takvada, akıl, fikir ve zekâda, günahsızlıkta, soyda, mübareklikte üstün görüp insanların hürmet ve iltifatlarını, teveccüh ve muhabbetlerini umarak tekebbür ve kibir vadilerinde dolaşarak şeytana kök olmaktan; kendimi üstün, seçilmiş, hayırlı ve kurtulmuş görerek eminlik duygusuna kapılmaktan, diğer kullarını küçümseyerek onları hor, hakir ve cahil görerek aşağılamaktan; verdiğin tüm bu nimetleri kendi nefsimden bilmekten, başarılarımı kendime mal edip, daima ben ve benim deyip kendimi nazara verip durmaktan; kazancımı, rızkımı, servetimi, yeteneklerimi kendimden bilmekten, amellerimi gösteriş ile yapmaktan, ibadetlerimi sadece Senin rızan için yapmam gerekirken yaptıklarımı beğenerek insanların nazarına verip durmaktan;

Tevbe ettim. Tevbe ettim. Tevbe ettim.

Estağfirullah Yâ Rezzâk, Yâ Kerim, Yâ Rahim, Yâ Hâlik.

Estağfirullah Yâ Ğaffâr. (33 defa)

Ey mülkünden başka hiçbir mülkün devam ve bekası bulunmayan Allah'ım!

Topraktan yaratıldığımı, aciz ve zayıf olduğumu unutarak, ölmeyecekmiş gibi yaşayarak, dünyalık hırslara kapılıp uluhiyet davası güderek Karun gibi servetine, Nemrut gibi saltanatına güvenmekten ve Seni unutmaktan; şöhrete zebun olup kimsenin benden üstün olmasını istemeyip diğer kullarının karşımda el bağlamalarını arzu etmekten, başkalarına hükmetmeyi, emretmeyi isteyip övülmekten hoşlanarak tenkide kapalı olmaktan; istişare etmeyip başkalarının fikirlerine değer vermeyerek baş olmayı istemekten, hep kendimi haklı görerek kendi görüşümde ısrar etmekten; benim dediğim doğru, benim dediğim olacak diye ısrar edip, başkalarını kaba ve cahil görüp, her fırsatta kendimi nazara verip insanların teveccüh ve muhabbetlerini isteyerek kendimi seçilmiş özel bir kul görüp makam ve mansıp istemekten; kendi kusurlarını görmeyerek nefsimi temize çıkarmaktan, kendimi kınamayarak başkalarını eleştirmekten, öğütlere kulak tıkayarak, insanların ihtarına itiraz ederek nasihat edilmesini nefsime yediremeyip kendimi beğenmekten; her şeyin en iyisini kendisimin bildiğini düşünerek cahili olduğum hususlarda inat etmekten; kendim için istediğimi başkası için istemeyerek haset etmekten; soru soramayıp, bilmiyorum diyemeyip her soruya bilmesem de cevap verip hep ben konuşayım herkes beni dinlesin, idareyi-imamlığı sadece ben yapayım diye arzu etmekten;

Tevbe ettim. Tevbe ettim. Tevbe ettim.

Estağfirullah Yâ Kayyum, Yâ Hakem, Yâ Adl.

Estağfirullah Yâ Kuddüs, Yâ Settâr, Yâ Ferd.

Estağfirullah Yâ Ğaffâr. (33 defa)

Senin lütuf ve ihsan olarak verdiğin tüm nimetleri kendime mal edip, kendimden bilip; benim gözüm, benim kulağım, benim düşüncem, benim sesim, benim yazım diyerek verdiğin tüm kabiliyetleri kendime mal ederek ben yaptım, ben ettim demekten; bütün kemalat ve güzelliklerin Senden geldiğini unutup çirkinlik ve kusurları kendime vermeyerek vücudumu, ailemi, malımı sahiplenip kendimi emanetçi olarak değil sahip olarak görerek, verilenlerin Senin esma ve sıfatlarının tecellileri olduğundan gaflet ederek ilim, ibadet ve istidadıma güvenip aczimi ve fakrımı unutarak benlik ve gurur davasında bulunmaktan, kibre girmekten;

Tevbe ettim. Tevbe ettim. Tevbe ettim.

Estağfirullah Yâ Ğaffâr. (33 defa)

Allah'ım. Sen şahit ol ki ben tüm bu saydıklarımdan ve dahi sayamadıklarımdan kendi adıma, (eşim ve çocuklarım adına), anne babalarımız adına, soy ve zürriyetlerimiz adına, Hz. Âdem'den (as) kıyamete kadar gelmiş, gelecek tüm inanan kulların adına, ümmet-i Muhammed (asm) adına, isimlerinin tecelli ettiği her zerre ve Kur'an'ın harfleri sayısınca istiğfar ediyorum. Ben tüm bu günahlarım için

Tevbe ettim. Tevbe ettim. Tevbe ettim.

Tevbe ettim Estağfirullah Yâ Mütekebbir.

Tevbe ettim Estağfirullah Yâ Kebir.

Tevbe ettim Estağfirullah Yâ Azim.

Tevbe ettim Estağfirullah Yâ Celil.

Tevbe ettim Estağfirullah Yâ Kavî.

Tevbe ettim Estağfirullah Yâ Ğaffâr.

Birahmetike Yâ Erhamerrahimin.

Allahümme salli alâ seyyidinâ Muhammedin ve alâ âli seyyidinâ Muhammed.

ŞEHVETİNİ HARAMA SEVK EDENLERİN VE HADDİ AŞANLARIN TEVBESİ

Eûzubillahimineşşeytanirracim.

Bismillahirrahmanirrahim.

Allahümme salli ala seyyidina Muhammedin ve ala ali seyyidina Muhammed.

Ey isyankâr kullarını hemen cezalandırmayan, haddini aşanları derhal derdest etmeyen, tökezleyenlerin sürçmelerini görmezlikten gelen ve günaha bulaşanlara mühlet tanıyarak geri dönüş fırsatları veren Merhameti Sonsuz! Senin, isyankâr, günahkâr, mücrim, kusurlu ve tökezlemiş kulun huzuruna geldi. Rızana muhalif olarak içine düştüğüm bütün günahlarımı huzurunda itiraf ediyorum. Evet, hepsi Sana karşı bir haddi aşma ve isyandır. Ben ki kullarının görmelerinden çekinirken Senden utanmamış, -binler defa hâşâ- Sen yokmuşsun gibi davranmışım. Kahrından çekinmemiş, azabından korkmamışım. Eyvah! Ömür sermayesini nasıl da heder etmişim…

Allah'ım! Benim, anne babamın, eşimin ve anne babasının, evlatlarımın ve soyumdan ölmüş ve sağ olanların, zürriyetimin (eşimin soyundan ölmüş ve sağ olanların) ve tüm inanan müminlerin; nefislerine ve şeytanın aldatmalarına uyarak Senin bize vermiş olduğun şehvet nimetini helale ve meşru olana kullanmak yerine, haram kıldığın yollara sevk ederek yapmış olduğum ve oldukları tüm zina, haram olana bakma, dinleme, izleme, taciz ve tecavüz, kendini tatmin etme, eşcinsel ilişkiler yaşama, nikâhı kendimize haram olanlara meyletme, nikâhsız ilişkilerle evlat sahibi olma, gayrimeşruyu anlatma, teşvik etme, takip etme ve bu yolla kazanç elde etme, haram olan bu hallere sessiz kalma günahlarımızın affını diliyorum. Ben bu günahlarım için;

Tevbe ettim. Tevbe ettim. Tevbe ettim.

Estağfirullah Yâ Ğaffar. (33 tekrar)

Ey hataları mağfiret eden, suçları affeden Allah'ım!

Senin zikrine bir mahal kıldığın dilim ile edebe uymayan sözler söylemekten; eşe, anaya, bacıya, sülaleye, soya, zürriyete küfür etmekten, ahlaksız espriler yapmaktan, çirkinlikleri tasvir etme ve anlatma günahlarımdan ve anlatmalarım ile kullarının safi zihinlerini kirletmekten; kulaklarım ile ahlakımı tahrip edecek, his dünyamı altüst edecek, zihnimi bulandıracak, nefsimi azgınlığa ve aşırılığa sevk edecek çirkin sözleri, hikâyeleri ve şarkıları dinlemekten, dinlenmesini teşvik etmekten; Senin kâinatın muhteşem sanatını temaşa ve tefekküre vesile kıldığın gözlerim ile meşru kıldıkların haricine bakma ve kullarının hanelerini, mahremiyetlerini gözetleme günahlarımdan mahlûkatın uzuvları sayısınca;

Tevbe ettim. Estağfirullah Yâ Semi. Muhakkak ki sen her şeyi işitensin.

Tevbe ettim. Estağfirullah Yâ Basîr. Muhakkak ki sen her şeyi gördün.

Tevbe ettim. Estağfirullah Yâ Kuddûs. Günahlarımı pislikleri, kirleri gideren el-Kuddûs isminle temizle Ey Rabbim.

Estağfirullah Yâ Ğaffar. (33 tekrar)

Ey mahlûkatı rızıklandıran, yoktan var ettiklerine rızık veren Allah'ım!

Benim ve soyumun; kullarının şehvet duygularını harama sevk etmek adına, bunu kendime ve kendilerine rızık kapısı edinerek, aile ve nesillerin bozulmasına hizmet etmekten ve etmelerinden, paramı bu hususta sevk ederek aklım, dimağım ve tahayyülüm ile işlemiş olduğum tüm yanlış tasarruflarımdan, bu tür neşriyat üretmek ve yaymaktan, satışına vesile olmaktan, duyurulmasına gayret etmekten, dağıtmaktan, engelleyebilecekken mani olmamaktan, teşvik edici olmaktan, başkalarına vesile olmaktan ve kötülüğü onlara öğreterek bu yolda rehberlik yapmaktan, reklamlar yapmaktan ve yayımlamaktan, zina üzerinden kazanç elde etmekten ve çocuklarımı bununla beslemekten;

Binler kere binler tevbe ettim. Tevbe ettim. Tevbe ettim.

Estağfirullah Yâ Settâr, Yâ Tevvâb, Yâ Rezzâk.

Estağfirullah Yâ Ğaffâr. (33 tekrar)

Ey ayıplanan her bir mahlûkun ayıbını örten, ayıpları setreden Allah'ım!

Şehvetini harama sevk ederek zina yapanları, eşcinsel olanları, eşini aldatanları, kendini tatmin edenleri, taciz ve tecavüzde bulunanları, şehvetini kazanç kapısı yapanları, ensest ilişkilere girenleri, hayvanlara zulmedenleri, haram neşriyat bağımlılarını, irade gösterip bu günahlarını terk edemeyenleri, bunların ıslahları için dua gayreti içinde olmak yerine onları kınayarak, aşağılayarak, hor görüp küçümseyerek, gıybet ve dedikodularını yaparak, gizli hallerini araştırıp insanlara duyurarak, iftiralar atarak işlediğimiz günahlarımızdan;

Binler kere binler tevbe ettim. Tevbe ettim. Tevbe ettim.

Estağfirullah Yâ Settâr, Yâ Tevvâb, Yâ Afüvv.

Estağfirullah Yâ Ğaffar. (33 defa)

Ey suçluları bağışlamasında güzellik ve hikmet bulunan, en iyi şekilde affeden Allah'ım!

İffetli ve çaresiz insanlara yaptığımız zulüm, taciz, tecavüz, sarkıntılık, namuslarına iftira atma, mahremiyetlerini gözetleme ve haklarını gasp etme günahlarımız sebebiyle; mazlumların, yetimlerin, gelinlerin ve damatların, kadın ve erkeklerin, misafirlerin, çocukların, komşuların, arkadaşların, işçilerin, geçimlerini-barınmalarını ve korunmalarını takip ettiklerimizin, ölmüş ve sağ olan tüm kullarının; bana ve soyuma, eşime ve soyuna, evlatlarımıza ve zürriyetimize söylemiş oldukları tüm lanet, bela, beddua, kahır ve kötü sözlerinden ben onlar adına ve ümmet-i Muhammed'den aynı günahı işleyen gelmiş, gelecek tüm inananlar adına Senden affımızı diliyor ve istiğfar ediyorum. Ben bu günahlarımdan;

Tevbe ettim. Tevbe ettim. Tevbe ettim.

Estağfirullah Yâ Râfi, Yâ Muizz, Yâ Müzill.

Estağfirullah Yâ Ğaffâr. (33 tekrar)

Ey herkesi ve her şeyi her an görüp gözeten Müheymin Allah'ım!

Hayatımı Senin tanzim ettiğin esaslar üzerine kurmayıp cehalet ve bağnazlığım ile örf ve adetlerimi kendime esas edinip; para kazanma, mesleğimi edinme, işimi tutma düşüncesiyle evlenmeyi geciktirerek haram olan yollara gitmekten; evlatlarımın evlenmesi hususunda masrafları ve ziyneti çok isteyerek, henüz yaşının gelmediğini, sırasını beklemesini söyleyip "Ben bunu beğenmedim." gibi sözlerle evlenmesine rıza göstermeyerek kaçarak ve nikâhsız birliktelikler yaşamak suretiyle harama kaymalarında ve günaha girmelerinde pay sahibi olmaktan, evlatlarımın arkadaşlarımın ve akrabalarımın zina günahına düşmelerine sebebiyet vermekten, teşvik etmekten; gizli aşk ve evlilikler yaşayarak, nikâhı ilan etmeyerek, nikâhta şahit bulundurmayarak, mehir belirlemeyerek, talak verip nikâhı zedelediğimiz zamanlarda ise nikâhı tazelemeyerek, geçici süreyle sözleşmeli nikâh kıyarak nikâhın şart ve rükunlarını tam olarak yerine getirmeyip yanlış evliliklerle yuvaların kurulmasına sebep olmaktan;

Tevbe ettim. Tevbe ettim. Tevbe etttim.

Estağfirullah Yâ Settâr, Yâ Hakem, Yâ Müheymin, Yâ Rakîb.

Estağfirullah Yâ Ğaffâr. (33 tekrar)

Ey ayıplanan her bir mahlûkun ayıbını örten, ayıpları setreden Allah'ım!

Helal kıldığın zaman ve şekiller dışında besmele çekmeksizin, âdetliyken, içkiliyken ve zina sonrası eşimle beraber olmaktan; tüp bebek yapacağım diyerek pornografiye bakarak çıkan meni ile çocuk sahibi olmaktan; yatağımı ayırarak eşimin davetini reddetmekten; gusülsüz namaz vaktini geçirecek kadar durmaktan, namaz kılmaktan ve Kur'an okumaktan; âdet olmaya veya olmamaya, âdet ağrılarına, doğuma, doğmaya, doğurmaya, doğacak çocuğa, doğum saatine, doğum sancısına, lohusalığa, cinselliğe, cinsel uzuvlara, eşiyle beraber olmaya okuduğum tüm lanet ve beddualardan;

Tevbe ettim. Tevbe ettim. Tevbe ettim.

Estağfirullah Yâ Afüvv, Yâ Tâhir, Yâ Kuddüs.

Estağfirullah Yâ Ğaffâr. (33 tekrar)

Ey kullarının gizli yakarışlarını duyan, günahlarından dolayı kullarını hemen kınamayan ve perdeyi yırtmayan Allah'ım!

Benim ve soyumun, (eşimin ve soyunun), evlâtlarımın ve zürriyetimin; Hz. Âdem'den beri gelmiş, gelecek tüm inananların ve ümmet-i Muhammed'den (sav) tüm kullarının; şehvetini harama sevk ederek işlediğimiz ve şeytanın bizlerden hisse almasıyla harama meyil edecek çocuklar dünyaya getirmemize sebep olan saydığım ve sayamadığım tüm günahlarımızın Senden affını diliyor ve istiğfar ediyorum. Ben tüm bu günahlarım için;

Tevbe ettim. Tevbe ettim. Tevbe ettim.

Tevbe ettim. Estağfirullah Yâ Settâr, Yâ Tevvâb.

Birahmetike Yâ Erhamerrahimin.

Estağfirullah Yâ Ğaffâr. (100 defa veya daha fazla)

Allahümme salli alâ seyyidinâ Muhammedin ve alâ âli seyyidinâ Muhammed.

Allah'ım! Her bir günahım ki onu bir daha işlemeyeceğime dair Sana defaatle yeminle tevbe ettim; ne var ki şeytanın hilesi, nefsimin de celbetmesiyle hiçbir örtü ve kapının beni Senden gizleyip saklayamayacağını bile bile, insanlardan gizli fakat Sana karşı tam bir cüret eseri olarak o cürmü tekrar işledim. Yasakladığın alana bir kez daha girdim. Buna rağmen Sen örtüyü kaldırmadın. O günahımı kullarından gizledin. Öyle ki Senden başka hiç kimse bilmedi. Dahası onlara lütfettiğin gibi bana da bol bol nimet verdin, ihsanlarda bulundun.

Allah'ım! İşte o günahların hepsinden tevbe ediyor ve beni bağışlamanı diliyorum.

Ey Merhametliler Merhametlisi! O günahları dünyada örttüğün gibi kıyamet gününde de gizle ve beni yüz kızartıcı durumlara düşmekten koru. Âmin.

Ve'l-hamdülillahi Rabb'il-alemîn.

Niyet

(Yapacaksanız ve yapacağınız zaman, yapacağınız maddeye niyet edin.)

Niyet ettim Allah'ım Senin rızan için; benim ve soyumun, eşimin ve soyunun yukarıda saydığım veya sayamadığım şehvetimizi harama sevk ederek işlemiş olduğumuz tüm günahlarımızın affı ve zürriyetimizin dahi bu günahlardan uzak olması, şeytanın şehvet üzerine kurduğu kuracağı tüm tuzaklarının bozulması ve harama kapı açacak her türlü teşviklerinin önünün kesilmesi, nefsimizin nefsi mutmainneye dönmesi ve kötü isteklerinin önünün kesilmesi, bu günahlarımızın tevbelerini edip kefaretlerini vererek takva ehlinden olmanın bize ve zürriyetimize dahi nasip olması niyetiyle;

1. Oruç tutmaya.
2. Fakir doyurmaya.
3. Su kuyusu açtırmaya.
4. Çocuk sünnet ettirmeye.
5. Göz ameliyatı yaptırmaya.
6. Evlenecek çiftlere yardımcı olmaya.

KORKUDA VE VESVESEDE HADDİ AŞANLARIN TEVBE VE DUASI

Eûzubillâhimineşşeytânirracîm.

Bismillâhirrahmânirrahîm.

Allahümme salli alâ seyyidinâ Muhammedin ve alâ âl-i seyyidinâ Muhammed.

Yüce ismi anılınca ne yerde ne de gökte hiçbir şeyin zarar veremeyeceği Allah'ın ismiyle ki O Semî (her şeyi duyan) ve Alîm'dir (her şeyi bilen).

Ey en iyi gözeten, en sağlam koruyan Rakîb,

Ey korkuya düşüp dehşete kapılıp yardım isteyenleri koruyan, eman veren Hafîz,

Ey maddî manevi her türlü düşman ve belâdan koruyup muhafaza eden mutlak Âsim,

Ey kendisine verilen, uhdesine bırakılan, O'na tekeffül edilen her şeyi, mal ve canı en iyi koruyan, her türlü ihtiyacı karşılayan Zâmin,

Allah'ım! Beni yaratan, koruyup gözeten Sen iken, Sana tam bir teslimiyet göstermeksizin, ancak Senin rıza ve rıdvanını kaybetmekten ve cehennemin azabını hak edecek bir akıbetten korkmam gerekirken haddimi aşarak, Senin her şeyi koruyan ve gözeten Hâfiz ismine itimat etmeyerek ve sığınmayarak gizli ve açık şirke düşmekten; başıma gelmiş bela ve musibetler sebebiyle elem ve keder, daha gelmemiş istikbal hakkında endişe ve korku duymaktan, hayatımı huzurla yaşamamı engelleyecek korkulara kapılmaktan, rızkı veren hakiki Rezzâk Sen iken rızık ve fakirlik endişesiyle işimi ve aşımı kaybetme duygusuna girmekten, insî ve cinnî varlıkların bana zarar verdiği ve vereceği endişesine kapılarak Sana sığınmak yerine muska ve duaları takmaktan; şeyhlerin, evliyaların, tarikat ve cemaat büyüklerinin, ölmüşlerin beni koruyup gözeteceğine inanarak ve onların himmetine sığınarak Senin korumana itimat etmemekten, korkuyla hayatımı alt üst ederek Senin bana vermiş olduğun hayat nimetini heder etmekten, malı ve mülkü hayatın gayesi haline getirerek kaybetme endişesine girmekten, gam ve tasadan uzak daha güzel bir hayata başlangıç olduğundan gaflet ederek ölümden korkmaktan; sevmekten, sevilmekten, evlilikten, eşten, evlat sahibi olmaktan dahi korkmaktan; belki günahlarımın neticesi olarak başıma gelen ve günahlardan arınmama, Senin nazarında derece kazanmama vesile kıldığın hastalık ve musibetlerden korkmaktan; af ve mağfiretinin genişliğine sığınmayarak günahlarımı Senin affediciliğinden daha büyük görerek ve beni affetmeyeceğini düşünerek Tevvab, Ğafur, Ğaffar, Afüvv, Rahim isimlerine sığınmamaktan; Senden istikameti istemek yerine iman ve istikamet benim takdirimde imiş gibi son nefeste imansız gideceğime dair kanaat üretmekten; endişelerimi evhama dönüştürerek geçmişimde yaşadığım elem, keder, dert ve korkularımı tekrar tekrar hatırlayarak ve dile getirip şikâyet ederek korkularımdan dahi korkup Senin her şeyi koruyan Hâfiz ismine itimat etmemekten ve korkunun bir musibet haline gelmesine sebep olduğum ve olacağım her türlü halden;

Tevbe ettim Estağfirullah Yâ Hafiz, Yâ Âsim.

Tevbe ettim Estağfirullah Yâ Rezzâk, Yâ Muîn, Yâ Şâfi.

Tevbe ettim Estağfirullah Yâ Müheymin, Yâ Rakîb, Yâ Alîm.

Estağfirullah Yâ Ğaffâr. (100 defa)

Yâ Velî! Ey her şeyi koruyan, gözeten, bütün umur ve ihtiyaçları sağlayan, dostlarını koruyup gözeten Allah'ım! Sen benim tek sığınağımsın. Ellerim ancak Sana açılır, yönelişim Sana ve talebim ancak Sendendir. Yardımı ancak Senden umarım. Sen beni bin türlü kötülükten alıkoyabilecek tek mercisin. Rahmetin bana uzanmasa, beni koruyup gözetmesen bir gün dahi dünyada yaşayamazdım. Huzurum ve mutluluğum ancak Senin bana verdiklerinle mümkündür. Binlerce beladan koruyan ancak Senin lütfundur. Rabbim; ruhuma, hayatıma, nefsime, geçmişime ve geleceğime rahmetinle muamele et. Âmin.

Ey yarattıklarının koruyucusu Allah'ım! Evvel Sensin, Senden önce hiçbir şey yoktur. Âhir Sensin, Senden sonra da hiçbir şey olamaz. Perçemini kudret elinde tuttuğun bütün canlıların şerrinden Sana sığınırım.

Allah'ım! Beni korkularımdan ve korktuklarımdan emin kıl. Hakkıyla Sana teslimiyet gösteren ve tevekkül eden kıl. Bana Hz. Nuh'un (as) gemide, Hz. İbrahim'in (as) ateşte, Hz. Eyyub'un (as) hastalıkta, Hz. Yusuf'un (as) zindanda, Hz. Yunus'un (as) balığın karnında, Hz. Musa'nın (as) denizin kenarında ve Hz Muhammed'in (sav) mağarada gösterdiği teslim, tevekkül ve emniyet duygusunu nasip et.

Hasbünallahi ve ni'mel vekil. Ni'mel mevlâ ve ni'men-nasir. (100 defa)

Lâ havle velâ kuvvete illa billâhil aliyyil azîm. (100 defa)

AİLE HAYATI

- Evlilerin Tevbe ve Duası
- Eşlerin Birbirine Duası
- Anne ve Babanın Evlada Tevbe ve Duası
- Kaynana ve Kayınpederin Tevbesi
- Evladın Anne ve Babaya Tevbe ve Duası
- Hamileliğe ve Çocuk Sahibi Olmaya İsyan ve Kürtaj Tevbesi

Ailenin senin üzerinde hakkı var
Ebu Davut, Tatavvu 27

EVLİLERİN TEVBE VE DUASI

Eûzubillâhimineşşeytânirracîm.

Bismillâhirrahmânirrahîm.

Allahümme salli alâ seyyidina Muhammedin ve alâ alî seyyidina Muhammed.

Ey üzüntü ve tedirginliği kaldıran Allah'ım!

Şüphesiz ki evlilik ve eş nimeti Senin bana verdiğin sayısız nimetlerin en güzellerindendir. Ben bu nimetin hakiki kıymetini bilemedim. Senin vermiş olduğun evlilik nimetine şükretmeyerek, nimetin hakkını vermeyerek elimden çıkmasına, kalplerimizin birbirimizden soğumasına, evimizin bereketinin ve huzurunun kaybolmasına sebebiyet verecek, Senin razı olmadığın binbir türlü günaha girdim. Eşime karşı yapmış olduğum sadakatsizlik ve takdir etmeme günahlarımdan, ona karşı nankörlük ve isyanlarımdan, kalbini kırıp yüreğini mahzun etmelerimden; kadere rıza göstermem gerekirken "Allah'ım bana neden bu eşi verdin, bana bu eşi mi layık gördün, ben bu eşi hak etmedim." diyerek ve Seni suçlayarak, Senin bana takdir ettiğin eşe ve kadere razı olmayarak isyan etmekten; eşime olan sevgi ve muhabbetimi ölçüsüz kullanıp onu haddinden fazla överek gizli ve açık şirke düşmekten;

Tevbe ettim. Tevbe ettim. Tevbe ettim.

Estağfirullah Yâ Mukaddir, Yâ Vedud.

Estağfirullah Yâ Ğaffar. (33 defa)

Ey bereketi büyük olan, karşılıksız bol ihsan eden Allah'ım!

Evimi ve evliliğimi Senin yasaklamış olduğun haksız miras, kumar, faiz ve haram kazançlar ile kurmaktan;

evlilik sürecindeki meşru daireyi aşan aşırı isteklerim ile eşimi ve ailesini borca sokmaktan ve faize sevk etmekten; helale ve aza kanaat etmeyip fazlasını isteyerek eşimi ve kendimi harama sevk ve teşvik etmekten; kazancımızı israf etmekten; evliliğime ve rızkıma haram kazançları dâhil ederek evime helal rızık getirmemekten; haram lokma yemekten ve yedirmekten, eşimin yemek ve kıyafet gibi ihtiyaçlarını karşılamamaktan, ona karşı cimri davranıp parayı ondan sakınmaktan; mehrini vermeyip verdim demekten, eksik vermekten, rızası olmaksızın geri almaktan ve tekrar geri ödememekten; evlilik ve çocuk sahibi olmak üzerine adaklar yapıp yerine getirmemekten, eşimin izni ve haberi olmaksızın gelirinden ve malından almaktan, rızkıma kanaat göstermeyip eşimi küçümsemekten ve onunla alay etmekten;

Tevbe ettim. Tevbe ettim. Tevbe ettim.

Estağfirullah Yâ Ğaffar. (33 defa)

Ey tevbeleri kabul buyuran Allah'ım!

Eşime, evliliğe, evliliğime, evlendiğim güne, bizi tanıştıran ve evliliğimize vesile olanlara, zürriyetlerinden ölmüş ve sağlara, çocuk sahibi olmaya, çocuklarıma; eşimin anne babasına, işlerine, bedenine, düşüncelerine, canına, malına, kanına, kadınlığına, erkekliğine; lanet, bela, beddua, kahır, sitem ve kötü söz söylemekten; eşimin hal ve davranışlarına, sözlerine ve düşüncelerine saygı ve tahammül göstermeyip haddinden fazla tepki göstermekten, illa benim dediğim olacak diyerek haddi aşmaktan, hukukunu çiğnemekten; onu küçümseyerek tahkir etmekten, taklidini yapmaktan, lakaplar takmaktan, aşağılamaktan, kınamaktan, üzmekten, hakaret etmekten, öfkelendirmekten, inatlaşmaktan, hoşgörüsüz davranmaktan, bağırmaktan, asi olmaktan, yalan söylemekten, sevgi ve şefkat göstermemekten, kalbini kırmaktan, kalbini kırdığımda gönlünü almamaktan, ona yalan söyleyip iftira atmaktan, yaptığım iyilikleri yüzüne vurmaktan, bedenini ve karakterini beğenmemekten, ona hayvan isimleri ile hakaret etmekten; kötülüğünü, hastalığını, sürünmesini, ölümünü, muhtaç olmasını istemekten; uzun süre konuşmamaktan, küsmekten, öfkelendirmekten, eşimi geçmişteki hataları ile kınamaktan, ağır hakaret ve küfürler etmekten, "Ömrümü yedin. Bana gün yüzü göstermedin, senden ne gördüm ki?" gibi sözlerle benim için yaptıklarını inkâr etmekten, eve kilitlemekten, hürriyetine mani olmaktan, ceza vererek ve elimle, dilimle zulmederek haddi aşmaktan; ileri gitmekten ve dövmekten, yaralamaktan, uzuvlarına zarar vermekten; "İstediğin yere git, defol git, cehenneme kadar yolun var, seninle tanıştığım evlendiğim güne lanet olsun." gibi tüm kötü sözlerimle intikam duyguları içine girerek planlar yapmaktan, hakkımı haram etmekten, insanlara onu şikâyet etmekten, insanlar arasında onu küçük düşürüp gıybetini yapmaktan, eşimden izinsiz evden çıkmaktan, izni olmaksızın çalışmaktan, izin vermediklerine gitmekten ve başkalarını eve almaktan;

Tevbe ettim. Tevbe ettim. Tevbe ettim.

Estağfirullah Yâ Ğaffar. (33 defa)

Ey utanç veren günah ve ayıplar üzerindeki perdeyi yırtmayan Allah'ım!

Eşime sadakatsizlik göstermekten, onu aldatmaktan, meşru dairede cinsi isteklerini reddetmekten, eşimden evlat sahibi olmamak için türlü bahaneler öne sürmekten ve onun izni olmaksızın zürriyetimizin kesilmesine sebep olacak günahlara girmekten, kürtaj yaptırmaktan, kürtaj yaptırmasını istemekten, eşimden başkasından çocuk sahibi olup ona mal etmekten, evlilik öncesi nikâhsız ilişki kurmaktan, zina etmekten, zinaya götürecek yollara girmekten, helal kıldığından hariç yollarla ve adetli iken eşimle beraber olmaktan, onun bu isteklerine rıza göstermekten, iffetsizlikle suçlamaktan, iftira atmaktan, odamı, yatağımı veya onun yatağını ayırmaktan, besmelesiz ilişkiler kurmaktan, yatakta sırtımı dönmekten, iddet süresini beklemeden nikâh kıymaktan, yabancı erkeklerle veya kadınlarla ahlak dışı sohbetler yapmaktan, anne babalarımızın rızasını almadan kaçıp evlenerek ve nikâh yaparak ebeveynlerimizin gönlünü kırmaktan, içkili ve faizli düğün yapmaktan;

Tevbe ettim, Tevbe ettim. Tevbe ettim.

Estağfirullah Yâ Ğaffar. (33 defa)

Ey çirkinliği gizleyip örten, güzel görünmeyeni güzellikle perdeleyen Allah'ım!

Evliliğim konusunda kibirlenerek eşlerine değer vermeyip de kırıcı davrananları, eziyet edenleri, aldatanları, ayrılanları, eşini dövenleri kınamaktan; nefsime güvenerek eşimi Senin bana verdiğin bir bela ve ceza görmekten, aramızda tayin ettiğimiz hakemlere itimat etmeyip benlik ve gururuma, kibrime kapılarak boşanmayı istemekten ve yuvamın yıkılmasına sebebiyet verecek tavır ve davranışlara girmekten; evliliğimi bozmaktan, onu terk etmekten, maksadımı aşarak "boş ol" demekten, beni boşa diyerek tahrik etmekten, zaruretsiz boşanmaktan; eşim ve ailesi hakkında iftiralar atıp yalan söylemekten, yalancı şahitler tutmaktan, entrikalar çevirmekten; eşimi kıskandırmak için başkalarını nispet yapmaktan, anlatmaktan, eşimi başkaları ile kıyaslamaktan;

Tevbe ettim. Tevbe ettim. Tevbe ettim.

Estağfirullah Yâ Ğaffar. (33 defa)

Ey kendine iman edip uğrunda ibadet ve sabredenleri cennetle müjdeleyen Allah'ım!

Yuvamızı Senin kitabın ve Resul'ünün sünneti üzerine kurmamaktan, birbirimizi ibadete teşvik etmemekten, eşimin diyanetine bakarak onun gibi olmanın gayretine girmemekten, günaha girdiğimiz zaman birbirimizi uyarmamaktan ve birbirimize mani olmaya çalışmamaktan, günahlarda ortak olmaktan; ahiretimizi ve hesabı düşünmemekten, hayra-namaza-ibadete-ilme teşvik etmemekten, amellerini az görüp eleştirmekten, ibadetten, sohbetten alıkoymaktan, dinî vazifelerini yapmasını alaya almaktan ve küçümsemekten, öfkelendiğim zaman namazı, orucu ve sair ibadetleri terk etmekten ve bozmaktan; içki, kumar, zina ve intihar gibi Senin haram kıldığın yollara yönelmekten; evlenmeden önce eşime veya herhangi birine "Sen olmazsan yaşayamam, ölürüm, beni affetmezsen biterim, affına muhtacım, sen benim olmazsa olmazımsın, her şeyimsin..." gibi sözlerle isyan ve şirk günahlarına girmekten;

Tevbe ettim. Tevbe ettim. Tevbe ettim.

Estağfirullah Yâ Sabur, Yâ Hâdi.

Estağfirullah Yâ Ğaffar. (33 defa)

Ey en süratli hesaba çeken, hiçbir hesap kendisine ağır gelmeyen Allah'ım!

Kayınvalide ve kayınpederime karşı iyi ve hoşgörülü davranmayıp hürmetsizlik ederek, rızalarını ve dualarını almayıp kalplerini kırarak sıla-i rahimi terk etmekten, onları kınamaktan ve aşağılamaktan, elden ayaktan düşüp bakıma muhtaç olduklarında onlara bakmamaktan, hastalıkları ile ilgilenmemekten, temizlik ve yemek ihtiyaçlarını karşılamamaktan, kendim bakmak imkânına sahip iken huzurevi veya bakımevlerine bırakmaktan, dışlamaktan, ölümlerini istemekten, hayırları için dua etmemekten; merhamet şefkat ve sevgi göstermeyip gönüllerini almamaktan, tatlı dil ve güzel sözle konuşmayıp saygısızlık yaparak kalplerini kırmaktan ve eşi ile aralarını açarak onların gıybet ve dedikodularını yapmaktan, lakap takmaktan, hor ve hakir görerek rencide etmekten; bize ve evliliğimize büyü yaptıklarını veya yaptırdıklarını düşünerek haklarında suizan ve iftira günahlarına düşmekten ve bu hususta ısrarcı olmaktan, onlara karşı büyü yaptırmaktan ve muskalar yazdırmaktan; evimize gelmelerini menederek, kendileri ile sıla-i rahimi kesmekten, menfaatim için onlara bakarak gizli düşmanlık etmekten, vefat ettikleri zaman vasiyetlerini yerine getirmemekten, mal ve mülklerini kendi hesabıma geçirmeye çalışmaktan; kabirlerinde ve ahirette azap çekmelerini istemekten, hakkımı yediklerini iddia etmekten; elimle ve dilimle onlara zulmederek vurmaktan ve dövmekten, hakaret etmekten, küfretmekten; evliliğimdeki problemlerde kendi hata ve kusurlarımı görmeyerek haklarında haksız ithamlarda ve iftiralarda bulunmaktan ve suçlamaktan, insanlar nazarında onları kötülemekten;

onlardan kurtulmak için planlar yapmaktan, adaklarda bulunup yeminler etmekten; eşimi kendime layık görmeyip onu ve ailesini küçümsemekten, anasına ve babasına sövmekten, hürmetsiz davranmaktan, elimle, dilimle, hal ve tavırlarımla yapmış olduğum tüm günahlarımdan;

Tevbe ettim. Tevbe ettim. Tevbe ettim.

Estağfirullah Yâ Ğaffar. (33 defa)

Ey affı bol, bağışlaması sınırsız olan Allah'ım!

Yuvalarımızda huzurun kaçmasına, kalplerimizin birbirinden soğumasına, şeytanın evlilik hayatımıza tesir etmesine sebep olan bildiğimiz ve bilmediğimiz, hatırladığımız ve hatırlamadığımız tüm günahlarımızdan benim ve soyumun, eşimin ve soyunun, zürriyetimizin, Ümmet-i Muhammed'den (sav) aynı günahı işleyenlerin Senden affını diliyor ve istiğfar ediyorum. Ben tüm bu günahlarım için;

Tevbe ettim. Tevbe ettim. Tevbe ettim.

Estağfirullah Yâ Ğaffar. (100 defa veya daha fazla)

Birahmetike Yâ Erhamerrahimin.

EŞLERİN BİRBİRİNE DUASI

Ey belâları def eden, musibetleri alıkoyan Allah'ım! Evliliğimi kurarken Senin rızana göre değil dünyalık arzu ve gayelerle kurdum. Ben bu hatamdan pişmanım. Benim niyetimi ve kastımı Senin rızana döndür ve Senin razı olduğun yola ulaşmayı nasip eyle. Beni eşime, eşimi bana hayırlı kıl ve bizi birbirimize sevdir. Bizim birbirimize olan muhabbetimizi; Hz. Âdem'in (as) Havva annemize, Hz. İbrahim'in (as) Hacer annemize, Peygamber Efendimiz'in (sav) Hatice annemize, Hz. Ali'nin (ra) Hz. Fatıma (ra) annemize duyduğu sevgi gibi halis ve katışıksız eyle. Bizleri bu dünyada son nefesimize kadar aynı yuvayı paylaşan, ahirette de peygamberimize komşu olanlardan eyle. Allah'ım kalplerimizi birleştir. Aramızı düzelt ve bizi kurtuluş yollarına ilet. Bizi birbirimize karşı sabırlı ve sevgi dolu kıl. Nefsimizin ve şeytanın arzu ve isteklerine uyup birbirimizi kırmaktan, rencide etmekten, eleştirmekten, küçümsemekten, üzmekten, darp etmekten, zulmetmekten Sana sığınırız.

Ey yardım ve imdat edenlerin en hayırlısı en yücesi Allah'ım! Bizi birbirimize yardımcı kıl. Herkesin birbirinden kaçacağı o hesap gününde bizi birbirimizle utandırma. Bizi birbirimizin ayıp ve kusurlarını örtenlerden eyle. Birbirimizi Senin haram kıldığına teşvik edenlerden olmaktan muhafaza et. Allah'ım eşimi bütün kötülüklerden muhafaza eyle, bizi birbirimizden razı eyle, kalplerimizi sevgiyle perçinle, dillerimizdeki sözlerimizi latif eyle.

Ey korumasız sığınaksız kalanların en güvenli muhkem kalesi olan Allah'ım! Evliliğimizi hıfz ve himayene al. Şeytanın bizim evliliğimize karşı kurduğu ve kuracağı tuzaklardan bizi koru, şeytanın tesirinden bizi arındır. İffet ve namusumuzu muhafaza et.

Ey maddî manevî her şeyi istediği miktarda çoğaltıp genişleten Allah'ım! Kalplerimizi birleştir, bizi ayrılığa düşürme. Akrabalarımız ile ilişkilerimizi düzelt, doğru yola ilet, bizi şirk, küfür ve nifak karanlıklarından kurtar, iman ve İslam aydınlığına çıkar, her türlü çirkinlik ve edepsizliğin açığı ve gizlisinden uzaklaştır.

Allah'ım! Bana verdiğin eşim için Sana binlerce kere şükürler olsun. Ben eşimden, eşimin anne babasından ve soyundan razıyım. Sen de onlardan razı ol. Sen şahit ol, ben eşime, eşimin anne babasına, çocuklarıma, akrabalarıma dünya ve ahiret haklarımı helal ettim. Helal ettim. Helal ettim.

Allahümme salli alâ seyyidina Muhammedin ve alâ alî seyyidinâ Muhammed.

ANNE BABANIN EVLADA TEVBE VE DUASI

Eûzubillahimineşşeytânirracîm.

Bismillahirrahmanirrahîm.

Allahümme salli alâ seyyidina Muhammedin ve alâ alî seyyidinâ Muhammed.

Ey semavat ve arzı yaratan, geceden gündüzü gündüzden geceyi çıkartan, bütün iyiliklerin yegâne sahibi olup seyyiatı uzaklaştıran, hataları bağışlayıp sürçmeleri görmezden gelen, ayıp ve kusurları örtüp günahları affeden, belalara geçit vermeyip hayrı yaratan, ölüleri ve ölü ruhları diriltip varlığa hayat veren, dilediğine kız dilediğine de erkek evlat nasip eden Allah'ım!

Üzüntü ve kederle, kızgınlık ve öfkeyle, nefis ve şeytana uyarak doğmuş ve doğacak evlatlarıma, soyuma ve evlatlarımın soyuna, evlilik ve mürüvvetlerine, benden rızasız evlenmiş olmalarına veya evlenecek olmalarına, evliliklerini sürdürmelerine, boşanmalarına, evlat dünyaya getirmelerine, evlatlarına, evlatlarından dert çekmelerine ve hayır görmemelerine; eşlerine ve eşlerinin soyuna; bedenlerine, sağlık ve sıhhatlerine, mutluluklarına, rızıklarına, mesleklerine, tahsillerine, hayatlarına, ahirette hesap vermelerine, işlerine, kazançlarına, paralarına, evlerine, arabasına, mal ve mülklerine, ticaretlerine, işlerine, geçimlerine, üretimlerine; dert ve musibet gelmesine sebebiyet verdiğim tüm lanet, bela, beddua, kahır, kötü söz, sitem ve temennilerimden, kınamalarımdan, küfür ve hakaretlerimden, rencide etme ve aşağılamalarımdan, kötü dualarımdan;

Tevbe ettim. Tevbe ettim. Tevbe ettim.

Estağfirullah Yâ Ğaffar. (33 tekrar)

Allah'ım! Gurbetlere gitmeleri, hasretle yanıp tutuşmaları, bedenlerinin hasta olması, rızık darlığı çekmeleri, işlerinin rast gitmemesi, ahirette azaba duçar olmaları, yüzlerinin gülmeyip ızdırap içinde kalmaları, sürünerek çile çekmeleri, hayatın kendilerine zehir olması, rezil rüsva olmaları, ızdıraplar içinde ölmeleri, evlatlarının mürüvvetini görememeleri, soylarının kuruması, sütümün ve emeklerimin haram olması, fakirleşmeleri ve kötü ölüm temennilerinde bulunmalarımdan;

Tevbe ettim, tevbe ettim, tevbe ettim.

Estağfirullah Yâ Ğaffar. (33 tekrar)

Allah'ım! Evlatlarıma; soyun kurusun, dilin tutulsun, boyun devrilsin, elin kopsun, dilin kopsun, ayağın kırılsın, gözüne dizine dursun, canın çıksın, Allah cezanı versin, Allah belanı versin, gidişin olsun da dönüşün olmasın, senin evlatların da sana çektirsin, aç kal, sürün, perişan ol, olmaz olsaydınız, doğmaz olsaydınız, doğmanı ben istemedim, sen de evlatların da gün yüzü görmeyin, seni doğuracağıma taş doğursaydım, keşke hamile kalmasaydım, dünyaya getirmeseydim, doğduğun güne lanet olsun gibi hatırladığım ve hatırlamadığım; şeytanın benim, evlatlarım ve soyumun üzerinde hüküm sürmesine sebebiyet verebilecek tüm kötü söz, beddua ve lanetlemelerimden;

Tevbe ettim, tevbe ettim, tevbe ettim.

Estağfirullah Yâ Ğaffar. (33 tekrar)

Allah'ım! Evlatlarımın kaderine, cinsiyetine, yaşam biçimlerine, dış görünüşlerine, bedenlerine, hastalıklarına, işlerine, meslek ve kazançlarına, evlerine, ailelerine, eş ve çocuklarına; ana rahmine düştükleri, dünyaya geldikleri, onlara sahip olduğum, kucağıma aldığım, sevdiğim, okşadığım ilk güne ve saate; doğumlarından ölümlerine, hastalıklarından sağlıklarına, becerilerinden beceriksizliklerine, kötü alışkanlıklarından iyi huylarına, zekâlarından akılsızlıklarına kadar okuduğum ve okuyacağım tüm lanet, bela, beddua, intizar ve kötü sözlerimden;

Tevbe ettim, tevbe ettim, tevbe ettim.

Estağfirullah Yâ Ğaffar. (33 tekrar)

Ben, evlatlarım ve tüm ümmet-i Muhammed'in işlemiş oldukları tüm hata ve günahlarından ötürü senden aflarını diliyor ve istiğfar ediyorum. Allah'ım! Mağfiretini diliyor ve Sana tevbe ediyorum.

Estağfirullah Yâ Vâsi, Yâ Tevvâb, Yâ Settâr, Yâ Rezzâk.

Estağfirullah Yâ Ğaffar.

Birahmetike Yâ Erhamerrahimin.

Allah'ım! Beni incitmeleri, kalbimi kırmaları, sözümü dinlememeleri, isteklerimin aksine hareket etmeleri, bana kötü davranmaları, el kaldırmaları ve hakaret etmeleri sebebiyle ben evlatlarıma olan geçmiş ve gelecek, dünya ve ahiret, annelik ve babalık, tüm haklarımı helal ettim, helal ettim, helal ettim. Şahit ol Yâ Rabbi...

Ben dünya ve ahiret evlatlarımdan razıyım, sen de onlardan razı ol. Âmin...

Allah'ım! Resulünün "Babanın çocuğuna duası, peygamberin ümmetine duası gibidir."[15] *beyanı üzere ellerimi açtım ve Senden niyaz ediyorum: Beni, soyumu ve zürriyetimi lanet ve beddua söylemekten ve söylediğimiz sözlerimizden gelen şeytanların tesirinden arındır. Şeytanın her türlü hile ve tuzağından muhafaza eyle. Ey Rabbim, bana kendi tarafından temiz bir soy bağışla, hiç kuşkusuz Sen şu duayı işitensin.*

Rabbim! Evlatlarıma hayırlı, helal ve bol kazanç; rızıklarına genişlik, dünya ve ahiretlerine selamet, bedenlerine sıhhat, ruhlarına huzur, hayatlarına kolaylık, geçimlerine genişlik, hayırlı bir eş ve sağlıklı salih evlatlar ver. Bildiğimiz ve bilmediğimiz bütün kötülüklerden koru. Bizlere merhamet ve saygı ile davranmayı nasip eyle.

Allah'ım! Evlatlarıma Senin nazarında salih kimselerin amel ve ahlakını ver. Senin rızanı, sevgini, mağfiretini kazanacak bir yaşayış lütfet. Onları salihlerle ve sadıklarla beraber kıl. Dinlerini öğrenme ve yaşama iştiyakı, namazı hakkıyla kılma gayreti, dine hizmet cehdi ver. Neslimizden Sana itaatkâr bir ümmet yarat. Onlara öyle merhamet et ki hem bu dünyada hem ahiret âleminde hayır ve güzellikler görsünler. Cennetine layık eyle.

Ey Rabbim! Bizi ve çocuğumuzu Sana her şeyimizle teslim olmuş kullar eyle! Duamı kabul et, istediğimi lütfet. Çünkü sen her şeye gücü yetensin!

Peygamberin Hz. Muhammed'e (sav), O'nun âline ve ashabına sonsuz selam olsun.

---

[15] Câmiü's-Sağîr, 3/994

KAYNANA VE KAYINPEDERİN TEVBESİ

Eûzubillâhimineşşeytânirracîm.

Bismillâhirrahmânirrahîm.

Allahümme salli alâ seyyidinâ Muhammedin ve alâ alî seyyidina Muhammed.

Ey her şeyi düzene koyan, her şeyin iç yüzünden ve gizli taraflarından haberdar olan; ifsat edenleri en iyi bilen, ayıp ve kusurları örten ve kullarına öğüt veren Allah'ım!

Benim ve soyumun, eşimin ve soyunun Senin kader ile takdir ettiğin gelin, damat ve torun nimetlerini beğenmeyerek kadere isyan edip şirk koşma, nasihat edip yapıcı olmak yerine yıkıcı olup onlara karşı yapmış olduğum beğenmeme, kınama, iftira atma, aşağılayarak rencide etme, hakaret ve küfür etme; hayır ve bereket görmemeleri, sıkıntı ve müşküle düşmeleri temennisiyle şahıslarına, evliliklerine, mürüvvetlerine, aile saadetlerine, evlatlarına, rızıklarına, eşyalarına, evlerine, mallarına, paralarına lanet, bela, beddua, kahır okuma, kötü söz söyleme; eşiyle aralarını bozmak için yalan ve iftiraya başvurma, plan yapma, entrikalar çevirme, büyücülere giderek büyü yaptırıp muskalar yazdırma, okunmuş sular yaptırma, dilim ve hareketlerim ile rencide etme, onurlarını kırma, küçük düşürme, hata ve kusurlarını ifşa ederek onları küçümseme; sevgi, saygı ve merhamet göstermeyerek hakaret etme ve yüz ekşitme, kin ve nefretle konuşma, hakkımı haram ettiğimi söyleme, hata ve kusurlarına karşı affedici ve örtücü olmayarak dedikodu ve gıybetlerini yapma, gizli hallerini araştırma, başkalarının gelin ve damatları ile kıyaslayarak aşağılama, hayırsızlıkla itham etme, evlilikleri ve yuvaları üzerine sözler verip adaklar adama ve bu adaklarını unutma ve yerine getirmeme, mirasta hak ve hukuka dikkat etmeyerek evlatlarım arasında ayrımcılık yapma veya mirastan mahrum bırakma, malımı mülkümü esirgeme, eşyalarını izinsiz alma ve saklama, hırsızlıkla suçlama; evlilik ve evlenme hakkında ileri geri konuşarak, bu zamanda evlenmemek gerektiğini, evlenmenin musibet olduğunu söyleyerek Senin resulünün sünneti hakkında haddi aşan sözlere girme, gayrimeşru ilişkiler yaşama amellerimle evlatlarımın evliliklerinde eşleriyle ve evlatlarıyla problem yaşamalarına, şeytanın onlara ve bana tesir etmesine sebep olduğum tüm söz, fiil, hata ve günahlarımdan;

Tevbe ettim. Tevbe ettim. Tevbe ettim.

Tevbe ettim. Estağfirullah Yâ Mütekebbir, Yâ Vedûd.

Estağfirullah Yâ Settâr, Yâ Halîm, Yâ Rahîm.

Estağfirullah Yâ Ğaffar. (100 defa)

Allah'ım! Benim ve soyumun, eşimin ve soyunun ve zürriyetimizin ve ümmet-i Muhammed'den gelin ve damatlarına, torunlarına kin, nefret, buğz etmiş ve onlarla problem yaşamış ve yaşayan tüm inananların evlilikler üzerine işlemiş olduğumuz tüm günahlarımız için ben Senin affını istiyorum;

Estağfirullah Yâ Rakîb, Yâ Müheymin.

Estağfirullah Yâ Settâr, Yâ Tevvâb.

Estağfirullah Yâ Ğaffar.

Allahümme salli alâ seyyidina Muhammedin ve alâ alî seyyidina Muhammed.

Allah'ım! Ben eşime, gelinlerime, damatlarıma, torunlarıma, akrabalarıma, soy ve zürriyetimden olan olmayan tüm âdemoğluna; dünya ve ahiret, geçmiş, gelmiş ve gelecek üzerimizde bulunan bütün haklarımı kalben ve dil ile helal ettim.

Ben onlardan razıyım, sen de razı ol.

Şahit ol Yâ Rabbi... Şahit ol Yâ Rabbi... Şahit ol Yâ Rabbi...

Allah'ım! Beni dünya fitnelerinden koru. Sevip hoşnut olduğun söz ve amelleri ortaya koymaya muvaffak kıl. Her hâlimi düzelt. Her ne kadar günah işleyerek zulme girmiş olsam da beni Senin dosdoğru yolundan ayırma Allah'ım! Âmin.

EVLADIN ANNE VE BABAYA TEVBE VE DUASI

Eûzubillahimineşşeytânirracîm.

Bismillâhirrahmânirrahîm:

Allahümme salli alâ seyyidinâ Muhammedin ve alâ alî seyyidina Muhammed.

Ey insana, hem kendisini nice zahmetlerle karnında taşımış ve nice güçlüklerle dünyaya getirmiş olan annesine hem de babasına güzel muamelede bulunmasını emreden Allah'ım! Ben yok idim Sen var ettin. Anne babama evlat ettin. Onların vesilesiyle hayat nimetini bana lütfettin. Hayy isminin neticesi olarak beni yarattın.

Allah'ım! Evim ve hayatım için bereket vesilesi olduklarını unutarak, haklarında duada bulunmayarak ve dualarını talep etmeyerek, hidayetlerini istemeyerek, rızalarını almayarak anne babamı beğenmemekten, kınamaktan, küçük görmekten, insanlar içinde aşağılamaktan, rezil ve rencide etmekten, insanlara onları şikâyet edip dedikodu ve gıybetlerini yapmaktan, onlara hakkıyla sevgi ve saygı göstermeyip rızalarını almamaktan, bana beddua, lanet, kahır ve sitem etmelerine sebebiyet verecek davranışlar işlemekten ve sözler söylemekten, benim için yapmış oldukları fedakârlık ve gayretleri takdir etmeyip; "Bana ne verdiniz ki, sizin yüzünüzden hayatımı yaşayamadım, size hakkımı helal etmiyorum." gibi sözlerle emeklerine karşı nankörlükte bulunmaktan; "Keşke sizden dünyaya gelmeseydim, sizin gibi anne ve babam olmasaydı, olmaz olsun sizin gibi anne baba." diyerek Senin bana takdir ettiğin kadere rızasızlık gösterip isyan ederek onları reddetmekten; evliliklerinden ve günahlarından ötürü onları kınamaktan ve beğenmemekten, başkalarının anne ve babalarını onlarla kıyaslamaktan, kendimi onlardan üstün görmekten, "Siz nereden bileceksiniz, sizin döneminiz geçti, geri kafalılar, zaman değişti." diyerek onları küçümsemekten; vurarak, döverek, tokat atarak, iterek, yaralayarak yahut en kötüsünü yapıp canlarına kastetmekten; onlara karşı söylemiş olduğum tüm lanet, bela, beddua, kahır, sitem, kötü söz ve temennilerimden, yanlış dualarımdan; miras ve dünyalık sebeplerle ölümlerinden sonra kahırla arkalarından konuşmalarımdan, galiz ve küfür söz söylemelerimden, tatlı söz ve güler yüz göstermeyip kahırlanmalarımdan; günahlarını, geçmişlerini sorgulamalarımdan; hak ettikleri hürmet ve saygıyı göstermeyerek, ihtiyaçlarını karşılamayarak, onları huzurevlerine bırakarak, ziyaret etmeyerek, terk ederek, küsüp arayıp sormayarak, sıla-i rahmi ihmal ederek gözlerini yollarda bırakmalarımdan, hal ve hatırlarını sormayıp soğuk davranmalarımdan, tüm bu sebeplerle kalplerini kırmalarımdan ve rızalarını almamalarımdan;

Tevbe ettim. Tevbe ettim. Tevbe ettim.

Estağfirullah Yâ Ğaffâr. (33 defa)

Ey kuluna karşı pek merhametli ve şefkatli olan Allah'ım!

Anne babama hakkıyla saygı ve sevgi göstermeyerek, yumuşak bir sözle konuşmayıp kalplerini sürura erdirecek hal ve tavırlardan uzak kalarak; ihtiyaçlarını tam olarak karşılamaktan kaçınmaktan; benden istedikleri talep ve arzularını erinerek, isteksizce başa kakarak ve hakaret edip kalplerini kırarak yapmaktan; Senin razı olmadığın yanlış bir yola düştükleri zaman hatalarını kırıcı bir üslupla söylemekten; hayatları sağlıkları, rızıkları, ihtiyarlıkları, mal ve mülkleri, ölümleri için kötü temenni ve dualarda bulunmaktan;

Tevbe ettim. Tevbe ettim. Tevbe ettim.

Estağfirullah Yâ Ğaffâr (33 defa)

Ey mülkünden başka hiçbir mülkün devam ve bekası bulunmayan Allah'ım!

Evliliğim hususunda anne babamın rızalarını almayıp onların istemediği kişi ile istemedikleri şekilde yuva kurarak kalplerini kırmaktan; kaçarak yaptığım evliliğim ile onları insanlar içinde mahcup etmekten; evime sokmayıp kapıdan kovarak çocuklarıyla, eşimle ve torunlarıyla görüşmelerine mani olmaktan; onlarla konuşmayarak, küs kalarak, aramayarak, hal ve hatırlarını sormayarak, düğünüme davet etmeyerek bana haklarını haram etmelerine ve beddua okumalarına yol açmaktan; evliliğim için ağır borçlar altına sokarak ve faiz illetine bulaştırarak sebep olduğum tüm hata ve kusurlardan;

Tevbe ettim. Tevbe ettim. Tevbe ettim.

Estağfirullah Yâ Ğaffâr. (33 defa)

Ey rahmeti her şeyi kuşatan Allah'ım!

Benim, eşimin ve soyunun, annemin, babamın, soyumdan ölmüş olanların ve sağların, Âdem'den (as) bugüne kadar gelmiş ve bugünden kıyamete kadar gelecek tüm inananların ve ümmet-i Muhammed'in; Senin huzuruna anne ve babalarının rızasını almadan gelmelerine sebep olacak tüm günahları için ben Senden aflarını diliyor ve onlar için istiğfar ediyorum. Ben burada saydığım ve sayamadığım, anne ve babama hürmetsizlik yaparak işlediğim tüm hata ve günahlarım sebebiyle;

Tevbe ettim. Tevbe ettim. Tevbe ettim.

Estağfirullah Yâ Settar Yâ Tevvâb.

Estağfirullah Yâ Ğaffâr. (100 defa veya daha fazla)

"Rabbim! Ben küçük iken onlar beni nasıl merhametle yetiştirdilerse, Sen de onlara öylece merhamet et."[16]*"Ey Rabbim! Bana ve ana babama ihsan ettiğin nimetlerine şükretmemi ve Senin hoşnut olacağın salih amel işlememi ilham et. Benim neslimden gelenleri de salih kimseler kıl. Doğrusu ben tevbe edip Sana yöneldim. Ve ben gerçekten Müslümanlardanım."*[17] *Allah'ım, ben onlardan razıyım sen de onlardan razı ol, anne ve babalarımıza okuduğumuz lanet ve beddualar sebebiyle bizlere musallat olan şeytanlardan bizleri arındır.*

Allah'ım! Bana takdir ettiğin anne ve babadan razı olmayı, onların helal dairedeki arzu ve isteklerini yerine getirebilmeyi, yumuşak ve tatlı bir dille konuşup kalplerini mesrur edebilmeyi, onlara hizmetten hiçbir zaman yüksünmemeyi, söz ve davranışlarımda saygılı davranıp ihtiyaçlarını hakkıyla karşılayabilmeyi, onlar küçükken nasıl bana şefkatle baktılarsa ihtiyarlıklarında onlara şefkat ve merhametle bakabilmeyi, yanlış yolda bulundukları zaman haklarında güzel temenni ve duada bulunabilmeyi, hidayetlerine vesile olabilecek güzel sözler söyleyebilmeyi nasip et. Son nefeslerinde bizden ve evlatlarımızdan, tüm evlatlarından ve soylarından gelenlerden razı olarak vefat etmeyi ve imanla teslim-i ruhta bulunmayı kendilerine lütfet. Sen onları benden razı eyle. Ben onlara dünya ve ahiret haklarımı helal ettim. Şahit ol Yâ Rabbi, şahit ol Yâ Rabbi, şahit ol Yâ Rabbi...

Onların ve bizlerin hata ve günahlarını affet.

---

[16]İsra, 24

[17]Ahkâf, 15

Birahmetike Yâ Erhamerrahimin.

Allahümme salli alâ seyyidinâ Muhammedin ve alâ âli seyyidinâ Muhammed.

Niyet

Niyet ettim Allah'ım Senin rızan için; anne ve babama, dede ve ninelerime, (kayınpeder ve kayınvalideme) elimle, dilimle ve sair azalarımla yapmış olduğum yukarda saydığım ve sayamadığım tüm günahlarımızın affına ve onların beddua ve ahını alma günahlarımıza kefaret olması, ümmet-i Muhammed'den de aynı günahları işleyenlerin affına vesile olması, şeytanın bana ve zürriyetime aynı günahları işletmesinin dahi önünün kesilmesine vesile olması niyeti ile;

Yaşlıları sevindirmeye.

HAMİLELİĞE VE ÇOCUK SAHİBİ OLMAYA İSYAN VE KÜRTAJ TEVBESİ

Euzubillahimineşşeytanirracim.

Bismillahirrahmanirrahim.

Allâhümme salli alâ seyyidina Muhammedin ve alâ âli seyyidina Muhammed.

Ey her bir dişinin neye gebe olduğunu, karnında ne taşıdığını ve rahimlerin neyi eksiltip neyi artırdığını bilen!

Allah'ım Senin bana yazdığın kaderin bir cilvesi olarak, evlilik müessesemin en tatlı meyvesi veya nikâhsız ilişkimin neticesi olan evlat nimetine; geçim, bakım, sağlık, utanma, korku ve endişeler ile rızasızlık göstermekten, doğumunu istememekten, sağlığımı/eşimin sağlığını tehlikeye atan bir durum olmadığı halde kürtaj girişiminde bulunmaktan, anne/baba olacağımı öğrendiğimde nefsime ve şeytana kulak vererek "Keşke olmasaydı. Keşke hamile kalmasaydım. Keşke hamile kalmasaydı. Keşke doğmasaydı. Keşke doğurmasaydım. Keşke aldırsaydım. Keşke düşürseydim. Olmaz olsaydı. Bu çocuğu/bebeği doğurana kadar taş doğursaydım. Keşke erkek olsa idi. Keşke kız olsa idi. Sırası mı şimdi? Henüz vakti değildi. Allah'ım öldür bu bebeği. Allah'ım kurtar beni bu bebekten. Niye oldu? Niye doğdu? Niye yaşıyor? Bu bebek benim değil. Benim olamaz, olmamalı. Dünyaya gelmemeli..." gibi söylediğim tüm isyan ve şirk sözlerimizden;

Tevbe ettim. Tevbe ettim. Tevbe ettim.

Estağfirullah Yâ Hayy.

Estağfirullah Yâ Mukaddir.

Estağfirullah Yâ Ğaffâr. (33 defa)

Ey sıkıntıya düşenlerin dertlerini izale eden, meşakkatlerini gideren Allah'ım!

Hamilelik sebebiyle çektiğim veya eşimin çektiği zahmetler, ağrılar, sancılar, yorgunluk ve halsizlikler, bulantı, kokuya hassasiyet, kilo alma, aşırı yeme, aşerme, hareket etmekte zorlanma, kıyafetlere yapılan masraflar, vücudunun değişmesi gibi hadiseler sebebiyle kadere rızasızlık göstererek ve keşke diyerek yapmış olduğum her türlü isyan ve şirk cümlelerimden, pişmanlıklarımdan, lanet, bela, beddua ve kötü sözlerimden;

Tevbe ettim. Tevbe ettim. Tevbe ettim.

Estağfirullah Yâ Ğaffâr. (33 defa)

Ey açığa vurulan, gizli tutulan, aşikâr ve saklı her şeyin Rabbi Allah'ım!

Söylemiş olduğum rızasızlık sözlerim ile kendi evladımı kendi elim ve dilim ile lanetleyip istenmeyen çocuk sıfatına sokarak evlat nimetinin bereketini görmemekten, evladım ile arama mesafe koymaktan, kendisine doğumunu istemediğimi hissettirerek ve söyleyerek kalbinin kırılmasına sebep olmaktan; hak ettiği evlat sevgi ve şefkatini göstermeyerek "keşke doğmasaydım. Keşke olmasaydım. Keşke yaşamasaydım. Keşke ölsem. Keşke ölseydim. Allah'ım canımı al da kurtulayım. Niye doğdum ki? Niye yaşıyorum ki? Neden oldum ki? Keşke kız olsaydım. Keşke erkek olsaydım. Bu anne baba benim annem babam değil. Allah'ım bu dünyaya ait değilim, al beni bu dünyadan..." gibi sözler ile isyankâr olmasına; el-Hayy, el-Kayyum, er-Mukaddir, el-Hâlık isimlerine isyan etmesine; intihar girişiminde bulunmasına, intihar etmesine, anne ve baba hukuku çiğnemesine, şeytanın evladım üzerinde hisse alıp hayatına tesir etmesine sebep olarak işlemiş olduğum zulüm ve günahlarımdan;

Tevbe ettim. Tevbe ettim. Tevbe ettim.

Estağfirullah Yâ Hayy.

Estağfirullah Yâ Rahim.

Estağfirullah Yâ Ğaffâr. (33 defa)

Ey fakir olan bütün mahlûkata, yoksul olan herkese rızık veren Allah'ım!

Fakirlik ve bakamama endişesiyle kürtaj yaptırmaktan, buna şahit, vesile veya destek olmaktan, tavsiye etmekten, alet ve ekipmanlarını üretmekten, satmaktan; kanun olarak yürürlüğe sokulmasına, yasallaşmasına taraftar olarak bu cürme ortak olmaktan; kürtaj yaptırdıktan sonra günahıma tevbe etmeyerek Senin huzuruna gelmekten, varisi olan kardeşlerine ve eşime gurre kefaretimi ödemeyip evlatlarımın haklarını vermeyerek hakka girmekten;

Tevbe ettim. Tevbe ettim. Tevbe ettim.

Estağfirullah Yâ Hakem, Yâ Adl.

Estağfirullah Yâ Ğaffâr. (33 defa)

Ey hadsiz nimetleri, kulları tarafından sayılmakla bitmeyen Allah'ım!

Doğan bebeklere katından rızık olarak verilen sütü kendi malımız addederek, ücretsiz ikramın, lütfun, ihsanın olan sütümüzü, sütlerimizi evlatlarımıza, çocuklarımıza haram etmekten, süt haramlığı vererek kendimizin ve evlatlarımızın göğüslerine bir şeytanı musallat ederek zulme girmekten, soyumuzda yer alan annelerimizin yapmış olduğu süt haramlığı ile girdiği bu zulümden onların adına, kendi adıma, (eşim ve çocuklarım adına), anne babalarımız adına, soy ve zürriyetlerimiz adına, soyumla nikâh akdi ile birleşmiş ve birleşecekler adına, Âdem'den (as) bugüne kadar gelmiş ve bugünden kıyamete kadar gelecek tüm inananlar ve ümmet-i Muhammed (asm) adına, yeryüzüne gönderdiğin insanların sayısınca, şanın ve şerefinin yüceliğince ben Senden affımızı diliyorum. Ben tüm bu günahlarımızdan;

Tevbe ettim. Tevbe ettim. Tevbe ettim.

Estağfirullah Yâ Hayy, Yâ Kayyum, Yâ Mümît.

Estağfirullah Yâ Rahman, Yâ Rahim, Yâ Ferd.

Estağfirullah Yâ Hakem, Yâ Adl, Yâ Kuddüs.

Ya Rahîm, Yâ Hâlık, Yâ Rezzâk.

Estağfirullah Yâ Ğaffâr. (100 defa veya daha fazla)

Allâhümme salli alâ seyyidina Muhammedin ve alâ âli seyyidina Muhammed.

Allah'ım! Senden, rahmetinle kalbimi hidayet buyurmanı, işlerimi toparlamanı, dağınıklığımı gidermeni, elimin uzanamadıklarını ıslah etmeni, amelimi temizleyip hatalarımı düzeltmeni, bana doğruyu göstermeni, sevdiğim ve istediğim şeylerin hayırlısı ne ise onu vermeni ve beni her türlü kötülük, fitne ve zarardan korumanı diliyorum. Allah'ım! Her hâlimizde ve her işimizde akıbetimizi güzel eyle ve bizi dünyada rezil rüsva olmaktan, ahirette de cehennem azabından koru.

Sadaka Niyeti

(Yakın zamanda yapacaksanız niyet edin. Not edin, unutmayın.)

Allah'ım; benim ve soyumun, eşimin ve soyunun ve ümmet-i Muhammed'den (sav) yukarıda saydığım ve sayamadığım hamileliğe rıza göstermeyip doğacak çocuklarını istemeyerek işlemiş oldukları tüm günahlarının affına, zürriyetimizin dahi bu günahlardan uzak olmasına ve şeytanın bizlere bu günahları işletmesinin dahi önünün kesilmesine vesile olması niyeti ile;

Niyet ettim Senin rızan için;

1- Tevbe namazı kılmaya.

2- Bebeklere mama ve süt dağıtmaya.

3- Çocuk sevindirmeye.

BÖLÜM 3

ÇABALAMALAR

- Çabalamalardaki Mantık Nedir?
- Bağımlılıktan Kurtulmak
- Ders ve Sınavlarda Başarı
- Evlat Hasreti Çekenler
- Hayırlısı İle Evlenmek İsteyenler
- Huzurlu Yuva ve Evlilik
- İşleri Ters Giden ve Maddi Darlık Yaşayanlar
- Kolay Bir Hamilelik ve Doğum
- Vesvese ve Korku Yaşayanlar

Rasûlullah sallallâhu aleyhi ve sellem şöyle buyurdu:
"Bir kimse istiğfârı dilinden düşürmezse, Allah Teâlâ ona her darlıktan bir çıkış, her üzüntüden bir kurtuluş yolu gösterir ve ona beklemediği yerden rızık verir."
(Ebû Dâvûd, Vitir 26

ÇABALAMALARDAKİ MANTIK NEDİR?

Burada yer alan niyetler "Başınıza gelen musibetler ancak kendi elinizle yapıp ettikleriniz yüzündendir. Oysa Allah birçoğunu da affeder."[18] ayetine istinaden problemin kaynağını kendi hata ve kusurumuzda görme; *"Size derdinizi ve onun şifasını bildireyim mi? Dikkat edin! Sizin derdiniz günahlar, devanız da istiğfardır."*[19]*" Sadaka belayı def eder."*[20] hadisleri zaviyesinden, çareyi ise tevbe, istiğfar ve sadakalarla bulma çabalamasıdır.

"Kim darda kalan bir kimsenin işini kolaylaştırırsa Allah da dünya - ahiret onun işini kolaylaştırır."[21]

Niyetlerde zikredilen hususlar muhtemel problem kaynakları, sonlarında tavsiye edilen sadaka türleri ise tecrübe ettiğimiz bazı cinslerdir. İstiğfar sayıları ve sadaka cinsleri artırılabilir, azaltılabilir, değiştirilebilir. Önemli olan samimiyetle Rabbe yönelmektir. Sünnette olmayan şekliyle sayı ve cinslere değer atfederek bidat oluşturmaktan Allah'a sığınırım.

Niyetler üzere tevbe, istiğfar ve sadakalara yönelip kesin sonuç bekleyenler muhtemelen sadece hüsrana uğrayacaklardır. Tevbe ve istiğfar şifa niyetiyle değil ancak ve ancak

---

[18]Zuhruf, 36
[19]Beyhakî, Şu'abü'l-Îmân
[20]Tirmizî, Zekât, 28/664
[21]Ebu Davud, Edeb, 60

günahlardan arınma niyeti ile yapılır. Biz burada günahlarımızın dünyadaki neticelerinden olan hastalık ve bir kısım musibetlerden kurtulmak gayesi ile sadaka ve istiğfarlar ile Rabbimizin kapısına yöneliyoruz. O dilerse dermanı hemen verir, dilerse ahirette mükâfatını verir. Gayret bizden tevfik Allah'tandır.

Hz. Ömer (ra) bir defasında yağmur duasına çıktı. Geri dönünceye kadar bağışlanma dilemekten başka bir şey yapmadı. Yağmur yağınca, yanında bulunanlar: "Biz senin yağmur için dua ettiğini görmedik." dediler. O da "Ben göğün yağmur gelen kapılarına vurdum." buyurdu. Sonra da onlara Nuh suresi 10, 11 ve 12. ayetleri okudu.

Hasanı Basri Hazretlerine biri kıtlıktan şikâyet etti, başka biri fakirlikten, diğer biri de çocuğunun olmadığından şikâyette bulundu. Hepsine de istiğfar etmesini tavsiye etti. Daha başka insanlar da çeşitli konularda dertlerini anlattılar. Onlara da istiğfar etmelerini tavsiye etti. Sebebini sorduklarında o da Nuh suresi 10, 11 ve 12. ayetleri okudu.

"*Onlara dedim ki Rabbinizden bağışlanma dileyin! Çünkü O, günahları çokça bağışlayıcıdır. Bağışlanma dileyin ki üzerinize bol bol yağmur yağdırsın. Mallarınızı, evlatlarınızı çoğaltsın, size bağlar, bahçeler versin, sizin için ırmaklar akıtsın." (Nuh 10-12)*

Ensar'dan bir şahıs Rasulullah Aleyhisselam'a geldi, "*Ey Allah'ın Resulü! Henüz bir çocukla rızıklandırılmadım ve benim bir çocuğum olmadı,*" diye serzenişte bulundu. Bunu duyan Rasulullah Aleyhisselam adama "*Sen neden çokça istiğfarda bulunmuyor ve çokça sadaka vermiyorsun? Allah bunlar sayesinde sana çocuk ihsan eder (inşallah),*" buyurdu.

Adam bu olaydan sonra çokça istiğfarda bulunmaya ve bolca sadaka vermeye koyuldu. Ardından tam 9 erkek çocuğu oldu.[22]

---

[22]Müsnedu Ebî Hanîfe, 51

BAĞIMLILIKTAN KURTULMAK

Eûzubillahimineşşeytanirracim.

Bismillahirrahmanirrahim.

Allahümme salli alâ seyyidina Muhammedin ve alâ âli seyyidinâ Muhammed.

Allah'ım! Senin gazabına davetiye çıkaran, azabına yaklaştıran, nehyettiklerine meylettiren yahut emrettiklerinden uzaklaştıran bütün günahlarımdan dolayı affını talep ediyorum; beni affet. Amin!

Allah'ım! Benim, soyumun ve zürriyetimin; alkol, sigara, uyuşturucu, internet, kumar gibi sarhoşluk veren, bağımlılık yapan maddelere ve alışkanlıklara müptela olma, üretimini ve ticaretini yapma, haram kıldığını helal sayarak kullanmayı meşru görme, bırakma çabası içine girmeme; bize vermiş olduğun ömür, zaman, beden ve para nimetini, maddi imkânları haram olan bu yollarda harcama ve heder etme;

Bu dertlere duçar olmuşların ıslahları için dua etmek yerine onları "serseri, psikopat, tinerci, alkolik, ayyaş, uyuşturucu bağımlısı, müptezel, pislik, aşağılık" gibi lakaplarla niteleme; "Lanet olsun bunlara, Allah belalarını versin, Allah cezalarını versin, gebersinler, canları çıkasıcalar." diyerek bağımlılara, kullananlara, yapanlara, üretenlere, organize edenlere küfretme, aşağılama, hor ve hakir görme, alay etme, kınama, rencide etme, lanet okuma, kahır söyleme ve sitem etme;

Kullarınla sigarayı, alkolü ve uyuşturucuyu bırakmak, bağımlılıktan kurtulmak için iddiaya girme, yapamayacağımız sözler verip yerine getirmeme, Sana karşı yeminler edip bozma, adaklar adama ve bu adakları yerine getirmeme; bırakmak için aileyi, evliliği, evlat sahibi olmayı, işi, çalışmayı, okumayı, ramazanı, ayları ve yılları şart ve pazarlık konusu yaparak Sana ve kullarına yalan sözlerle asılsız yeminler verme;

Bu maddeleri kullanarak insan ve hayvanlara zulmetme; evimin, çocuklarımın rızkını kısma, işini dağıtma, parasını harama sevk etme;

Zekâtı vermeyerek, faiz geliri elde ederek, mirasta hakka girerek, kullarının mallarını çalarak ve gasp ederek, haram kıldığın malların ticaretini yaparak, rüşvet alarak, kumar geliri kazanarak, her türlü haksız ve haram kazanç elde ederek şeytanın mallarımızdan hisse almasına ve harama sevk etmesine sebep olma;

Bize yapılan lanet, bela, beddua, kötü söz ve temennilerin tesirinin üzerimizden kalkmasına ve beddua edenlerin affına;

Alkol, uyuşturucu, kumar, oyun, internet gibi illet ve maddelere müptela olmamamıza sebep olan saydığım ve sayamadığım tüm günahlarımızın affına ve bu bağımlılıklardan kurtulmamıza; şeytanın bizim, evlatlarımızın, zürriyetimizin, malımızın, hayatımızın ve irademizin üzerine kurduğu ve kuracağı tüm tuzaklarının bozulmasına ve harama kapı açacak her türlü teşviklerinin önünün kesilmesine, nefsimizin nefs-i mutmaineye dönmesine ve kötü isteklerinin önünün kesilmesine, zürriyetimizin dahi bu alışkanlıklardan tiksinerek uzak durmasına, takva ehlinden olmanın bize ve zürriyetimize nasip olmasına, yukarda saydığım bizim ve soyumuzun işlediği tüm günahlarımızın dahi kefaretlerini vermenin nasip olmasına vesile olması niyetiyle;

(Yapacaksanız niyetlenin.)

Niyet ettim Allah'ım Senin rızan için;

1. Tevbe namazı kılmaya ve istiğfar okumaya.

Estağfirullah Yâ Ğaffâr (Her gün 100 defa veya daha fazla)

2. Oruç tutmaya.
3. Ağaç dikmeye.
4. Su kuyusu açmaya.
5. Fakir veya yetim doyurmaya.
6. Kurban kesmeye.

(Her gün bu niyetle bağımlılığa verdiğiniz parayı sadaka olarak evdeki kutuya atın. Tevbe namazına devam edin.)

DERS VE SINAVLARDA BAŞARI

Eûzubillahimineşşeytanirracim.

Bismillahirrahmanirrahim.

Allahümme salli alâ seyyidinâ Muhammedin ve alâ âli seyyidinâ Muhammed.

Ey sıkıntıları kaldıran, kendine güvenen kullarının işini en iyi şekilde yoluna koyan, muhtaçların yardımına koşan, kulları için açıklanması gereken her şeyi beyan eden, kullarının hata ve yanlışlarını bağışlayan Allah'ım!

(Evladımın) Dikkat dağınıklığı, konsantre olamama, algılayamama, dalgınlık, şuur kaybı, ezber yapamama, çalıştığı halde başarılı olamama gibi derslerim(n)de başarılı olmama/olmasına engel olan benim ve soyumun, (eşimin ve soyunun, zürriyetimizin) işlediği tüm hata ve günahlarımıza kefaret olması;

Şeytanın derse, sınava, akla, beyne, zekâya, algıya, başarıya, iradeye tüm müdahalelerinin önünün kesilmesi;

Adayıp da yerine getirmediğimiz okuma, okutma, talebe yetiştirme, başarma, kazanma üzerine yapılan; kurban kesme, doyurma, Kur'an dağıtma; hatim, Yasin, mevlit okuma-okutma gibi tüm adakların; söz verip de okumadığımız ihmal ettiğimiz cüzlerin, zikirlerin ve evradların yerine geçmesi;

Derse, dersi yapana, sınava, okula, okumaya, okutulana, okutanlara, kitaba, başarıya, kaleme öğretmenlere, öğretenlere, öğreticiliğe söylediğimiz tüm lanet, bela, beddua, iftira ve isyan sözlerimizin kefareti olması;

Tembel ve başarısız öğrencileri, cahil ve okuma yazma bilmeyenleri, okuduğunu anlamayanları, unutanları, hasta ve özürlüleri "geri zekâlı, akılsız, beyinsiz, mal, özürlü, okumuş cahil, aptal, salak, ahmak, okumuş ama adam olamamış" gibi ifadelerle kınama, aşağılama ve rencide etme günahlarımıza kefaret olması;

Gösterdiğim çabalarımın karşılığını almadığımı düşünerek ve hakkımda hayırlı olana kanaat etmeyerek söylediğim "geri zekâlı, aptal kafam" gibi sözlerle beni eksik yarattığını düşünme, isyan etme günahlarımıza kefaret olması;

İslama ve ilme vakfedilen malları yeme, evlatlarına yedirme, zimmetine geçirme, zekâtı vermeme, faize bulaşma, haram lokma yeme, harama nazar etme, anne babanın hukukunu gözetmeme, duasını almama ve onlara dua etmeme, şirk ameller işleme, kumar oynama, şehvetini harama sevk etme, içki içme, haset etme, gıybet etme, kullarının ve hayvanlarının kafasına zulmetme, tesettüre riayet etmeme, kadere yaratılışa ve rızıklara karşı isyan etme, besmelesiz iş yapma, akla, beyne, kafaya küfretme, gıybet ve dedikodu yapma günahlarımıza kefaret olması niyetiyle;

Basiret gözümüzün/gözünün ve şuurumuzun/şuurunun açılmasına, hakkı batıldan ayırabilmemize/ayırabilmesine, ihlas ve aşk ile dinimize kitabımıza sarılmamıza/sarılmasına, daima okuyup anlayıp amel etmemize/etmesine; düşünce, anlayış, okuma, anlama, ezber ve zekâmızın/zekâsının kuvvetli olmasına, şüphe ve vesvesenin bizden ve evladımdan uzak olmasına, ins ve cin şeytanların tuzaklarını fark etmenin ve onlara karşı mücadele edecek ilmin bize nasip olmasına; hak yolda ilerlememize / ilerlemesine, inancımıza / inancına ve aklımıza/aklına şeytanın tüm yaptığı müdahalelerin önünün kesilmesine, her aldığımız/aldığı hayırlı ilmi unutmamamıza/unutmamasına, vaktimi/vaktini bereketli olarak değerlendirebilmemize/değerlendirebilmesine, gün geçtikçe başarılarımızın/başarılarının artmasına, gireceğimiz/gireceği sınavları başarıyla tamamlamamıza/tamamlamasına vesile olması niyetiyle;

Niyet ettim Allah'ım sadece Senin rızan için;

1- İstiğfar okumaya.

Estağfirullah Yâ Ğaffar. (100 veya daha fazla)

2- Sadaka vermeye. (Günlük 1 TL-$-€-£ de olsa atın, sınav öncesiyse daha fazla atmanızı tavsiye ederim)

3- Kur'an-ı Kerim hatmi yapmaya.

4- Eksik bıraktığım ve ihmal ettiğim zikir ve evradları tamamlamaya.

5- Kur'an-ı Kerim dağıtmaya.

6- Salavat okumaya.

7- Adanıp da yerine getirilmeyen, yerine getirilip de etinden yenilip suyundan içilen adakların yerine geçmesi niyeti ile kurban kesmeye.

NOT: Ayrıca; kurban kestirilebilir, fakir doyurulabilir, öğrencilere burs verilebilir.

Allah'ım! Senden, vaktimi bereketli eylemeni ve her anımı en salih bir amelle, salih bir kul olarak geçirmeye beni muvaffak kılmanı diliyorum. Bütün amellerimi salih ve arızasız eyle. Hepsini sadece Senin için işlenmiş ameller eyle ve onlardan Senden başkasına hiçbir hisse bırakma. Âmin.

EVLAT HASRETİ ÇEKENLER

Eûzubillahimineşşeytanirracim.

Bismillâhirrahmânirrahîm.

Elhamdülillahi Rabbi'l-alemin ve's-selatu ve's-selamu alâ Rasulüne Muhammedin ve alâ alihi ve sahbihi ecmain.

Ey insanı en güzel surette bir damla sıvıdan yaratarak istediğine istediği kadar ekstra lütuflar ve özellikler bahşeden ve dilediğine kız, dilediğine de erkek evlat veren, olmuş-olacak, cüzî-küllî her şeyi bilen Alîm ve her şeye gücü yeten Kadîr, ne göklerde ne de yerde kendisini engelleyip aciz bırakabilecek bir güç bulunmayan bizim ve bizden önce gelip geçen atalarımızın Rabbi olan!

Ey Zekeriyya'ya Yahya'yı, Hacer'e İsmail'i, Meryem'e İsa'yı lütfeden Rabbim. Ben Sana Zekeriyya (aleyhisselam) peygamberinin duası ile talepte bulunuyorum; "Ya Rabbi, beni evlatsız, tek başıma bırakma ki (lütfedeceğin evladım) bana vâris olsun. Bununla beraber iyi biliyorum ki, herkes fânidir, herkesten sonra bâkî kalan, bütün vârislerin en iyisi olan Sensin Sen!'

Allah'ım! Benim, eşimin (evladımın) hamile kalmama/kalmasına, doğum yapmama/yapmasına, çocuk sahibi olmama/olmasına, engel olan ve düşük yapmama/yapmasına sebep olan;

Evliliğe, çocuk sahibi olmaya ve doğurmaya, evlat büyütmeye ve zürriyetin devamına yönelik; benim, eşimin ve soylarımızın yaptığı ve başka soylardan da bizim soylarımıza ve zürriyetimize yapılan; "Soysuz, türemeyesin, soyun kurusun, evlat yüzüne hasret kalasın, evlat hasreti çekesin, çocuk ve evlât yüzü görmeyesin, doğuramaz olasın, düşük yapasın, çocuğun olmasın, soyun şeytanın soyu olsun, kız gibi evladın olsun, kendinden evlatlarından çıksın, ben çektim sen de çekesin, soyun sopun zürriyetin kurusun, çocuğundan bulasın, bana yaptığının aynısını çocuğundan göresin, Allah belanı çocuğunla getirsin."; eşimle benim birbirimize yaptığımız ve evliliğimizin lanetlenmesine sebep olduğumuz; "Lanet olsun seninle evliliğime-evlendiğim güne." gibi her türlü lanet, bela ve bedduaların, kahırların, sitemlerin, sövmelerin, temennilerin, şirk, isyan ve kötü sözlerin;

Kadınlık ya da erkekliğe, cinselliğe, eşiyle beraber olmaya, şehvete, cinsel organlara; var olmaya, dünyaya gelmeye, hayata, yaşamaya, evlenmeye, aşka, sevmeye, sevilmeye, ayrılmaya; sevdiklerimize, ayrıldıklarımıza, mutluluğumuza, mürüvvetlerimize ve ayrıldığımız insanların mürüvvetlerine; ayrıldığımız sözlülerin, nişanlıların, aşklarımızın, eşlerimizin, yuva kuranların evlenenlerin, boşananların arkasından mürüvvetlerine, evliliklerine, hamileliklerine, çocuklarına, yaşamalarına, hayatlarına söylediğimiz her türlü lanet, bela ve bedduaların, kahırların, sitemlerin, sövmelerin, temennilerin, şirk, isyan ve kötü sözlerin;

Ana-babalarımızın ve insanların çok çocuğunun olmasını veya yaşlanınca çocuklarının olmasını, çocuğu olmayanları, bebek ve çocukların yaptıklarını; kınama, gıybetlerini yapma, iftirada bulunma, alay etme, küçümseme, hor ve hakir görme, rencide etme, haset etme günahlarımızın;

Anne babaları ve akrabaları ziyareti terk ederek veya geciktirerek hasretle yüreklerini yakma, gözlerini yollarda koyarak evlat hasreti çektirme, onların rızasını almadan ve kaçarak evlenip gönüllerini kırma kusur ve günahlarımızın;

Doğum kontrol hapı kullanma, bilerek düşük yapma, kürtaj ve evlat katline sebep veya yardımcı olma ve bu cürmümüzün gurre kefaretini ödememe, "Böyle bir çocuğu dünyaya getirmemek gerekir." diyerek engelli doğacak çocuklara rızasızlık gösterme, rahmini aldırarak çocuk dünyaya getirmeye mani olma, çocuk sahibi olmama konusunda kullarını teşvik etme, hayvanları kısırlaştırarak soyunun devamına mani olma günahlarımızın;

Fakirliği ve geçim derdini bahane ederek "Şimdi evlat istemiyorum." deme, fiziğimin bozulacağını düşünerek hamileliği erteleme, evlat dünyaya getirmeye endişe etme, vermiş olduğun çocuklarımızı beğenmeme, erkek ve kız evlat ayrımı yapma, "Biz bunu erkek istedik kız oldu." gibi sözlerle cinsiyetine rıza göstermeme günahlarımızın;

Şehvetini kendi tatmin ederek gidermede haddi aşma, zina ve tecavüz çocuklarını kınama; zina, taciz, tecavüz, sapkınlık, eşcinsel ve ensest ilişkiler ile kendimizi ve soyumuzu lanetleme; talak verildiği halde kefaret ödemeden ayrıldığımız eşler ile nikâhı düşmüş şekilde ilişkiye girme; içkili, gusülsüz, eûzü besmelesiz ilişkilerde bulunma kusur ve günahlarımızın;

Nikâh ve evliliklerimizde şahit tutmama, evliliği ilan etmeme; gizli aşk, gizli sevgi, gizli ilişkiler, gizli evlilikler yaşama; bizler için hayırlı gördüğün ve razı olduğun eşlerimizden ve evliliklerimizden razı olmama, rıza göstermeme, kınama, aşağılama, asi ve isyankâr olma günahlarımızın;

Aşkta, sevgide, evliliğe istekte hırs gösterme ve haddi aşma; kavuşamamalarımızda ve ayrılıklarımızda Seni suçlu bularak isyan etme ve ölmeyi dileme; "Keşke anamdan kız doğsaydım.", "Keşke ben de erkek doğsaydım." gibi sözlerle mukadderatına karşı gelme günahlarımızın;

"Yarın öbür gün benim de illa ki çoluk çocuğum olacak, çocuksuz olmaz, en az şu kadar çocuğum olmalı, mutlaka erkek veya kız olmalı." gibi sözlerle büyük konuşma günahlarımızın;

Gelinlere, kadınlara, eşlere, çocuklara, hamile ve yetimlere zulmetme; kürtaja zorlama, hamilelere zulmederek düşük yapmalarına sebep olma, çocuğu olmuyor diye gelini boşanmaya zorlama, iftiralar ile yuva kurmaya, mürüvvete mani olma, yuva yıkarak eşleri birbirinden ayırma, çocukları yetim ve öksüz bırakma, evlatlarından ayırma ve mahrum bırakma, eşine çocuğunu göstermeyerek hasret koyma günahlarımızın;

Evlilik ve mürüvvetlerde eksik olan zekâtlarımızı, aldığımız ve verdiğimiz faiz paralarını, miras hakkı ve kul hakkını gözetmeme, faizli para ile düğün yapma, kadının mehrini vermeme günahlarımızın;

Evlenemediğimiz, eşimizle beraber olamadığımız ve evlat sahibi olamadığımız hallerde kullarından, muskalardan, türbelerden ve büyülerden şifa ve medet umarak şirk yollara sapma gibi şeytanın bizim ve evliliklerimiz üzerinde hisse almasına ve evlat sahibi olmamıza mani olan; benim ve soyumun, eşimin ve soyunun tüm günahlarımızın;

Evlenme, hamile kalma, çocuk sahibi olma, sağ salim doğurma, hastalığın iyileşmesi, erkek veya kız çocuk sahibi olma gibi istek ve temennilerimizde adaklar adama, şart koşma, ahd verme ama adak ve nezirlerimizi yerine getirmeme günahlarımızın affına vesile ve kefaret olması, yerine getirilmeyen veya yanlış yerine getirilen adakların yerine geçmesi niyetiyle;

Burada saydığım ve sayamadığım tüm günahların affına vesile olması niyetiyle;

Niyet ettim sadece Senin rızan için;

1- Tevbe namazı kılmaya ve istiğfar okumaya.

Estağfirullah Yâ Ğaffar. (100 defa ve daha fazlası)

2- Kurban kesmeye.

3- Sadaka vermeye.

4- Çocuk ve yetim sevindirmeye-doyurmaya

Allah'ım! Senden, ömrümün geçen kısmında beni değişik ihsanlarınla sevindirdiğin gibi, kalan kısmında o ihsanlarını tamamlamak suretiyle daha da sevindirmeni diliyorum. Tekliğin, yüceliğin, büyüklüğün, kemâlin, azametin, nurun, re'fet ve rahmetin, ululuğun, eşsiz güzelliğin, cemâlin, celâlin, saltanatın, kudretin, ihsanların, lütufların, nebîn ve habîbin Hazreti Muhammed (sav) ve tertemiz yakınları yüzü suyu hürmetine beni nimetlerinden, fazlından, cemâl ve kerem tecellîlerinden mahrum bırakma! Âmin.

Allah'ım! Biz yoktuk, kerem kılıp bizi Sen var ettin ve bugüne getirdin. Senden üzerimizdeki nimetlerini tamama erdirmeni, nikmetinden, azabından, gazabından da emin kılmanı diliyoruz. Bu muhtaç kapıkullarını iki cihan saadetinin en âlâsı ve en güzeli ile sevindir. Bizleri evlat ikramınla nimetlendirerek hanemizi şenlendir. Şu kırık gönlümüzü muradına erdir. Altından kalkamayacağımız ağır imtihanlara tabi tutmadığın ve üzerimizden sağanak sağanak yağdırdığın nimetlerin için Sana sonsuz hamd ediyor ve hamdimizin rızana muvafık, lütuflarının azametine de layık olacağını ümit ediyoruz, ey merhametine hudut olmayan, yüce ve kerim Rabbimiz! Âmin.

Ey merhametlilerin en merhametlisi olan Rabbimiz! Sen her şeye kadirsin; bizim dualarımıza icabette bulunmak da Sana asla zor gelmez. Ne olur Yâ Rab, niyazımızı kabul buyur ve bizi haybet, hüsran ve inkisâr-ı hayâle uğratma! Âmin.

Bu niyetle belki her ay yetimlere, çocuklara, bebeklere, hamilelere kıyafet, süt, mama, oyuncaklar dağıtılıp sevindirilerek sadakalar verilebilir. Umulur ki rahmeti celb eder.

Ayrıca kitaptaki tüm tevbelerin okunmasını da tavsiye ederim.

Gayret bizden netice Allah'tandır.

Dayanak

Ensar'dan bir şahıs Rasulullah Aleyhisselam'a gelerek, "Ey Allah'ın Resulü! Henüz bir çocukla rızıklandırılmadım ve benim bir çocuğum olmadı," diye serzenişte bulundu. Bunu duyan Rasulullah Aleyhisselam adama "Sen neden çokça istiğfarda bulunmuyor ve çokça sadaka vermiyorsun? Allah bunlar sayesinde sana çocuk ihsan eder (inşâallah), buyurdu.

Adam bu olaydan sonra çokça istiğfarda bulunmaya ve bolca sadaka vermeye koyuldu. Ardından tam 9 erkek çocuğu oldu. (Müsnedu Ebî Hanîfe, 51)

HAYIRLISI İLE EVLENMEK İSTEYENLER

Eûzubillahimineşşeytanirracim.

Bismillahirrahmanirrahim.

Elhamdülillahi Rabbil Alemin vesselatu vesselamu alâ Rasulüne Muhammedin ve alâ alihi ve sahbihi ecmain.

Ey yerin bitirdiklerini, insanları ve onların bilmediği daha nice şeyleri çiftler hâlinde yaratan Allah'ım!

Senin kitabın olan Kuran'dan ve Resulünün sünnetinden yüz çevirerek ve rızanı esas almayarak; şeytanın bana ve soyuma insanlar üzerinden bize, bizim üzerimizden insanlara saldırarak, hile ve tuzaklar kurarak yuva kurmamıza ve mürüvvete yürümemize engel olan tüm saldırmalarının önünün kesilmesi ve bu saldırılara sebep olan benim ve soyumun işlediği;

Anne ve babanın iznini almadan, kaçarak evlenme ve kalplerini kırma; iddet süresini beklemeden, dini nikâhı ciddiye almayıp ihmal ederek ve şahit bulundurmayarak, gizlice nikâh kıyıp duyurmayarak yuva kurma;

İnsanlara, anne ve babalara, kayınvalide ve kayınpederlere, gelin ve damatlara, sözlü ve nişanlılara, sevdiklerimize; bağırarak, döverek, zulmederek; onları küstürme, rencide etme, alay etme, insanlar arasında küçük düşürüp rezil etme, kalplerini kırma; onur, şeref, namus ve haysiyetlerine kötü laf etme; küfretme, kınama, gıybetlerini yapma, iftira atma, küçümseme, beddua ve lanet okuma, sıla-i rahimi terk etme; evimize gelmelerine eş ve çocuklarımızı görmelerine, konuşmalarına müsaade etmeme ve böylece onların ahını ve bedduasını alma;

Yaptığımız zulümlerle; bize ve soyumuza okunan "Benim evladım evlenemedi sizinkiler de evlenemesin, ben çektim siz de çekin, benim ciğerim yandı sizin de yansın, çoluk çocuğunuzdan çıksın, evladınızın mürüvvetini görmeyesiniz, evde kalasınız, evlenemeyesiniz, yüzünüz gülmesin, soyunuz sopunuz kesilsin-kurusun, ocağınız sönsün..." gibi bildiğimiz bilmediğimiz tüm okunan lanet ve beddualara;

Kızları veya evli kadınları kaçırma; çocuklara, engelli ve hastalara, yetimlere, öksüzlere, gelinlere, hayvanlara taciz ve tecavüzde bulunma, zulmetme, yaralama, suda boğma, öldürme, zina, ensest ve eşcinsel ilişkilerde bulunma, evlenemeyenleri ve nişandan ayrılan ve boşananları, çocuğu olmayanları kınama;

"Büyü yaptı, zina etti, yuvamı yıktı, beni veya eşini aldatıyor." iftiraları ile "Bu gelini-damadı, eşi sevmedim-beğenmedim, bize-sana layık değil, boşan kurtul, kısır soyumuzu kuruttu, buna mı kaldın sen, sana mı kaldım ben.." gibi sözlerle suçsuz yere yuva yıkma, sevenleri ayırma ve hayvanların yuvasını bozma veya yuva yapmasını engelleme, seviyor gibi görünüp ümit verdikten sonra yarı yolda bırakma;

Sevdiğimiz kişilere "Ben sensiz yaşayamam, sana canım feda, olmazsa olmazımsın, tek aşkımsın, her şeyimsin, sen bana hayat veriyorsun, beni sen yaşatıyorsun, senden başkasını sevemem ve başkasıyla evlenmem, bir daha evlenirsem Allah benim belamı versin, evlilik bana haram olsun..." gibi evlilik ve evlenme üzerine sözler söyleyerek el-Vedüd ve el-Hayy ismine karşı şirke düşme ve sevgide haddi aşma;

Benim ve soyumun kibir ve gurur ile eşleri, kadın ve erkekleri, sözlü ve nişanlıları küçümseyerek söylediğimiz; "Lanet olsun senin gibi kıza-erkeğe, defol istediğin yere git, cehenneme kadar yolun var, hakkım sana haram olsun, senin uşağın mı var, sana mı hizmet edeceğim, lanet olsun seninle tanıştığım güne, keşke seni hiç tanımasaydım, ben sana mı kaldım, biz size mi kaldık, denk değiliz..." sözleriyle yaptığımız beğenmeme ve kibirlenme; "Evlenip de ne yapacağım, bekârlık sultanlık, evlenmeyeceğim, evlilik ahmaklık, lanet olsun evlenmeye..." gibi sözlerle evlenmenin gereksiz ve hata olduğunu söyleyerek kullarını peygamberinin sünnetinden soğutma ve harama sevk etme; evliliğe, aşka, sevmeye, sevilmeye, nikâha bela lanet okuma ve kadere isyan etme;

Kadın veya erkek olmaya, adet görmeye, eşiyle cinsel ilişki yaşamaya ve cinselliğe lanet ve bela okuma, eşiyle yatağını ve odasını ayırma, evi terk etme, helal kılınan yollar ve günler dışında eşiyle beraber olma, besmelesiz ilişkide bulunma, kürtaj yaptırarak çocuk aldırma veya çocuğunu istememe, hamileliğine rıza göstermeme, çocuklarına karşı eşini kötüleme ve kışkırtma;

Bizi koruyacağına, rızkımızı artırıp geçimimizi kolaylaştıracağına, kısmetimizi açacağına inanarak ve düşünerek muska, nazar boncuğu ve dualar asarak, okunmuş suları içerek, mekânlara serperek ve bunlarla yıkanarak ve benzeri uygulamalar yaparak; büyücü ve falcılardan, hoca ve kullardan medet umarak bidat ve şirk günahlarına girme;

Evlilik, çocuk sahibi olma, hamile kalma, doğum, kavuşma, boşanma ve diğer isteklerle adaklar adayıp yerine getirmeme ve yerine getirilen adaklardan yiyerek bozma;

Yukarıda saydığım ve sayamadığım kusur ve günahlar sebebiyle şeytan ve avanesinin evlenme veya evlilik üzerine bizde, evlendiğimiz veya evleneceğimiz kişide hisse almasına sebep olan bildiğimiz bilmediğimiz tüm hata ve günahlarımızın affolunması ve kefareti olması niyetleriyle; şeytan ve avanesinin benim ve soyumun, evleneceğim eşimin ve soyunun ve zürriyetimiz üzerindeki tüm hüküm ve ruhsatlarının kalkması, hile ve tuzaklarının bozulması, aynı günahları bize, soyumuza ve zürriyetimize tekrar işletmesinin önünün kesilmesi ve ümmet-i Muhammed'in (sav) selamete ulaşması niyetleriyle;

(Yapacaksanız ve yapacağınız zaman niyet ediniz.)

Niyet ettim Allah'ım Senin rızan için;

1- Tevbe namazı kılmaya ve istiğfar okumaya.

Estağfirullah Yâ Ğaffar. (100 defa veya daha fazla)

2- Yetim sevindirmeye.

3- Adanıp da yerine getirilmeyen, yerine getirilip de etinden yenilip suyundan içilen adakların yerine geçmesi niyeti ile kurban kesmeye.

4- Bir çifte yuva kurmaya veya evlendirmeye veya destek olmaya.

Bunların yanı sıra ya da bunlar yerine gücünüz yettiği kadar evlenen çiftlere maddi yardımda bulunulabilir.

Başka türden sadakları da bu niyetle yapabilirsiniz. Birinci maddedeki tevbe namazına uzun süre devam etmenizi tavsiye ederim.

Allah'ım ben hakkımda neyin hayırlı olduğunu bilmeksizin nefsime ve hevesime uyarak yapacağım, beni Senin rızandan alıkoyacak bir evlilikten Sana sığınırım. Bana kalbimin ısınacağı ve gönlümün seveceği, hayırlı evlatlara vesile olacak, dünya ve ahiret yoldaşım olacak bir eş nasip et. Katında makbul bir nikâhla bana hayırlı bir eş lütfet. Amin ve'l-hamdü'lillahi rabb'il-alemin.

HUZURLU YUVA VE EVLİLİK

Eûzubillahimineşşeytanirracim.

Bismillahirrahmanirrahim.

Allahümme salli alâ seyyidina Muhammedin ve alâ âli seyyidinâ Muhammed.

Allah'ım! Senin gazabına davetiye çıkaran, azabına yaklaştıran, nehyettiklerine meylettiren yahut emrettiklerinden uzaklaştıran bütün günahlarımdan dolayı affını talep ediyorum; beni affet. Dinim, dünyam, ailem ve malımda Senden afv u afiyet diliyorum.

Allah'ım! Senin kitabın olan Kuran'dan ve Resulünün sünnetinden yüz çevirerek ve rızanı esas almayarak; şeytanın bana, benim üzerimden eşime, eşim üzerinden bana ve insanlar üzerinden bize, bizim üzerimizden insanlara saldırarak, hile ve tuzaklar kurarak aile saadetimizi bozmasına, kavga etmemize, eşimizle küslük ve ayrılık yaşamamıza sebep olan tüm saldırmalarının önünün kesilmesi ve bu saldırılara sebep olan benim ve soyumun, eşimin ve soyunun işlediği;

Senin rızanı kazanma, helal ve meşru olana yönelme, Resulünün sünnetini yaşama niyeti olmaksızın; ahlakının güzelliği ve dinini yaşamasını esas almayarak; güzelliğine, servetine, makamına, şöhretine, mesleğine, kazancına ve soyunun şerefine talip olarak evlilik yapma;

Anne ve babanın iznini almadan, iddet süresini beklemeden, kaçarak; dinî nikâhı ciddiye almayıp ihmal ederek ve şahit bulundurmayarak, gizlice nikâh kıyıp duyurmayarak; evlilik, eş ve çocuk, kavuşma ve boşanma üzerine adaklar adayıp yerine getirmeyerek ve yerine getirilen adaklardan yiyerek; eşimin mehrini vermeyerek, eksik vererek veya rızası olmadan geri alarak; kredi veya faizli parayla, haksız ve haram kazançla, zekâtı verilmemiş mal ve parayla, zulümle ele geçirilmiş miras malıyla ve içkili düğün yaparak, ziynet, eşya ve ev satın alarak yuva kurma;

İnsanlara, anne ve babaya, kayınvalide ve kayınpederlere, gelin ve damatlara, sözlü ve nişanlılara, sevdiklerimize bağırarak, döverek, zulmederek; onları küstürme, rencide etme, alay etme, insanlar arasında küçük düşürüp rezil etme, kalplerini kırma; onur, şeref, namus ve haysiyetlerine kötü laf etme, küfretme, kınama, gıybetlerini yapma, iftira atma, küçümseme, beddua ve lanet okuma, sıla-i rahimi terk etme; evimize gelmelerine, eş ve çocuklarımızı görmelerine, konuşmalarına müsaade etmeme ve böylece onların ahını ve bedduasını alma, seviyor gibi görünüp ümit verdikten sonra yarı yolda bırakma;

Yaptığımız zulümlerle; bize ve soyumuza okunan "Benim evladım evlenemedi sizinkiler de evlenemesin. Ben çektim siz de çekin. Benim ciğerim yandı sizin de yansın. Çoluk çocuğunuzdan çıksın. Evladınızın mürüvvetini görmeyesiniz. Eşlerinizle mutlu olamayasınız. Bir araya gelemeyesiniz. İlişkiye giremeyesiniz. Bir yatağa giremeyesiniz. Yüzünüz gülmesin. Sizin evladınızla evlenen veya seninle evlenen kişi senden soğusun, tiksinsin. Yuvanız yıkılsın, ocağınız sönsün..." gibi bildiğimiz bilmediğimiz, tüm okunan lanet ve beddualara;

Evli veya bekârken kızları veya evli kadınları kaçırma; çocuklara, engelli ve hastalara, yetimlere, öksüzlere, gelinlere, hayvanlara taciz ve tecavüzde bulunma, zulmetme, yaralama, suda boğma, öldürme, zina ve ensest ilişkilerde bulunma günahlarımıza ve bu yüzden üzerimize okunan tüm lanet ve beddualara; evliliklerimizi helal kılınan ölçülerde haddi aşıp yakınlaşarak zina ve tecavüzle başlatma, evlilik öncesi başkalarıyla zina yapıp eşinden saklayarak evliliği yalan üzerine kurma; öfke ile talak verip eşini boşadıktan sonra nikah tazelemeden eşiyle zinaya düşme ve bu zinadan çocuklar dünyaya getirme;

Eşini aldatanları, kavga edip geçimsizlik yaşayanları, evlenemeyenleri ve nişandan ayrılan ve boşananları kınama; eşinin müsaade etmediği kişilerle görüşme ve evine alma, kibirli davranarak hep kendinin haklı olduğunu iddia etme, eşinin izin vermediği yerlere gitme;

"Büyü yaptı, zina etti, yuvamı yıktı, beni veya eşini aldatıyor." iftiraları ile; "Bu gelini/damadı, eşi sevmedim/beğenmedim, bize-sana layık değil, boşan kurtul, buna mı/sana mı kaldım ben…" gibi sözlerle suçsuz yere yuva yıkma, sevenleri ayırma ve hayvanların yuvasını bozma;

Beni, eşimi, çocuklarımı, evimi ve işimi koruyacağına, rızkımızı artırıp geçimimizi kolaylaştıracağına, aramızda sevgi ve muhabbeti artıracağına, şifalandıracağına inanarak ve düşünerek muska, nazar boncuğu ve dualar asarak, okunmuş suları içerek, mekânlara serperek ve bunlarla yıkanarak ve benzeri uygulamalar yaparak; büyücü ve falcılardan, hoca ve kullardan medet umarak bidat ve şirk günahlara girme;

Sevdiğimiz kişilere; "Ben sensiz yaşayamam. Sana canım feda. Olmazsa olmazımsın. Tek aşkımsın. Her şeyimsin, sen bana hayat veriyorsun, beni sen yaşatıyorsun..." gibi sözler söyleyerek el-Vedüd ve el-Hayy ismine karşı şirke düşme ve sevgide haddi aşma;

Benim ve eşimin; birbirimize söylediğimiz, "Lanet olsun senin gibi kadına/erkeğe, defol istediğin yere git, cehenneme kadar yolun var, hakkım sana haram olsun, lanet olsun bu eve bu eşyalara, senin uşağın mı var, sana mı hizmet edeceğim, lanet olsun seninle tanıştığım ve evlendiğim güne, keşke seni hiç tanımasaydım evlenmeseydim, Allah'ım neden bana bu eşi verdin, bana bu eşi mi layık gördün, ben bu eşi hak etmedim, ben bu eşi kabul etmiyorum..." diyerek yaptığımız beddua, lanet, hak haramlığı, eşini beğenmeme ve kadere isyan etme;

Kadın olmaya, âdet görmeye, eşiyle cinsel ilişki yaşamaya ve cinselliğe lanet ve bela okuma, eşiyle yatağını ve odasını ayırma, evi terk etme, helal kılınan yollar ve günler dışında eşiyle beraber olma, besmelesiz ilişkide bulunma, kürtaj yaptırarak çocuk aldırma veya çocuğunu istememe, hamileliğine rıza göstermeme, çocuklarına karşı eşini kötüleme ve kışkırtma, evlenmenin gereksiz ve hata olduğunu söyleyerek kullarını peygamberinin sünnetinden soğutma ve harama sevk etme;

Yukarıda saydığım ve sayamadığım günahlar sebebiyle şeytan ve avanesinin evlenme veya evlilik üzerine bizde, evlendiğimiz veya evleneceğimiz kişide hisse almasına sebep olan bildiğimiz bilmediğimiz tüm hata ve günahlarımızın affı ve kefareti olması niyetleriyle; şeytan ve avanesinin benim ve soyumun, eşimin ve soyunun ve zürriyetimiz üzerindeki tüm hüküm ve ruhsatlarının kalkması, hile ve tuzaklarının bozulması, aynı günahları bize ve soyumuza tekrar işletmesinin önünün kesilmesi ve ümmet-i Muhammed'in (sav) selamete ulaşması niyetleriyle;

(Yapacaksanız ve yapacağınız zaman niyet ediniz.)

1. Niyet ettim Allah'ım Senin rızan için tevbe namazı kılmaya ve tüm günahlarımızın affı niyetiyle istiğfar okumaya;

Estağfirullah Yâ Vedud. (100 defa veya daha fazla)

2. Yetim sevindirmeye veya doyurmaya,

3. Bir çifte yuva kurmaya, evlendirmeye, destek olmaya (veya gücünüz yettiği kadar evlenen çiftlere destek olun, karşılık beklemeden para takın).

4. Ağaç diktirmeye.

5. Su kuyusu açtırmaya.

6. Kurban kestirmeye.

İŞLERİ TERS GİDEN VE MADDİ DARLIK YAŞAYANLAR

"Kim benim zikrimden yüz çevirirse, şüphesiz onun sıkıntılı bir hayatı olacak..." (Taha, 124)

Eûzubillahimineşşeytânirracîm.

Bismillahirrahmanirrahîm.

Allahümme salli alâ seyyidinâ Muhammedin ve alâ âli seyyidinâ Muhammed.

Ey fakirliğe müptela olmuşları görüp gözeten!

Ey fakirlerin ve düşkünlerin ihtiyaçlarını gideren!

Ey dertlilerin dertlerine nezdinden dermanlar gönderen!

Ey inayetiyle, yardım talebinde bulunanların imdadına koşan!

Ey zaruret içinde kıvranan gönüllerin ızdırap dolu hallerine icabette bulunan!

Huzurunda boyun büküyor ve maddî-manevî ihtiyaçlarımı Sana arz ediyorum. Tazarrum da niyazım da başkasına/başkalarına değil yalnız ve ancak Sanadır. Gönlümü rıdvanının serinliğiyle ferahlatmanı ve nimetlerini kesintisiz olarak devam ettirmeni istirham ediyorum. İşte huzurundayım. Kerem kapının önünde durdum. Nezd-i ulûhiyetinden geleceğini ümit ettiğim iyilik ve cömertlik esintilerine kendimi saldım. Kitabın Kur'an gibi sapasağlam bir ipe tutundum. Dinin İslam gibi asla zarar verilemeyecek bir kulpa sımsıkı sarıldım. Ameli yok denecek kadar az, iki kelimeyi bir araya getirmeye bile takat getiremeyecek kadar da aciz bu günahkâr zavallı kuluna merhamet et! Hadd ü hesabı olmayan bol nimetlerinden nasiplendir. Hiçbir gölgenin kalmadığı o günde kendi gölgene al, ey Kerîm, Cemîl ve Erhamerrahimin Allah'ım!

Allah'ım! Hayatın her alanında başarılı olmamıza, müşterilerimizin ve ticaret mallarımızın satışlarının artmasına, maddi ve manevi yükselmemize engel olan; işlerimizi erteleyerek ihmal etmemize, şeytanın mallarımızda hisse almasıyla borçlanmamıza ve darlık çekmemize, paramızı israf etmemize, alacaklarımızı tahsil edememememize, yanlış zamanda yanlış işe yatırım yapmamıza, başladığımız her işin kötü sonuçlanmasına, iflas etmemize, girdiğimiz ihaleleri kaybetmemize, iş yerinde patronlarımız, iş arkadaşlarımız ve yönetimimizdeki çalışanlarımızdan yana sıkıntı yaşamamamıza ve işten çıkmamıza; iş mülakat ve sınavlarımızın başarısızlık ile sonuçlanmasına ve iş bulamamamıza sebep olan; benim, eşimin ve soylarımızın Senin zikrin olan Kuran'dan yüz çevirerek işlemiş olduğumuz;

Anne babasının duasını almama ve onlara dua etmeme, gönlünü yapmama ve akrabalarla sıla-i rahmi kesme; yaptıkları zulümler ile alacaklının-borçlunun ve fakirin beddua-lanet ve ahını alma, onlarla alay ederek kınama-zulmetme-aç bırakma-aşağılama-kapıdan kovma; zekâtını eksik verme veya vermeme; faiz alıp verme; başarı üzerine Sana sözler verip tutmama ve fakir doyurma, giydirme, sadaka verme, kurban kesme gibi adaklarını yerine getirmeme; mal ve miras üzerine lanet, bela ve beddua okuma; devlet ve vakıf malını kullanma, hırsızlık yaparak, rüşvet alıp vererek ve diğer yollarla haksız ve haram kazançlar elde etme, torpille veya kopya ile hak etmediğimiz imkanlara ulaşma veya buna aracılık etme, işveren ve işçi hakkı yeme, kul hakkı yeme, gasp etme, zulmetme, hak haramlıklarına girme, eşinin mehrini vermeme veya rızası olmadan geri alma günahlarımıza kefaret olması niyetleriyle;

Bize okunan veya bizim okuduğumuz; alacaklı ve borçluların borç-alacak-mal-mülk ve miras üzerine "Bana çektirdiniz Allah da size çektirsin, beş kuruşsuz kalın, iki yakanız bir araya gelmesin, evlatlarınızdan çıksın, ben yiyemedim siz de yiyemeyin, zehir zıkkım olsun, haram olsun, bir ömür borçlu kalın, ekmek tavşan olsun yakalamayın, kazancınızın hayrını görmeyin, paranızın bereketi olmasın" gibi okunan tüm lanet, bela ve bedduaların, kahır ve intizarların, hak haramlıklarının, küfürlerin; zenginleri, fakir ve ihtiyaç sahiplerini kınama, onları beğenmeme, küfretme, gıybetlerini yapma, kötüleyip iftira atma, onlara lanet ve beddua edip hak haramlıklarında bulunma, kapıdan kovma ve rencide etme gibi hatalarımızın affolunması; verdiğin nimetlerde kusur bulup beğenmeyerek isyan etme ve şükretmeme hallerimizin; harama nazar etme, zina yapma, eşinin mehrini vermeme ve yalan söyleme günahlarımızın; sabah kerahat vaktinde uyuma, hak etmeyene haddi aşarak fazla merhamet edip yardımcı olma kusurlarımızın affına vesile olması niyetleriyle;

Adaklarımızı hakkıyla yerine getirmenin, zekâtımızı fazlasıyla verebilmenin, faiz kirinden arınıp borçlarımızı ödeyebilmenin, satmak istediğimiz malları satabilmenin, kurmak istediğimiz işletmeleri açabilmenin, yapacağımız iş görüşmeleri ve ihaleleri hayırla tamamlayabilmenin, alacaklarımızı tahsil edebilmenin, huzurlu bir ortamda helalinden kazanarak işimizi devam ettirebilmenin, tüm borçlardan kurtulup hayırlı ve bol rızka erişebilmenin, sadaka ve kefaretleri verebilmenin nasip olması; sattığımız ve ticaretini yaptığımız mallara, hizmetlere ve bunlardan faydalanacak kişilere şeytanın tüm müdahalelerinin önünün kesilmesi ve hayırlısıyla yaptığımız her işin bereketle ve başarıyla ilerlemesinin nasip olması; benim, soyumun ve zürriyetimin borç ve sefalet içinde yaşamamıza sebep olan her türlü günahına kefaret olması, helal rızkımızın katlanarak artması ve hakkını yiyip borçlarını ödemediğimiz kişilerin dahi hayrına geçmesi niyetleriyle;

Niyet ettim Allah'ım sadece Senin rızan için;

1- Tevbe namazı kılmaya ve istiğfar okumaya.

Estağfirullah Yâ Rezzak. (100 adet veya daha fazla)

2- Vakıa suresi okumaya.

3- Sadaka vermeye.

4- Borçlunun borcunu kapatmaya.

5- Kurban kesmeye.

Her gün bu niyetle Vakıa suresini okuyunuz ve sadaka veriniz. İnşallah faydasını görürsünüz.

KOLAY BİR HAMİLELİK VE DOĞUM

Eûzubillahimineşşeytanirracim.

Bismillâhirrahmânirrahîm.

Elhamdülillahi Rabbi'l-alemin ve's-selatu ve's-selamu ala Rasulüne Muhammedin ve ala alihi ve sahbihi ecmain.

Allah'ım! Evliliğe, çocuk sahibi olmaya, doğurmaya, evlat büyütmeye ve zürriyetin devamına yönelik; eşimin ve soylarımızın yaptığı, eşimle benim birbirimize yaptığımız ve başka soylardan da bizim soylarımıza ve zürriyetimize yapılan; bizim ve evliliğimizin lanetlenmesine sebep olan; "Soysuz, türemeyesin, soyun kurusun, evlat yüzüne hasret kalasın, evlat hasreti çekesin, çocuk ve evlât yüzü görmeyesin, doğuramaz olasın, düşük yapasın, çocuğun olmasın, soyun şeytanın soyu olsun, kız gibi evladın olsun, kendinden evlatlarından çıksın, ben çektim sen de çekesin, soyun sopun zürriyetin kurusun, çocuğundan bulasın, bana yaptığının aynısını çocuğundan göresin, Allah belânı çocuğunla getirsin, lanet olsun seninle evliliğime-evlendiğim güne..." gibi her türlü lanet, bela ve bedduaların, kahırların, sitemlerin, sövmelerin, temennilerin, şirk, isyan ve kötü sözlerin;

Kadınlık ya da erkekliğe, cinselliğe, eşiyle beraber olmaya, evlilikte şehvete, cinsel organlara, hamile kalmaya, hamilelere, doğuma, doğurmaya, doğurtana, hastaneye, doğacak çocuğa, ataya, eşe, eve, eşyalara, evliliğe; var olmaya, dünyaya gelmeye, hayata, cana, yaşamaya, evlenmeye, aşka, sevmeye, sevilmeye, ayrılmaya; sevdiklerimize, ayrıldıklarımıza, mutluluğumuza, mürüvvetlerimize ve ayrıldığımız insanların mürüvvetlerine; ayrıldığımız sözlülerin, nişanlıların, aşklarımızın, eşlerimizin, yuva kuranların, evlenenlerin, boşananların arkasından mürüvvetlerine, evliliklerine, hamileliklerine, çocuklarına, yaşamalarına, hayatlarına söylediğimiz; eşimin, anne babalarımızın ve diğer insanların, söylediği "Sana ve senin doğuracağına lanet olsun, sana da evlatların yapsın, sende evlatlarından gör, sütüm haram olsun..." gibi her türlü lanet, bela ve beddualarin, kahırların, sitemlerin, sövmelerin, temennilerin, şirk, isyan, kötü sözlerin ve hak haramlıklarının;

Ana-babalarımızın çok çocuğu olmasını veya yaşlanınca çocuklarının olmasını, çocuğu olmayanları, bebek ve çocukların yaptıklarını kınama, gıybetlerini yapma, iftirada bulunma, alay etme, küçümseme, hor ve hakir görme, rencide etme, haset etme günahlarımızın;

Anne babaları ve akrabaları ziyareti terk ederek veya geciktirerek hasretle yüreklerini yakma, gözlerini yollarda koyarak evlat hasreti çektirme, onların rızasını almadan ve kaçarak evlenerek gönüllerini kırma hata ve günahlarımızın;

Bilerek düşük yapma, kürtaj ve evlat katline sebep veya yardımcı olma ve bu cürmümüzün gurre kefaretini ödememe, "Böyle bir çocuğu dünyaya getirmemek gerekir." diyerek engelli doğacak çocuklara rızasızlık gösterme, rahmini aldırarak çocuk dünyaya getirmeye mani olma, çocuk sahibi olmama konusunda kullarını teşvik etme günahlarımızın;

Fakirliği ve geçim derdini bahane ederek "Şimdi evlat istemiyorum." deme, fiziğimin bozulacağını düşünerek hamileliği erteleme, evlat dünyaya getirmeye endişe etme, vermiş olduğun çocuklarımızı beğenmeme, erkek ve kız evlat ayrımı yapma, "Biz bunu erkek istedik, kız oldu." gibi sözlerle cinsiyetine rıza göstermeme günahlarımızın;

Şehvetini kendini tatmin ederek gidermede haddi aşma, zina ve tecavüz çocuklarını kınama, zina-taciz-tecavüz-sapkınlık-eşcinsel-ensest ve ters ilişkiler ile kendimizi ve soyumuzu lanetleme, talak verildiği halde kefâret ödemeden ayrıldığımız eşler ile nikâhı düşmüş şekilde ilişkiye girme; içkili, gusülsüz, eûzü besmelesiz, âdetli iken, porno izleyerek ilişkilerde bulunma; tüp bebek tedavilerinde pornoya bakarak besmelesiz meni çıkartma, personelin besmelesiz işlemlerde bulunması, zorunluluk olmaksızın erkek doktora mahremiyetini gösterme hata ve günahlarımızın;

İçkili düğün yapma, nikâh ve evliliklerimizde şahit tutmama, evliliği ilan etmeme; gizli aşk, gizli sevgi, gizli ilişkiler, gizli evlilikler yaşama; bizler için hayırlı gördüğün ve razı olduğun eşlerimizden ve evliliklerimizden razı olmama, rıza göstermeme, kınama, aşağılama, asi ve isyankâr olma günahlarımızın;

Aşkta, sevgide, evliliğe istekte hırs gösterme ve haddi aşma; kavuşamamalarımızda ve ayrılıklarımızda Seni suçlu bularak isyan etme ve ölmeyi dileme; "Keşke anamdan kız doğsaydım.", "Keşke ben de erkek doğsaydım." gibi sözlerle mukadderatına karşı gelme günahlarımızın;

"Yarın öbür gün benim de illaki çoluk çocuğum olacak, çocuksuz olmaz, en az şu kadar çocuğum olmalı, mutlaka erkek veya kız olmalı..." gibi sözlerle büyük konuşma hatalarımızın;

Gelinlere, kadınlara, eşlere, çocuklara, hamile ve yetimlere zulmetme; kürtaja zorlama, hamilelere zulmederek düşük yapmalarına sebep olma, çocuğu olmuyor diye gelini boşanmaya zorlama, iftiralar ile yuva kurmaya, mürüvvete mani olma, yuva yıkarak eşleri birbirinden ayırma, çocukları yetim ve öksüz bırakma, evlatlarından ayırma ve mahrum bırakma, eşine çocuğunu göstermeyerek hasret koyma günahlarımızın;

Evlilik ve mürüvvetlerde eksik olan zekâtlarımızı, aldığımız ve verdiğimiz faiz paralarını, miras hakkı ve kul hakkını gözetmeme, faizli para ile düğün yapma, kadının mehrini vermeme günahlarımızın;

Evlenme, hamile kalma, çocuk sahibi olma, sağ salim doğurma, hastalığın iyileşmesi, erkek veya kız çocuk sahibi olma gibi istek ve temennilerimizde adaklar adama, şart koşma, ahd verme ama adak ve nezirlerimizi yerine getirmeme günahlarımızın affına vesile olması ve kefareti olması, yerine getirilmeyen veya yanlış yerine getirilen adakların yerine geçmesi niyetiyle;

Evlenemediğimiz, eşimizle beraber olamadığımız ve evlat sahibi olamadığımız hallerde; kullarından, muskalardan, türbelerden, büyülerden şifa ve medet umarak şirk yollara sapma gibi şeytanın bizim, evliliklerimizin, doğmuş ve doğacak çocuklarımızın üzerinde hisse almasına sebep olan; benim ve soyumun, eşimin ve soyunun işlediği tüm günahlarımızın affına vesile ve kefaret olması; şeytanın doğumuma ve doğacak çocuğa tüm müdahalelerinin önünün kesilmesi, hayırlısıyla sağ salim doğum yapabilmemin, hayırlı sağlıklı bir evlat dünyaya getirebilmemin nasip olması niyetiyle;

Niyet ettim Allah'ım sadece Senin rızan için;

(Yapacağınız zaman, yapacağınız maddeye niyet edin)

1- Tevbe namazı kılmaya ve istiğfar okumaya.

Estağfirullah Yâ Ğaffar. (100 defa veya daha fazlası.)

2- Sadaka vermeye.

3- Kurban kesmeye.

Bu niyetle belki her ay yetimlere, çocuklara, bebeklere, hamilelere; kıyafet, süt, mama, oyuncaklar dağıtılıp sevindirilerek sadakalar verilebilir. Ayrıca kitaptaki tüm tevbelerin okunmasını da tavsiye ederim.

VESVESE VE KORKU YAŞAYANLAR

Eûzubillahimineşşeytanirracim.

Bismillâhirrahmânirrahîm.

Elhamdülillahi Rabbil Alemin vesselatu vesselamu alâ Rasulüne Muhammedin ve alâ âlihi ve sahbihi ecmain.

Subhanallahi adede halkihi.

Lailahe illallah adede halkihi.

Lailahe illa ente subhaneke inni küntü minezzalimin. Adede halkihi.

Euzubillahissemi-il alimimineşşeytanirracim ve euzu billahi Rabbi eyyahdurun innallahü hüvessemiul alim.

Allah'ım benim ve soyumun, eşimin ve soyunun namaza, namaz ehline, zikre, zikir ehline, dine, din ehline, dinin nişanelerine; küfretme, alay etme, kınama, iftira atma, lanet ve beddua okuma;

Vesvese, temizlik ve simetri takıntısı, korku, endişe, evham, şüphe takıntısı olan insanlarla alay etme ve onları kınama;

Arınamıyorum, temizlenemiyorum diyerek şeytanın sözüyle tekrar tekrar abdest alma, namaz kılma, tevbe çekme ve böylece El-Kuddûs ve Et-Tevvâb ismine karşı haddi aşma ve bunu yapan insanları kınama;

Fakirler için kendi attığımız sadaka paralarını yeme; miras sebebiyle birbirlerine zulmetme, lanet, bela, beddua, kahır ve sitem sözler söyleme;

Anne babaya, kardeş ve akrabalara el kaldırma, itme, vurma, dövme, yaralama, sövme, gönlünü almama;

Hastalık ve musibetlere sabır etmeyerek canına, hayata ve yaşamaya isyan etme ve lanet okuma;

Faiz alıp verme, aracılık etme ve borçlulara merhametsiz davranarak yardım etmeme;

İnsan ve hayvanlara karşı yapılan ve onların korkuyla yaşamasına sebep olan taciz, tecavüz, işkence, kürtaj ve cinayet gibi tüm el, dil ve sair azalar ile zulmetme, mal ve mülkünü gasp etme ve zarar verme ve yapılan bu zulümler sebebiyle mazlumların ahını alarak onların yaptıkları tüm beddua ve lanet sözlerine ve hak haramlıklarına;

Doğum, hastalık, kaza gibi sebeplerle doğarsa, yaşarsa, olursa gibi temenni ve ölürse, sakat kalırsa gibi korkularla adak adayıp da yerine getirmeme;

Lümme-i şeytaniyenin rahmetten ümit kestirme, aşırı güven verme ve haddi aştırıp şirke ve günaha düşürme, evham, endişe, korku, şüphe, takıntı ve tüm vesvese vermelerinin ve dahi bedene yayılmasının önünün kesilmesine;

Şeytanın tuzaklarını öğrenmenin onu fark etmenin tanımanın ve ondan yüz çevirmenin, her an Sana yönelmenin bize nasip olması; şeytanın sözüyle amel ederek onun bedenimize yerleşmesine yayılmasına sebep olduğumuz bildiğimiz bilmediğimiz tüm hata ve günahlarımızın affolunması, kefareti olması ve haklarına girilenlere dahi sevabının gitmesi niyetiyle;

Niyet ettim Allah'ım Senin rızan için;

(Yapacağınız zaman, yapacağınız maddeye niyetlenin.)

1- Tevbe namazı kılmaya ve istiğfar okumaya.

Estağfirullah Yâ Ğaffar. (100 defa)

Estağfirullah Yâ Kuddûs. (100 defa)

Estağfirullah Yâ Tevvab. (100 defa)

2- Sadaka vermeye. (Günlük 1 TL-€-$ dahi olsa her gün sadaka verin.)

3- Fakir doyurmaya.

4- Ağaç dikmeye.

BÖLÜM 4

HASTALIKLAR İÇİN SADAKA NİYETLERİ

- Ağzında ve Konuşmasında Problem Olanlar
- Akciğer Hastalıkları
- Cilt ve Saç Hastalıkları
- El ve Ayaklarda Rahatsızlık
- Göz Hastalıkları
- Kan Hastalıkları
- Kas Hastalıkları
- Kemik Hastalıkları
- Kulak Rahatsızlıkları
- Sindirim Sistemi Hastalıkları

Bir Müslüman'a herhangi bir musibet, bir sıkıntı, bir keder, bir üzüntü, bir eziyet, bir gam dokunursa, hatta kendisine bir diken bile batarsa, mutlaka Allah bunları onun günahlarına kefaret yapar.

Buharî, Marda 1

Mallarınızı zekâtla koruyun, hastalarınızı sadaka ile tedavi edin, belâya da duâ hazırlayın.

Heysemî, Mecma'u'z-Zevâid, 3/63.

AĞZINDA VE KONUŞMASINDA PROBLEM OLANLAR

Eûzubillahimineşşeytanirracîm.

Bismillâhirrahmânirrahîm.

Elhamdülillahi Rabb'il-alemin vesselatu vesselamu alâ Rasulüne Muhammedin ve alâ âlihi ve sahbihi ecmain.

Hamd olsun, zararlarımızı telafi eden, gam ve hüznümüzü gideren ve belaları üzerimizden defeden yüce Mevlâ'mıza.

Ey merhametlilerin merhametlisi Allah'ım! Senin sonsuz rahmetine dehâlet ediyor, "Kâf Hâ Yâ Ayn Sâd" hakkı için, "Tâ Hâ" ve "Yâ Sîn" hakkı için, "Hâ Mîm. Ayn Sîn Kâf" hakkı için dualarımı kabul buyurmanı diliyorum. Rabbim muhakkak ki zarar bana dokundu. Sen merhametlilerin en merhametlisisin. Ey insanların Rabbi! Sıkıntıyı gider. Şifa ihsan et. Şafi Sensin. Senden başka şifa veren yoktur Yâ Şâfi.

Bismillah Bismillah Bismillah! Vücudumda duyduğum ağrının şerrinden ve sakındığım, korktuğum şu acıdan, ağrıdan, Allah'ın izzet ve kudretine sığınırım.

Allah'ım ağzımda şu hastalığı ve sıkıntıyı yaşamama, (evladımın yaşamasına) sebep olan; benim ve soyumun, (eşimin ve soyunun) işlemiş olduğumuz:

Sana, kitabına, peygamberlerine, dinin nişanlarına ve Senin sevdiğin kullara küfretme, hakaret etme; Senin isim ve sıfatlarına ve emirlerine, kadere ve takdire karşı isyan etme, şirk koşma, halinden şikâyet edip durma ve ümidi kesme, büyük söz konuşma; Müslüman'a kâfir deme; helale haram, harama helal deme ve küfrü savunan insanları dilimizle destekleme;

İnsanların namuslarına ve şereflerine dil uzatma, iftira atma, yalan söyleme ve yalan şahitlik yapma, sövme, küfretme, fuhşiyat sözler söyleme, sözlerimizle kalp kırma, gıybet ve dedikodu yapma, laf getirip götürme, fal bakma, şirk ve isyan sözler söyleme;

Anne babamıza öf deme, bağırıp çağırma, ses yükseltme, arayıp sormama, kınama;

Ağza, konuşmaya, dile, sese, anlatmaya yönelik "Ağzın dilin tutulsun, çenen kesilsin, çenen tutulsun, çenen kırılsın, çenen batsın, çenen sussun, çenen düşsün, konuşamaz olasın, konuşamayasın, ağzından çıksın, ağzın yüzün yamulsun, boğazında kalsın, ağzın dilin tutulsun, ağzın, burnun, boğazın tıkansın, boğazından gelsin, ağzında yaralar çıksın, tükürüğünde boğulasın, dilin kopsun, dilin şişsin, dilin tutulsun, dilin kurusun, lâl olasın, sesin kesilsin, dişlerin dökülsün, iliğin-kemiğin kurusun..." gibi bildiğimiz ve bilmediğimiz tüm lanet, bela, beddua, intizar ve kötü sözlere;

Dili kekeme olan, konuşma bozukluğu yaşayan, sesi ince veya kalın olan, ağzı kokan, dişleri çürük ve kirli olan insanların taklidini yapma, alay etme, hor ve hakir görme, rencide etme, aşağılama, kınama;

İnsan ve hayvanların ağızlarına vurarak; dilini ve dudaklarını keserek, ezerek, delerek, dişlerini kırarak ve sökerek, bebekleri anne sütünden mahrum bırakarak yaptığımız tüm zulümlere;

Haram kıldıklarını, haram lokmaları, hırsızlık malını, kul haklarını ve adadığımız adakları yeme gibi saydığım ve sayamadığım, bildiğim veya bilmediğim tüm günahların affına vesile olması;

Adayıp yerine getirmediğimiz veya yerine getirip de etinden yediğimiz suyundan içtiğimiz tüm kurban adaklarımızın, tavuk kesme, Kur'an okuma-bağışlama, mevlit okutma, tuz ve süt dağıtma gibi adaklarımızın yerine geçmesi niyetiyle;

Ey âlemlerin Rabbi olan Allah'ım niyet ettim sadece Senin rızan için;

(Yapacaksanız, yapacağınız zaman ve yapacağınız maddeye niyetlenin.)

1- Tevbe namazı kılmaya ve istiğfar okumaya.

Estağfirullah Yâ Ğaffâr. (100 defa ve daha fazla)

2- Yasin-i Şerif okumaya.

3- Hatim bitirmeye.

4- Kur'an-ı Kerim dağıtmaya.

5- Yetim doyurmaya.

6- Tavuk kesmeye.

7- Kurban kesmeye.

8- Süt dağıtmaya

AKCİĞER VE SOLUNUM YOLLARI HASTALIKLARI

Eûzubillahimineşşeytânirracîm.

Bismillahirrahmanirrahîm.

Allahümme salli alâ seyyidinâ Muhammedin ve alâ âli seyyidinâ Muhammed.

Hamd olsun, zararlarımızı telafi eden, gam ve hüznümüzü gideren ve belaları üzerimizden defeden yüce Mevlâ'mıza.

Ey merhametlilerin merhametlisi Allah'ım! Senin sonsuz rahmetine dehâlet ediyor, "Kâf Hâ Yâ Ayn Sâd" hakkı için, "Tâ Hâ" ve "Yâ Sîn" hakkı için, "Hâ Mîm. Ayn Sîn Kâf" hakkı için dualarımı kabul buyurmanı diliyorum. Rabbim muhakkak ki zarar bana dokundu. Sen merhametlilerin en merhametlisisin. Ey insanların Rabbi! Sıkıntımı gider. Şifa ihsan et. Şafi Sensin. Senden başka şifa veren yoktur.

Bismillah Bismillah Bismillah! Vücudumda duyduğum ağrının şerrinden ve sakındığım, korktuğum şu acıdan, ağrıdan, Allah'ın izzet ve kudretine sığınırım.

Ey kendisinden şifa isteyenlerin derdine şifa, hastalığına deva olan Allah'ım! Benim, eşimin ve Âdem'e (as) kadar soylarımızın; Bizim /.........'ın bu hastalığı yaşamamıza/yaşamasına sebep olan;

Benim, eşimin, anne ve babamın ve Âdem'e (as) kadar soylarımızın, kendimize, birbirimize, başka soylara, başka soylardan soyumuza, soyumuzdan zürriyetlerine;

Kadere, hayata, var olmaya, yaşamaya, cana, hamileliğe, nimetlere, havaya, rüzgâra, nefese, nefes almaya, ciğere, azalara okuduğumuz ve okudukları "Benim ciğerim yandı senin de yansın, ciğerin şişsin, ciğerin çıksın, ciğerin patlasın, ciğerin sökülsün, ciğerin ağzından gelsin, ciğerin sönsün, ciğerin kurusun, ciğerin kanser olsun, ciğerin batsın, ciğerin su toplasın, bir nefes almak bana ve sana haram oldu veya olsun, nefesin kesilsin, nefesin tıkansın, nefessiz kalasın boğulasın, uyku uyuyamayasın, uykunda tıkanasın, boğulasın, boğazın tıkansın, burnundan gelsin," gibi sözlerle ciğere, nefese, ağza, boğaza ve burna yaptığımız her türlü isyan, lanet, bela, beddua, kahır, sitem, intizar ve kötü sözlerimizin, haram olsun demelerimizin;

"Nefes bana haram olsun, hayat bana haram olsun..." gibi sözlerle helali kendine haram etmelerimizin, "Öleydim kurtulaydım, öleydi kurtulsaydık…" gibi ölüm temennilerimizin;

Burnu tıkalı olan, nefes alamayan, gece tıkanan, horlayan, burnu akan, burnunu çeken insanları kınama, taklitlerini yapma, alay etme günahlarımızın kefareti olması;

Hayvanların yuvasına gaz, su ve duman basma, insanları ve hayvanları yakarak, suda ve dumanda boğarak ve nefessiz bırakarak hapsetme, burunlarını kırma ve tıkama, işkence etme ve öldürme, ormanları yakma, yetim hakkı yeme, mazlumun ahını alma gibi zulümlerimizin;

Anne, baba, kayınpeder ve kayınvalidelerimizi ittirme, dövme, zulmetme, onlara beddua edip haklarımızı haram etme gibi haddi aşmalarımızın;

Zekâtını vermeme veya eksik verme gibi saydığım ve sayamadığım tüm hata ve günahlarımızın affına vesile olması ve sevabından zulmedip haklarına girdiğimiz kullarının da hissedar olmaları niyetiyle;

Niyet ettim Allah'ım sadece Senin rızan için;

(Hangileri yapabilecekseniz ve yapacağınız zaman niyet edin, söz verip ihmal etmeyin, işaretleyin, yazın, not edin, unutmayın.)

1- Tevbe namazı kılmaya ve istiğfar okumaya.

Estağfirullah Hayyu Yâ Kayyûm. (100 defa veya daha çok)

2- Ağaç dikmeye.

3- Sadaka vermeye.

4- Kedi ve köpeklere süt ve yem vermeye

Bu tevbe ile beraber "Tevekkül ve Teslimiyet Göstermeyip İsyan Edenlerin ve Zulmedenlerin Tevbesi"ni de okuyun.

CİLT VE SAÇ HASTALIKLARI

Eûzubillahimineşşeytanirracim.

Bismillâhirrahmânirrahîm.

Elhamdülillahi Rabbil Alemin vesselatu vesselamu alâ Rasulüne Muhammedin ve alâ âlihi ve sahbihi ecmain.

Hamd olsun, zararlarımızı telafi eden, gam ve hüznümüzü gideren ve belaları üzerimizden defeden yüce Mevlâ'mıza.

Ey merhametlilerin Merhametlisi Allah'ım! Senin sonsuz rahmetine dehâlet ediyor, "Kâf Hâ Yâ Ayn Sâd" hakkı için, "Tâ Hâ" ve "Yâ Sîn" hakkı için, "Hâ Mîm. Ayn Sîn Kâf" hakkı için dualarımı kabul buyurmanı diliyorum. Rabbim muhakkak ki zarar bana dokundu. Sen merhametlilerin en merhametlisisin. Ey insanların Rabbi! Sıkıntıyı gider. Şifa ihsan et. Şafi Sensin. Senden başka şifa veren yoktur.

Bismillah Bismillah Bismillah! Vücudumda duyduğum ağrının şerrinden ve sakındığım, korktuğum şu acıdan, ağrıdan, Allah'ın izzet ve kudretine sığınırım.

Allah'ım benim ve soyumun, insanların ve hayvanların; el ve ayak tırnaklarına, vücutlarına vurarak ve sökerek, silahla mermi sıkarak, elektrik vererek, yaralayarak, yakarak, ezerek, vurarak, saçlarını yolarak, kabirlerine bevl ederek, av zamanı haricinde keyfi olarak avlayarak yaptığımız zulümlerin;

Suya, yağmura, güneşe, kara, sıcağa, soğuğa, havaya, temizliğe, kirliliğe, ele, ayağa ve uzuvlara, yıkanmaya, vücudumuza, terimize ve terleyen insanlara

"Yüzüne kara gele, yüzün solsun, elin yüzün sivilce dolsun, vücudunda çıbanlar çıksın, irin aksın, yaralar çıksın, derin kurusun, derin çürüsün, derin erisin, derin yansın, derin koksun, derin pul pul dökülsün, zehir zıkkım olsun, kendi başını yesin, kendi elini dilini yesin, kına yaksın, tırnakları dökülsün, terinde boğulasın, sırtından ter aksın, saçın dökülsün, kel kalasın, saçın sakalın ağarsın..." gibi bildiğimiz bilmediğiniz ele, yüze, deriye ve tırnağa okunan tüm lanet, beddua, kötü söz, temenni, hakaret ve küfürlerin;

Mahrem yerlerini namahreme gösterme, tüp bebek için veya herhangi bir sebeple eşiyle pornografiye bakarak o haram görüntüler ardından atılmış meni ile çocuğun olmasına sebep olma, eşcinsellik, hayvanla ilişki, zina yapılmış hayvanların etini sütünü yeme ve yenilmesine sebep olma, eşiyle helal yolların ve günlerin dışında beraber olma, gusülsüz gezme, ensest ilişkilerde bulunma gibi şehveti harama sevk ederek yaptığımız günahların;

Başında, yüzünde ve vücudunda; uyuz, egzama, sedef, alaca, saçkıran, sivilce, mantar ve çıban gibi deri hastalıkları olan, saçları dökülmüş, kel olan, saçı ve sakalı ağaran, saç kıran hastalığına yakalanana, vücudu ve teri kokan, bedeninden irin akan, derisi yanan, vücudu ve derisi hasta insanları kınama, aşağılama, hor görme, rencide-rezil ve alay etme; kullarından ve hayvanlardan tiksinerek "uyuz, pislik, çirkin, iğrenç" gibi ifadelerle niteleme ve hakaret sözler söyleme; kendimizin veya kullarının saçını, tipini, şemailini, rengini, ırkını beğenmeyerek hor ve hakir görme, alay etme, rezil ve rencide etme, küfretme, isyan etme, lakap takma, ayıplama,; çok yakışıklıyım-güzelim diyerek övünme, kibir ve fahir göstererek üstünlük taslama, hal ve sözlerimizle El-Musavvir ismine karşı haddi aşma günahlarımızın;

İnsan ve hayvanları, hapsederek ve bağlayarak altlarını pisleterek mahcup olmalarına, tuvalete hapis ederek pislik içinde ölmelerine, yıkanmalarına izin vermeyerek kokmalarına ve derilerinin kir ve yara bağlamasına; bağlayarak güneş altında yanmalarına, yağmurda ıslanmalarına, soğukta donmalarına; kurtlar, kuşlar ve böcekler tarafından etlerinin lime lime yenilmesine; kızgın yağ, kaynamış su ve ateşle yakılarak, dağlanarak, yılan ve akreple dolu kuyulara atılarak, dövülerek ve işkence edilerek, tırnakları sökülerek, yüksekten atılarak, güneşe çıkmalarına izin verilmeyip karanlıkta bekletilerek, vücut azalarını keserek, yaralayarak, ezerek, kopararak, birşeyler batırarak, saçlarını ve kıllarını yolarak, derilerini yüzerek, yüzlerine vurarak, ateşte yüzlerini yakarak zulümler ile korkuyla acı çekmelerine ve eziyetle ölmelerine sebep olmak gibi eziyet ve zulümlerimizin;

Adayıp yerine getirmediğimiz veya yerine getirip etinden yediğimiz, suyundan içtiğimiz kurban adaklarımızın, adanmış hayvanı çalıp yeme kul haklarımızın; gariban-fakir-yetim ve çocuk yıkama-giydirme, balık tutma-dağıtma-balığa gidip gelme, şeker-çikolata-kek dağıtma ve ağaç dikme; "şu işim olursa saçımı keseceğim, saçlarımı yolacağım-kazıtacağım, sakal bırakacağım..." gibi adak ve sözlerimizin;

Güneşte kalmış suyu kullanma; yatalak anne ve babanın, yetimlerin, yaşlıların ve hastaların banyo yaptırdıktan sonra saçlarını tararken canını acıtmak tarağa taktırıp kopartma; "Bıktım bu saçtan, taramaktan, kestirmekten..."

gibi şükürsüz ve isyankâr sözler söyleme, kel ve köse olanlarla alay edip rencide etme ve kınama, tesettüre dikkat etmeme; "Kız gibi oğlum olsun, sakallarımı yolacağım, sakal bırakacağım, saçlarımı kazıtacağım..." gibi sözlerle temennilerde bulunma, adak adama ve ahid verme kusur ve günahlarımızın affına vesile olması ve tüm günahlarımızın kefareti yerine geçmesi niyetiyle; Ey âlemlerin Rabbi olan Allah'ım!

Niyet ettim sadece Senin rızan için;

1- (Yapacaksanız niyetlenin.1- Tevbe namazı kılmaya ve istiğfar okumaya.

Estağfirullah Yâ Musavvir. (100 defa veya daha fazla)

2- Sadaka vermeye

3- Fakir veya yetim çocuk giydirmeye.

4- Fakirlere sabun ve şampuan dağıtmaya.

5- Fakir doyurmaya.

6- Hayvanlara yem ve süt vermeye.

7- Kuyu açmaya

EL VE AYAKLARDA RAHATSIZLIK

Eûzubillahimineşşeytânirracîm.

Bismillahirrahmanirrahîm.

Allahümme salli ala seyyidina Muhammedin ve ala ali seyyidina Muhammed.

Hamd olsun, zararlarımızı telafi eden, gam ve hüznümüzü gideren ve belaları üzerimizden defeden yüce Mevlâ'mıza.

Ey merhametlilerin merhametlisi Allah'ım! Senin sonsuz rahmetine dehâlet ediyor, "Kâf Hâ Yâ Ayn Sâd" hakkı için, "Tâ Hâ" ve "Yâ Sîn" hakkı için, "Hâ Mîm. Ayn Sîn Kâf" hakkı için dualarımı kabul buyurmanı diliyorum. Rabbim muhakkak ki zarar bana dokundu. Sen merhametlilerin en merhametlisisin. Ey insanların Rabbi! Sıkıntımı gider. Şifa ihsan et. Şafi Sensin. Senden başka şifa veren yoktur.

Bismillah Bismillah Bismillah! Vücudumda duyduğum ağrının şerrinden ve sakındığım, korktuğum şu acıdan, ağrıdan, Allah'ın izzet ve kudretine sığınırım.

Ey kendisinden şifa isteyenlerin derdine şifa, hastalığına deva veren Allah'ım! Benim, (eşimin) ve Hz Âdem'e (as) kadar soylarımızın; Benim /............'ın ellerim/nde, kollarım/nda, ayaklarım/nda, bacaklarım/nda, dizlerim/nde bu rahatsızlığı yaşamama/yaşamasına ve tırnak yememe/yemesine sebep olan;

Kendimin, eşimin, evlatlarımın, akrabalarımın ve Senin kullarının ayaklara, bacaklara, dizlere, ellere, kollara, kana, damara, kasa ve sair uzuvlara söylediğimiz; "Kemiğin kurusun, kemiklerin parça parça olsun, iliğin kurusun, iliğin çekilsin, felç olasın, belin kopsun, belin çıksın; elin ayağın batsın-kırılsın-kopsun-ters dönsün-şişsin-tutmaz olsun, elin kolun bağlansın, ayakların yere basamaz olsun, gidemeyesice, gelemeyesice, gidip de gelmeyesice, dönemeyesice, gözüne-dizine dursun, gidişin olsun dönüşün olmasın, şuradan şuraya gitmek nasip olmasın, kudura kudura etlerini yiyesin, şu evde oturamayasınız..." gibi saydığım ve sayamadığım tüm lanet, bela, beddua, kahır, kötü temenni, sövme ve küfretme;

"Yoldan ayrılmayacağım, bir daha gelmeyeceğim, gitmeyeceğim, girmeyeceğim, bir daha gelirsem-gidersem-girersem elim ayağım kırılsın-tutmaz olsun..." denilerek yapılmış ve bozulmuş söz, ahit ve yeminlere;

Türbelere, mezarlara, mekânlara, akrabalara ve sair kullara ziyaret, gitme, gelme ve dönme üzerine verilmiş ve yerine getirilmemiş veya bozulmuş söz, ahit, yemin ve adaklara;

"Hele bir gelirse, giderse, dönerse, inerse..." diyerek gitme, gelme ve dönme üzerine verilmiş ve yerine getirilmemiş veya bozulmuş söz, ahit, yemin ve adaklara;

Gitme veya gelme üzerine iftiralar atma, yalan söyleme, yalan yemin ve şahitlikte bulunma günahlarına;

Anne babanın, ataların, akrabaların, çocukların, yaşlıların, eşlerin, tüm insan ve hayvanların (bitkilerin); ellerine, ayaklarına, dizlerine, bacaklarına, bedenlerine; vurma, tekme atma, yaralama, kırma, yakma, bıçaklama, kurşunlama, ezme, kesme, itekleme ve diğer saydığım ve sayamadığım şekilde zulmetme ve zarar verme;

Oturarak ya da sandalyede namaz kılanları; ev ev, kapı kapı gezenleri, yaşlı ya da ağrılıları, topal-aksak-çolak gibi sakat ve engellileri, helalinden kazanan insanları kınama, tenkit etme, gıybetini yapma, ölmüşler hakkında konuşma, haklarında kin ve nefretle entrikalar kurma;

Tesettüre riayet etmeme, abdestsiz cünüp ve hayızlı iken Kur'an'ı eline alma, okunmuş su ile elini ayağını ve bedenini yıkama; maddi durumum elvermesine rağmen hac ibadetini ihmal etme, namazı terk etme;

Anne babayı ve akrabaları ziyaret etmeyerek gözlerini yolda bırakma, eşimden habersiz dışarı çıkma ve izin vermediği yerlere gitme, haram olan mekânlara gidip gelme;

Zekât vermeme veya eksik verme, faiz alıp verme, kumar geliri elde etme, haram yollardan kazanç elde etme, haksız miras malı yeme, hırsızlık ve gasp malları kullanma; haram kılınan işlerde çalışma, haram malı taşıma, getirme ve götürme; adanmış bir hayvanı çalıp da yeme, hırsızlığa gidip gelme, lanetlenmiş miras malı veya gasp edilmiş mallar üzerinde yürüme ve gezinme; ayak altlarına ve ellerine vurma, kötürüm ve sakat kalmalarına sebep olma;

Zina, ensest ve eşcinsel sapkın ilişki yaşama, eşiyle helal kılınan gün ve şekillerin dışında beraber olma, kendini elle tatmin etmede haddi aşma, taciz ve tecavüzde bulunma gibi yollarla şehvetini harama sevk etme gibi saydığım ve sayamadığım hata ve günahların affına vesile olması ve kefareti yerine geçmesi niyetiyle;

Adayıp da yerine getirmediğimiz bildiğim ve bilmediğim tüm; namaz kılma, hacca ve umreye gitme veya gönderme; yorgan, battaniye ve yakacak verme dağıtma; çorap, patik, ayakkabı, eşofman, pantolon, çizme, bot, eldiven giydirme gibi adaklarımızın yerine geçmesi;

Kendimin, çocuğumun, eşimin, akrabamın, kullarının ve hayvanların "Yürüdüğünü görürsem, yürürse..." gibi yürüme, koşma ve müsabakayı kazanma üzerine adadığımız adaklarımızın yerine geçmesi;

Adayıp da yerine getirmediğimiz, yerine getirip de etinden, suyundan ve kemiklerinden yeme ve faydalanma ile bozduğumuz adakların yerine geçmesi niyetiyle;

Niyet ettim Allah'ım Senin rızan için;

(Yerine getireceğiniz zaman niyet edin, yazın, unutmayın.)

1- Tevbe namazı kılmaya ve istiğfar okumaya.

Estağfirullah Yâ Ğaffar. (100 defa veya daha fazla)

2- Kurban kesmeye.

3- Ayakkabı veya bot veya çizme veya patik veya çorap veya terlik veya eldiven veya eşofman vermeye.

4- Sadaka vermeye.

5- Fakir doyurmaya.

6- Özürlü ve hastalara yardım etmeye

7- Tekerlekli sandalye dağıtmaya

GÖZ HASTALIKLARI

Eûzubillahimineşşeytanirracim.

Bismillâhirrahmânirrahîm.

Elhamdülillahi Rabb'il-alemin vesselatu vesselamu ala Rasulüne Muhammedin ve ala alihi ve sahbihi ecmain.

Hamd olsun, zararlarımızı telafi eden, gam ve hüznümüzü gideren ve belaları üzerimizden defeden yüce Mevlâ'mıza.

Ey merhametlilerin merhametlisi Allah'ım! Senin sonsuz rahmetine dehâlet ediyor, "Kâf Hâ Yâ Ayn Sâd" hakkı için, "Tâ Hâ" ve "Yâ Sîn" hakkı için, "Hâ Mîm. Ayn Sîn Kâf" hakkı için dualarımı kabul buyurmanı diliyorum. Rabbim muhakkak ki zarar bana dokundu. Sen merhametlilerin en merhametlisisin. Ey insanların Rabbi! Sıkıntıyı gider. Şifa ihsan et. Şafi Sensin. Senden başka şifa veren yoktur.

Bismillah Bismillah Bismillah! Vücudumda duyduğum ağrının şerrinden ve sakındığım, korktuğum şu acıdan, ağrıdan, Allah'ın izzet ve kudretine sığınırım.

Allah'ım benim ve soyumun, insanların ve hayvanların gözlerine vurarak, toprak ve taş atarak, mil çekerek, morartarak, yaralayarak, oyarak zulmetme ve kör olmasına sebep olma;

"Gözüne kara gele, gözün kör olsun, gözüne dizine dursun, gözünün yaşı dinmesin, gözün çıksın, iki gözün aksın, gözünün ışığı sönsün, iki gözün önüne aksın, gözlerim kör olaydı da bunları görmeyeydim…" gibi göze okudukları tüm lanet, beddua ve kötü temennide bulunma;

"Kör müsün, dört göz, kör..." diyerek gözü hasta, görmeyen, gözlük takan, şaşı ve kör olanlarla alay etme ve kınama;

Gözümüzle görmediğimiz olayları söyleyerek insanların namusuna iftira atma, iftira atanlara ortak olma; görmediğini gördüm, gördüğünü görmedim diyerek yalan şahitlikte bulunma; görmediğimiz halde "Şu rüyayı gördüm." ya da "Allah gösterdi." diyerek yalan ve iftiraya düşme; taciz, tecavüz, zina, ensest günahı işleyenleri görüp günaha ve zulme sessiz kalma;

Harama bakarak göz zinası yapma, namahreme ve fuhşiyata bakma, insanların hanelerini ve mahremiyetlerini gözetleme, "Harama bakarsam gözüm kör olsun." diyerek kötü temenni ve duada bulunma;

"Allah'ım beni görmüyor musun?" diyerek Senin el-Basir ismine ve "Ağlamaktan gözlerimin yaşı kurudu." diyerek yaptığımız isyan, şirk ve sitemlerde bulunma;

Sıla-ı rahmi terk ederek anne, baba, kayınvalide ve kayınpeder, kardeş ve akrabaların gözünü yolda koyma günahlarımızın affolunması ve kefareti olması niyetiyle;

Adayıp yerine getirmediğimiz Kur'an-ı Kerim, sure ve hatim okuma ve okutma, Kur'an ve kitap dağıtma, çocuk okutma, adaklarının; "şu kişinin geldiğini görürsem" diyerek yaptığımız ve yerine getirmediğimiz ve unuttuğumuz gibi bildiğim ve bilmediğim tüm adakların yerine geçmesi niyetiyle;

Fakirleri gördüğümüz halde zekâtı vermeyerek onlara zulmetme, ahlarını alma ve vermediğimiz zekâtların yerine geçmesi niyetiyle;

Ey âlemlerin Rabbi olan Allah'ım, niyet ettim sadece Senin rızan için;

(Yapacaksanız niyetlenin.)

1- Tevbe namazı kılmaya ve istiğfar okumaya.

Estağfirullah Yâ Basîr. (100 defa veya daha fazla)

2- Yasin-i Şerif okumaya.

3- Kur'an-ı Kerim dağıtmaya.

4- Katarak ameliyatı yaptırmaya.

5- Hatim okumaya.

6- Yetim doyurmaya.

KAN HASTALIKLARI

Eûzubillahimineşşeytanirracîm.

Bismillâhirrahmânirrahîm.

Elhamdülillahi Rabb'il-alemin vesselatu vesselamu alâ Rasulüne Muhammedin ve alâ âlihi ve sahbihi ecmain.

Hamd olsun, zararlarımızı telafi eden, gam ve hüznümüzü gideren ve belaları üzerimizden defeden yüce Mevlâ'mıza.

Ey merhametlilerin merhametlisi Allah'ım! Senin sonsuz rahmetine dehâlet ediyor, "Kâf Hâ Yâ Ayn Sâd" hakkı için, "Tâ Hâ" ve "Yâ Sîn" hakkı için, "Hâ Mîm. Ayn Sîn Kâf" hakkı için dualarımı kabul buyurmanı diliyorum. Rabbim muhakkak ki zarar bana dokundu. Sen merhametlilerin en merhametlisisin. Ey insanların Rabbi! Sıkıntıyı gider. Şifa ihsan et. Şafi Sensin. Senden başka şifa veren yoktur Yâ Şâfi.

Bismillah Bismillah Bismillah! Vücudumda duyduğum ağrının şerrinden ve sakındığım, korktuğum şu acıdan, ağrıdan, Allah'ın izzet ve kudretine sığınırım.

Allah'ım! Şu .... kan hastalığını yaşamama sebep olan;

Benim, eşimin ve soylarımızın; birbirlerine, kendilerine, soyumuza veya başka soylara, masum çocuklara okuduğumuz ve okudukları; "Yüreğin çıksın, kalbinden vurulasın, kanın çekilsin, kanın kurusun, kanın kesilsin, kanın kısılsın, damarın kurusun, damarın tıkansın, kanser olasın, kemiğin kurusun, iliğin kurusun, iliğin çekilsin..." gibi damara, kana, kalbe, kemiğe ve iliğe karşı okunan bildiğimiz bilmediğimiz tüm beddua ve lanetlerin;

Vermediğimiz veya eksik verdiğimiz zekâtların, emanet aldığımız ama yediğimiz zekât ve sadakaların, alıp verdiğimiz faizlerin;

Bıçaklama, zulümle kan akıtma, öldürme ve yaralamaların; zulmedilen mazlumlarının ah ve beddualarının;

İsyan, şirk, hayatı reddetme günahlarımızın affına vesile olması niyetleri ile;

Adayıp da yerine getirmediğimiz, yerine getirip de etinden yediğimiz suyundan içtiğimiz adakların yerine geçmesi niyeti ile;

Niyet ettim Allah'ım, soyağacı niyetinde okuduğum tüm niyetlerle beraber sadece Senin rızan için;

(Yapacaksanız niyetlenin.)

1- Tevbe namazı kılmaya ve istiğfar okumaya.

Estağfirullah Yâ Ğaffâr. (100 defa veya daha fazla)

2- Sadaka vermeye

3- Kurban kesmeye

KAS HASTALIKLARI

Eûzubillahimineşşeytanirracîm.

Bismillâhirrahmânirrahîm.

Elhamdülillahi Rabb'il-alemin vesselatu vesselamu alâ Rasulüne Muhammedin ve alâ alihi ve sahbihi ecmain.

Hamd olsun, zararlarımızı telafi eden, gam ve hüznümüzü gideren ve belaları üzerimizden defeden yüce Mevlâ'mıza.

Ey merhametlilerin merhametlisi Allah'ım! Senin sonsuz rahmetine dehâlet ediyor, "Kâf Hâ Yâ Ayn Sâd" hakkı için, "Tâ Hâ" ve "Yâ Sîn" hakkı için, "Hâ Mîm. Ayn Sîn Kâf" hakkı için dualarımı kabul buyurmanı diliyorum. Rabbim muhakkak ki zarar bana dokundu. Sen merhametlilerin en merhametlisisin. Ey insanların Rabbi! Sıkıntıyı gider. Şifa ihsan et. Şafi Sensin. Senden başka şifa veren yoktur Yâ Şâfi.

Bismillah Bismillah Bismillah! Vücudumda duyduğum ağrının şerrinden ve sakındığım, korktuğum şu acıdan, ağrıdan, Allah'ın izzet ve kudretine sığınırım.

Allah'ım! Benim, eşimin ve Âdem'e (as) kadar soylarımızın; Bizim /.........'ın bu hastalığı yaşamamıza/yaşamasına sebep olan;

"Çocuğum olursa, evlenirsem ve çocuklarımın mürüvvetini görürsem, hamile kalırsam, sağ salim doğum yaparsam, hastalığı iyileşirse, ölmez hayatta kalırsa, yürürse, koşarsa..." gibi sebeplerle adayıp da yerine getirmediğimiz veya yerine getirip de etinden yiyip, suyundan ve sütünden içtiğimiz; koyun, kuzu, koç, dişi keçi, teke, oğlak, dişi dana, erkek dana, inek, boğa, tosun, düve, manda, deve gibi kurban adaklarımızın ve hindi, tavuk, horoz, kaz, ördek, güvercin gibi sair adaklarımızın;

Dulu, yetimi, fakiri, öksüzü, çocuğu, yaşlıyı, garibanı, akrabayı yedirme, giydirme, yıkama, okutma, sevindirme, barındırma, bir şey verme, su dağıtma, kuyu-çeşme-musluk ve sebil yaptırma, su akıtma gibi su adaklarımızın;

Çocuk okutma, ilaç dağıtma, ilaç yardımı yapma gibi hastaya, sakata yardım adaklarımızın; Zekeriya sofrası kurma, tatlı, şeker, baklava, un, buğday, yulaf, ekmek, et, kelle paça, meyve dağıtma gibi yedirme adaklarımızın;

Kur'an Kerim okuma ve okutma, Yasin okuma ve okutma, mevlit okutma, tesbih namazı kılma, nafile namazı kılma, zikir yapma, hac ve umre yapma gibi ibadet adaklarımızın; "Allah yolunda yürüyeceğim, Allah yolunda infak edeceğim, sünneti, farzı terk etmeyeceğim, namazı hakkıyla kılacağım, oruç tutacağım, umre yapacağım, umre yaptıracağım, hacca gideceğim, hacca götüreceğim..." gibi ibadet adaklarımızın; "okuyacağım" diye alıp da okuyamadığımız Kur'an sayfalarının, surelerin, cüzlerin, salavat ve zikirlerin;

"Bütün malımı Allah yolunda harcayacağım, Allah'ım sen bana verdikçe dağıtacağım, fakirlere garibanlara infak edeceğim, her sene adak keseceğim; malımı yetimhaneye, camiye, medreseye, dar'ul acezeye, vakıflara, derneklere dağıtacağım-bağışlayacağım..." gibi tüm mal bağışlama, para, sadaka ve infak adaklarımızın; "Âlim, evliya, şehit mezarı yaptıracağım, ziyaret edeceğim..." gibi tüm adak, yemin ve sözlerimizin yerine geçmesi niyetiyle;

Faiz alıp verme, zekât vermeme veya eksik verme; zekât için ayırdığını, emanet zekât ve sadaka mallarını, hak sahiplerine verilmeyen ve üzerine lanet, beddua, hak haramlığı yapılmış miras mallarını, vakıf ve devlet mallarını yeme veya bu malları zimmetine geçirme günahlarımıza kefaret olması, yerine geçmesi ve hakkı yenenlerin hayrına geçmesi niyetiyle;

"Yeter ki evliya makamına çıkayım tüm sıkıntılara razıyım, ahirette çekeceğim cezayı bu dünyada çekeyim ahirete kalmasın, Allah yolunda gitmezsem-bu günaha düşersem-namazı terk edersem Allah benim belamı-cezamı versin..." gibi sadakat yeminleri edip bozma ya da bu sözler üzerine adaklar adayıp yerine getirmeme hata ve günahlarımıza kefaret olması niyetiyle;

"Kahhar" ismi celilesiyle kahır okuma, kahırlarını isteme, iftira atma; "Özürlü kalasın, felç olasın, elin ayağın tutmaz olsun-batsın-çıksın-lal olsun-kopsun-kırılsın-titresin, özürlü olasın, benim evladımı sakat bıraktınız-sakat hale getirdiniz-hasta ettiniz sizin de evladınız sakat olsun-hasta olsun-aklı gitsin, benim evladıma-bana zulmettiniz sizin de evladınızdan çoluk çocuğunuzdan çıksın, benim ciğerim yandı sizin de yansın..." beddualarına; damara, kasa, kemiğe, kana ve kendi bedenimize okuduğumuz-söylediğimiz veya başka soyların soyumuza okudukları bildiğimiz, bilmediğimiz tüm lanet-bela-beddua-kahır ve kötü temennilerine kefaret olması niyetiyle;

Elleri ayakları tutmayan-kasılan, yürüyemeyen, topal olan, tekerlekli sandalyede olan hasta ve engelli insanları kınayıp alay etme, kalplerini kırma, rencide ve rezil etme, aşağılama, kapıdan kovma, hor görme, onlara iftira atma, taciz ve tecavüz etme, yaralama, öldürme gibi tüm zulüm günahlarımıza kefaret olması niyetiyle;

Tüm hasta, yetim, öksüz çocukların, Kur'an talebelerinin, dine hizmet edenlerin, anne babaların, eşlerimizin, akrabalarımızın, komşularımızın, yaşlı insanların, diğer kulların ve hayvanların; ellerine, kollarına, ayaklarına, bacaklarına, gözlerine, kulaklarına, ferclerine ve sair uzuvlarına vurarak, kırarak, keserek, koparak, yaralayarak, elektrik vererek; hapsederek, işkence ederek, boğarak, yakarak, soğukta dondurarak, döverek, yaralayarak, felç bırakarak, kendilerine ve ailelerine tecavüz ve sapkınlık yaparak, zehirleyerek ve zulümle onları hasta ederek, sakat bırakarak veya öldürerek, diri diri toprağa gömerek; yanlış hükümle, yalancı şahitlikle insanların eziyet görmesine, hapis yatmasına, esaret ve zulüm görmesine, yuvasız kalmasına, hapiste yaşlanmasına, hastalanıp ölmesine sebep olarak yaptığımız tüm bu ve benzeri zulümlerin kefareti olması ve zulme uğrayan insanların kendilerinin ve ailelerinin ettiği bedduaların affına vesile olması niyetiyle;

Hamileliğe, doğuma ve çocuğa isyan etme, beddua okuma, çocuk düşürme, çocuk öldürme, besmelesiz ve haram kıldığın şekillerle ilişkiye girme veya bu ilişkiden dünyaya gelme veya çocuk dünyaya getirme, zina ardından eşiyle ilişkiye girerek çocuk dünyaya getirme, tecavüz, zina ve ensest ilişkilerde bulunma veya bu ilişkilerden dünyaya gelme, "Bana bir evlat ver nasıl verirsen ver, bana bir evlat ver günahlarıma kefaret olsun, bana günah işlemeyecek bir evlat ver..." diyerek hayırlısını istememe gibi saydığım ve sayamadığım tüm hata ve günahlarımızın affına vesile olması ve sevabından zulmedip haklarına girdiğimiz insanların da hissedar olmaları niyetiyle;

Niyet ettim Allah'ım sadece Senin rızan için;

(Hangilerini yapabilecekseniz ve yapacağınız zaman niyet edin, söz verip ihmal etmeyin, işaretleyin, yazın, not edin, unutmayın.)

1- Tevbe namazı kılmaya ve istiğfar okumaya.

Estağfirullah Yâ Ğaffar. (100 defa veya daha çok)

2- Kurban kestirmeye.

3- Hasta ve yaşlı insanlara ve hasta çocuklara ilaç yardımında bulunmaya ve doyurmaya.

4- Mahkûmlara yardım etmeye.

5- Su kuyusu açmaya.

6- Salâvat okumaya.

7- Yetimhane, cami, medrese, Kur'an kursu veya huzur evi inşaatlarına yardım etmeye.

8- Kur'an dağıtmaya.

9- Oruç tutmaya

10- Vermediğimiz veya eksik ve yanlış verdiğimiz tüm zekâtların yerine geçmesi niyetiyle sadaka vermeye.

Günah ve kusurların listesinde geçen sizin ve ailenizin günahlarının affı niyetiyle bolca istiğfar edip, sadakalar verin. Zulmedilenler ile helalleşin. Sevabını onlara bağışlamak üzere hayır hasenat yapın.

KEMİK HASTALIKLARI

Eûzubillahimineşşeytânirracîm.

Bismillahirrahmanirrahîm.

Allahümme salli alâ seyyidinâ Muhammedin ve alâ âli seyyidinâ Muhammed.

Hamd olsun, zararlarımızı telafi eden, gam ve hüznümüzü gideren ve belaları üzerimizden defeden yüce Mevlâ'mıza.

Ey merhametlilerin merhametlisi Allah'ım! Senin sonsuz rahmetine dehâlet ediyor, "Kâf Hâ Yâ Ayn Sâd" hakkı için, "Tâ Hâ" ve "Yâ Sîn" hakkı için, "Hâ Mîm. Ayn Sîn Kâf" hakkı için dualarımı kabul buyurmanı diliyorum. Rabbim muhakkak ki zarar bana dokundu. Sen merhametlilerin en merhametlisisin. Ey insanların Rabbi! Sıkıntımı gider. Şifa ihsan et. Şafi Sensin. Senden başka şifa veren yoktur.

Bismillah Bismillah Bismillah! Vücudumda duyduğum ağrının şerrinden ve sakındığım, korktuğum şu acıdan, ağrıdan, Allah'ın izzet ve kudretine sığınırım.

Ey kendisinden şifa isteyenlerin derdine şifa, hastalığına deva veren Allah'ım! Benim (eşimin) ve Âdem'e (as) kadar soylarımızın; Benim /...........'ın ellerim/nde, kollarım/nda, ayaklarım/nda, bacaklarım/nda, dizlerim/nde, kemiklerim/nde bu rahatsızlığı yaşamama/yaşamasına ve tırnak yememe/yemesine sebep olan;

Soylarımızın, kendimin, eşimin, evlatlarımın, akrabalarımın ve Senin kullarının ayaklara, bacaklara, dizlere, ellere, kollara, kana, damara, kasa, kemiklere ve sair uzuvlara söylediğimiz; "Kemiğin kurusun, kemiklerin parça parça olsun, iliğin kurusun, iliğin çekilsin, felç olasın, belin kopsun, belin çıksın; elin ayağın batsın-kırılsın-kopsun-ters dönsün-şişsin-tutmaz olsun, elin kolun bağlansın, ayakların yere basamaz olsun, gidemeyesice, gelemeyesice, gidip de gelmeyesice, dönemeyesice, gözüne-dizine dursun, gidişin olsun dönüşün olmasın, şuradan şuraya gitmek nasip olmasın, sen-çoluk çocuğun bir deri bir kemik kalasın, eriyesiniz, yediğinden içtiğinden hayır görmeyesin, şu evde oturamayasınız..." gibi saydığım ve sayamadığım tüm lanet, bela, beddua, kötü temenni, sövme ve küfretme;

"Yoldan ayrılmayacağım, bir daha gelmeyeceğim gitmeyeceğim girmeyeceğim, bir daha gelirsem gidersem-girersem elim ayağım kırılsın-tutmaz olsun..." denilerek yapılmış ve bozulmuş söz, ahit ve yeminlere;

Türbelere, mezarlara, mekânlara, akrabalara ve sair kullara ziyaret, gitme, gelme ve dönme üzerine verilmiş ve yerine getirilmemiş veya bozulmuş söz, ahit, yemin ve adaklara;

"Hele bir gelirse, giderse, dönerse, inerse..." diyerek gitme, gelme ve dönme üzerine verilmiş ve yerine getirilmemiş veya bozulmuş söz, ahit, yemin ve adaklara;

Gitme veya gelme üzerine iftiralar atma, yalan söyleme, yalan yemin ve şahitlikte bulunma günahlarına;

Anne babanın, ataların, akrabaların, çocukların, yaşlıların, eşlerin, tüm insan ve hayvanların (bitkilerin); ellerine, ayaklarına, dizlerine, bacaklarına, kafalarına, gövdelerine, bedenlerine; vurma, tekme atma, yaralama, kırma, yakma, bıçaklama, kurşunlama, ezme, kesme; aç bırakma, itekleme, hayvanlara aşırı yük yükleme ve diğer saydığım ve sayamadığım şekilde zulmetme ve zarar verme;

Oturarak ya da sandalyede namaz kılanları; ev ev, kapı kapı gezenleri, yaşlı ya da ağrılıları, topal-aksak-çolak gibi sakat ve engellileri, helalinden kazanan insanları kınama, tenkit etme, gıybetini yapma, ölmüşler hakkında konuşma, haklarında kin ve nefretle entrikalar kurma; tesettüre riayet etmeme, abdestsiz, cünüp ve hayızlı iken Kur'anı eline alma, okunmuş su ile elini ayağını ve bedenini yıkama; maddi durumum elvermesine rağmen hac ibadetini ihmal etme, namazı terk etme;

Anne babayı ve akrabaları ziyaret etmeyerek gözlerini yolda bırakma, eşimden habersiz dışarı çıkma ve izin vermediği yerlere gitme, haram olan mekânlara gidip gelme;

Zekât vermeme veya eksik verme, faiz alıp verme, kumar geliri elde etme, haram yollardan kazanç elde etme, haksız miras malı yeme, hırsızlık ve gasp malları kullanma; haram kılınan işlerde çalışma, haram malı taşıma, getirme ve götürme; adanmış bir hayvanı çalıp da yeme, hırsızlığa gidip gelme, lanetlenmiş miras malı veya gasp edilmiş mallar üzerinde yürüme ve gezinme;

Süte, süt veren hayvana, süt ürünlerine, süt üreticilerine beddua etme, süte su katma ve süt ürünlerinde hile yapma, süt satarak kazanılan paraların zekâtını vermeme "Emzirdiğim sütüm sana haram olsun-zehir zıkkım olsun." diyerek hak haramlığında bulunma, bebeklerin sütünü vermeyerek aç bırakma, annenin bebeğini emzirmesine izin vermeme gibi sütle ilgili saydığım ve sayamadığım tüm günahlara;

Zina, ensest ve eşcinsel sapkın ilişki yaşama, eşiyle helal kılınan gün ve şekillerin dışında beraber olma, kendini elle tatmin etmede haddi aşma, taciz ve tecavüzde bulunma gibi saydığım ve sayamadığım yollarla şehvetini harama sevk ederek yapılan tüm hata ve günahların affına vesile olması ve kefareti yerine geçmesi niyetiyle;

Adayıp da yerine getirmediğimiz bildiğim ve bilmediğim tüm; namaz kılma, hacca ve umreye gitme veya gönderme; yorgan, battaniye ve yakacak verme dağıtma; çorap, patik, ayakkabı, eşofman, pantolon, çizme, bot, eldiven giydirme gibi adaklarımızın yerine geçmesi;

Kendimin, çocuğumun, eşimin, akrabamın, kullarının ve hayvanların "Yürüdüğünü görürsem, yürürse..." gibi yürüme, koşma ve müsabakayı kazanma üzerine adadığımız adaklarımızın yerine geçmesi;

Adayıp da yerine getirmediğimiz, yerine getirip de etinden, suyundan ve kemiklerinden yeme ve faydalanma ile bozduğumuz adakların yerine geçmesi niyetiyle;

Niyet ettim Allah'ım Senin rızan için;

(Yerine getireceğiniz zaman niyet edin, yazın, unutmayın.)

1. Tevbe namazı kılmaya ve istiğfar okumaya.

Estağfirullah Yâ Ğaffar. (100 defa veya daha fazla)

2. Kurban kesmeye.

3. Ayakkabı veya bot veya çizme veya patik veya çorap veya terlik veya eldiven veya eşofman vermeye.

4. Sadaka vermeye.

5. Fakir doyurmaya.

6. Oruç tutmaya.

KULAK RAHATSIZLIKLARI

Eûzubillahimineşşeytanirracim.

Bismillâhirrahmânirrahîm.

Elhamdülillahi Rabb'il-alemin vesselatu vesselamu alâ Rasulüne Muhammedin ve alâ âlihi ve sahbihi ecmain.

Hamd olsun, zararlarımızı telafi eden, gam ve hüznümüzü gideren ve belaları üzerimizden defeden yüce Mevlâ'mıza.

Ey merhametlilerin merhametlisi Allah'ım! Senin sonsuz rahmetine dehâlet ediyor, "Kâf Hâ Yâ Ayn Sâd" hakkı için, "Tâ Hâ" ve "Yâ Sîn" hakkı için, "Hâ Mîm. Ayn Sîn Kâf" hakkı için dualarımı kabul buyurmanı diliyorum. Rabbim muhakkak ki zarar bana dokundu. Sen merhametlilerin en merhametlisisin. Ey insanların Rabbi! Sıkıntıyı gider. Şifa ihsan et. Şafi Sensin. Senden başka şifa veren yoktur Yâ Şâfi.

Bismillah Bismillah Bismillah! Vücudumda duyduğum ağrının şerrinden ve sakındığım, korktuğum şu acıdan, ağrıdan, Allah'ın izzet ve kudretine sığınırım.

Allah'ım benim ve soyumun, (eşimin ve soyunun); insanların ve hayvanların kulaklarına vurarak, çekerek, keserek, kopararak ve kulak zarlarını patlatarak yaptığımız zulümlere;

Kulağı az duyanlar, sağırlar, işitme cihazı takanlar, kulağında hastalık bulunanlar ve kulağının şekli farklı olanlar ile alay etme, kınama, hor görme, rencide etme;

Gıybet, dedikodu, kınama, iftira ve zulmedenleri, mazlumların iniltilerini duymazdan gelme, dinleme, inanma ve onaylama; zulme sessiz kalma, şahit olduğum ve duyduğum olaya duymadım, haberim yok deme; kapı dinleme, başkalarının evlerini, kapılarını, gizli konuşmalarını, kavgalarını dinleme ve sırlarını açığa çıkarmaya çalışma; haram olan şeyleri, fuhşiyatı, isyan ve küfür şarkılarını dinleme;

"Kulakların çınlasın, kulağın duymaz olsun, kulağının zarı patlasın, kulağın tıkansın, kulağın aksın, sağır olasın..." gibi duymaya veya kulağa okuduğumuz veya bize okunan tüm lanet ve beddualara veya "Kulaklarım duymaz olaydı da duymayaydım." diyerek kendime yaptığım kötü temennide bulunma hatalarımıza;

Darlık ve zorluk zamanında "Allah'ım neden bizi/beni duymuyorsun, insanlar neden beni duymuyor?" diyerek, Senin el-Semî ismine isyan etme;

Hakikate kulak tıkama, dine ve kitaba söven hakaret edenleri duyduğumuz halde sessiz kalma, Kur'an-ı Kerim ve ezan okunurken saygısızlıkta bulunma, gusülde kulağını kuru bırakma gibi saydığım ve sayamadığım, kulaklarımda bu hastalığı yaşamama sebep olan tüm günahlarımın ve ümmet-i Muhammed'den (sav) de aynı günahları işleyenlerin affına vesile olması niyetiyle;

(Yapacaksanız niyetlenin.)

Niyet ettim Allah'ım sadece Senin rızan için;

1- Tevbe namazı kılmaya ve istiğfar okumaya.

Estağfirullah Yâ Semî'. (100 adet ve fazlası)

2- Kur'an-ı Kerim dağıtmaya.

3- Fakir doyurmaya.

4- İhtiyaç sahibine duyma cihazı almaya.

SİNDİRİM SİSTEMİ HASTALIKLARI

Eûzubillahimineşşeytanirracim.

Bismillâhirrahmânirrahîm.

Elhamdülillahi Rabb'il-alemin vesselatu vesselamu alâ Rasulüne Muhammedin ve alâ âlihi ve sahbihi ecmain.

Hamd olsun, zararlarımızı telafi eden, gam ve hüznümüzü gideren ve belaları üzerimizden defeden yüce Mevlâ'mıza.

Ey merhametlilerin merhametlisi Allah'ım! Senin sonsuz rahmetine dehâlet ediyor, "Kâf Hâ Yâ Ayn Sâd" hakkı için, "Tâ Hâ" ve "Yâ Sîn" hakkı için, "Hâ Mîm. Ayn Sîn Kâf" hakkı için dualarımı kabul buyurmanı diliyorum. Rabbim muhakkak ki zarar bana dokundu. Sen merhametlilerin en merhametlisisin. Ey insanların Rabbi! Sıkıntıyı gider. Şifa ihsan et. Şafi Sensin. Senden başka şifa veren yoktur Yâ Şâfi.

Bismillah Bismillah Bismillah! Vücudumda duyduğum ağrının şerrinden ve sakındığım, korktuğum şu acıdan, ağrıdan, Allah'ın izzet ve kudretine sığınırım.

Ey kendisinden şifa isteyenlerin derdine şifa, hastalığına deva veren Allah'ım! Benim, (eşimin) ve Âdem'e (as) kadar soylarımızın;

Miras, mal ve mülk üzerine kavga ederek hakkını haram etmelerimizin; nimetlere, mala, suya, yağmura, havaya, mahsule, tarlaya, ekmeğe, buğdaya, arpaya, mahsule ve nimetlere, bağırsağa, mideye, gaz çıkarmaya, altını kaçıran çocuğa-yaşlıya-kimseye, zürriyete "Midenden çıksın, miden batsın, karnın bağırsağın patlasın, bağırsağın dolansın, bağırsağın tıkansın, tuvaletini yapamaz olasın, miden kurusun da yemek yemeyesin, hava cıva olsun, içinde kalsın, içinde patlasın, şişip şişip doymasın, aç kalasın, zehir zıkkım olsun, şişe kalasın, sidiğin kesilsin, sidiğini tutamayasın, sidiğini yapamayasın..." gibi sözlerle mideye, bağırsağa, sindirim ve boşaltım uzuvlarına, yemeye ve içmeye, sindirmeye, küçük ve büyük ihtiyacını yapmaya söylediğimiz veya bize söylenen tüm lanet, bela, beddua ve kahırların; "Hakkım haram olsun." diyerek yaptığımız hak haramlıklarımızın;

Çok yemek yiyenleri, yiyemeyenleri, şişmanları, zayıfları, göbekli olanları, gaz çıkaranları, geğirenleri, ishal ve kabız olanları, idrara çok çıkanları, altına kaçıranları, yatağını ıslatanları kınamalarımızın;

Vermediğimiz veya eksik verdiğimiz zekâtların; zekât ve sadaka için ayırdığımız tahıl, mahsul ve mallardan faydalanma ve yeme; faiz alma, verme, kredi kartı kullanma, faize aracılık etme, faizli işlemlere kefil olma ve bankada çalışma günahlarımızın;

Besmelesiz yeme içme, yetim malını yeme, haksız elde edilen miras malını kullanma, hırsızlık malını yeme, içme; anne babadan habersiz cebinden para alma; haksız nafaka yeme, aslen dinî nikâh ile evli olup resmi nikâh yapmayıp anne babanın ya da ölmüş eski eşin maaşını alıp yeme, bir yerde çalışmadan çalışıyor gösterilip emekli olma, torpil ile bir işe girip maaş alma, ihaleye fesat karıştırıp kazanç elde etme; rüşvet alma ve verme; içki, domuz gibi haram ve şüpheli yiyecek ve içecekleri yeme, içme, üretme, taşıma, ticaretini yapma; besmelesiz kesileni yeme, kumar ve şans oyunlarından gelir elde etme, eşimin mehrini rızası olmadan alma ve söz verdiğim gibi geri vermeme, eğitilmemiş av hayvanının tuttuğu avı yeme; falcılık, muskacılık, büyücülük gibi şirk olan işlerden gelir elde etme; insanların evlerini, dükkanlarını, tarlalarını, mahsül, hasat ve ağaçlarını yakarak ve talan ederek birilerinin aç ve fakir kalmasına, fakir bir hayat sürmesine, fakirleşmesine, borca düşmesine sebep olma gibi saydığım ve sayamadığım tüm hata, zulüm ve günahlarımızın affına vesile olması niyetiyle;

Yeni doğmuş çocukları annelerinden ayırarak anne sütünden mahrum kalmasına; kullarına insan ve hayvan pisliği yedirerek tiksinmelerine, bozuk ve küflü yemek yedirme, haram yedirme ve içirme, acı biber, taş, toprak, diken yedirerek, kaynar su ve yağ içirerek ağız ve midelerinin yanmasına, makatlarına cisim sokarak ve tecavüzde bulunarak zarar görmelerine sebep olma gibi tüm zulüm günahlarımıza keffaret olması ve yapılan zulümler sebebiyle alınan bedduaların keffareti olması niyetiyle;

Adayıp yerine getirmediğimiz, yerine getirip de etinden yediğimiz, suyundan içtiğimiz kurban adaklarının; su ve su dağıtma, çeşme yaptırma, kuyu açma; un, ekmek, buğday, arpa, yulaf, çavdar, bulgur, şeker ve tatlı dağıtma, yemek yedirme, doyurma, ısmarlama, sevindirme adaklarımızın ve sözlerimizin yerine geçmesi niyetiyle;

Niyet ettim Allah'ım sadece Senin rızan için;

1- Tevbe namazı kılmaya ve istiğfar okumaya.

Estağfirullah Yâ Ğaffâr. (100 defa veya daha fazla)

2- Ekmek ve un dağıtmaya.

3- Fakir veya yetim veya öksüz veya öğrenci doyurmaya.

4- Su kuyusu açtırmaya veya çeşme yaptırmaya veya bunların yapılmasına yardımcı olmaya. (En azından 1/7 hisse alınabilir.)

5- Mama dağıtmaya.

6- Oruç tutmaya

Ayrıca "Haksız Ve Haram Kazanç Tevbesi" ile "Miras Tevbesi"nin de okunmasını, hakkı yenilen insanlarla helalleşilmesini tavsiye ederiz.